本书获中央高校基本科研业务费以及上海外国语大学学术著作出版资助

乡村协商治理现代化研究

张国献 著

上海财经大学出版社

图书在版编目(CIP)数据

乡村协商治理现代化研究/张国献著. —上海：上海财经大学出版社，2024.1

ISBN 978-7-5642-4322-7/F.4322

Ⅰ.①乡… Ⅱ.①张… Ⅲ.①乡村-民主协商-研究-中国 Ⅳ.①D621.4

中国国家版本馆CIP数据核字(2024)第010317号

□ 责任编辑　刘光本
□ 责编电邮　lgb55@126.com
□ 责编电话　021—65904890
□ 封面设计　贺加贝

乡村协商治理现代化研究

张国献　著

上海财经大学出版社出版发行
(上海市中山北一路369号　邮编200083)
网　　址:http://www.sufep.com
电子邮箱:webmaster @ sufep.com
全国新华书店经销
上海市崇明县裕安印刷厂印刷装订
2024年1月第1版　2024年1月第1次印刷

710mm×1000mm　1/16　17印张(插页:2)　276千字
定价:89.00元

前　言

乡村协商治理现代化是中国式现代化的乡村创新，是国家治理能力现代化和治理体系现代化的重要组成部分，也是乡村振兴的重要举措。它是马克思主义民主治理理论在乡村治理中的具体运用，是体现全过程人民民主的治理制度。它是中国共产党作为执政党为实现乡村决策科学化、民主化而坚持的领导方法和工作方法，也是基层治理现代化的制度创举。改革开放以来，随着乡村经济利益多元化发展和人们民主法治意识的增强，农民对参与乡村公共事务的要求越来越强烈，乡村协商治理现代化作为农民参与乡村全过程人民民主的重要形式受到广泛关注。

乡村治理现代化是社会治理现代化的重点和难点，协商治理是社会治理现代化的发展方向。人民民主是马克思主义民主治理理论的核心概念。在马克思主义民主治理视阈中，乡村协商治理现代化的本质是人民当家作主、农民是乡村社会的主人，这是马克思主义民主治理理论的真谛和精髓。本书基于马克思主义视角，以习近平新时代中国特色社会主义思想为指导，以21世纪中国乡村社会为场域，以乡村协商治理现代化为主线，以乡村善治为目标，运用个案分析和比较研究，深入分析乡村协商治理现代化的现实境遇和生成基础，积极借鉴中外乡村协商治理现代化的实践经验，通过剖析乡村协商治理现代化的实践问题与成因，科学建构具有可操作性的乡村协商治理现代化的制度，并提出体现中国式现代化、符合中国乡村现实的实践路径，为实现乡村治理现代化提供理论支撑和政策建议。

人们对治理的关注源于对自身、他人及其关系认知的内心向往。乡村协商治理现代化的实质是民主,特色是协商,重点是包容,途径是参与,它是对多元乡村社会的关切回应,也是农民利益表达的重要渠道。乡村协商治理现代化研究应突出时代特色、中国场域、乡村现实、马克思主义视角、问题意识、国际视野、比较方法和可操作对策。本书把乡村协商治理现代化放在以中国式现代化全面推进"中国梦"的发展前景、转型的乡村社会、利益取向的市场经济、微时代的人口流动等时代大潮中,立足于乡土社会、差序格局、乡政村治、乡土文化的中国乡村场域,坚持马克思主义的立场、观点和方法,认知乡村,探源协商,建构民主。秉持强烈的问题意识,准确捕捉乡村协商治理现代化实践中的主体问题、平等问题、协商短板、理性不足、包容不足、共识局限与效率瓶颈等问题,深入剖析乡村协商治理现代化问题。放眼世界,批判性借鉴美国社区协商民主、英国民众协商和丹麦民众协商会议的域外经验。采用比较方法,通过中国与美国、英国和丹麦协商民主的比较,制度化的乡村协商治理现代化邓州模式与动态化的乡村协商治理上海经验的比较,从激活与吸纳的交融互补、利益诉求与制度供给的双向互动、内生机理与外在规制的内在统一的多重视角,提升乡村协商治理现代化的地方经验,构建乡村协商治理现代化的实践路径。

目　录

绪论/1

　　一、问题提出和价值指向/1

　　二、研究述评/5

　　三、研究思路和研究内容/24

　　四、研究方法和技术路线/29

　　五、研究重（难）点和创新点/31

第一章　乡村协商治理现代化的概念厘定与理论基础/34

　　第一节　乡村协商治理现代化的科学内涵/34

　　第二节　乡村协商治理现代化的时代要求/51

　　第三节　乡村协商治理现代化的内在体系/53

　　第四节　乡村协商治理现代化的实践价值/56

　　第五节　乡村协商治理现代化的理论基础/62

第二章　乡村协商治理现代化的现实境遇与问题成因/84

　　第一节　乡村协商治理现代化的历史境遇/84

　　第二节　乡村协商治理现代化的现实问题/94

　　第三节　乡村协商治理现代化的问题成因/107

第三章 乡村协商治理现代化的地方实践与创新经验/117
第一节 乡村协商治理现代化的邓州模式/117
第二节 市域乡村协商治理现代化的上海经验/133
第三节 乡村协商治理现代化的技术创新/150

第四章 协商治理现代化的案例分析和经验启迪/164
第一节 基层社会治理现代化的城市实践/164
第二节 人民政协协商民主科学化的建设经验/168
第三节 基层协商治理的西方案例/175

第五章 乡村协商治理现代化的现实选择与实践路径/190
第一节 乡村协商治理现代化的认知路径/190
第二节 乡村协商治理现代化的制度路径/195
第三节 乡村协商治理现代化的实践路径/199
第四节 乡村协商治理现代化的法治路径/210
第五节 乡村协商治理现代化的保障路径/216

结论与展望/227
一、本书结论/227
二、深化研究的问题/229

参考文献/234

后记/266

绪　论

以中国式现代化推动中华民族伟大复兴,是全体中国人民的共同理想,也是当代中国发展进步的最强音。农民在实现中国梦的伟大实践中肩负着重要责任和历史使命,是推动实现"中国梦"的重要力量。当前,我国正处于改革发展的关键阶段,经济体制深刻变革,社会结构深刻变动,利益格局深刻调整,思想观念深刻变化。与之相伴随,乡村出现了许多新情况、新问题、新矛盾。因此,实现乡村和谐稳定,推动乡村经济社会现代化,是当前学术界研究的重大理论与现实问题。

一、问题提出和价值指向

关于协商治理,延安时期的"三三制"就很成熟了,1949 年中华人民共和国的成立也是协商的结果。国内乡村协商治理现代化研究始于 2001 年后的西方协商民主理论的输入。当时,随着我国乡村经济利益多元化的发展和农民民主法治意识的增强,乡村民众对公共事务参与的要求越来越强烈,协商治理现代化作为一种重要的乡村公共参与形式受到广泛关注。

(一)问题提出

乡村治理是社会治理的难点问题和新时代学界研究的热点问题,协商治理是新时代乡村治理现代化的发展方向。马克思认为,民主是人民自己的统治,是人民利益的表达方式。毛泽东提出,人民内部矛盾"只能用民主的方法,让群众讲话的方法","平等相待,民主协商"。① 党的十九大报告提出,协商治理"是我国社会主义民主政治的特有形式和独特优势"。2019年10月31日,在党的十九届四中全会上习近平总书记指出:"构建程序合理、环节完整的协商民主体系,完善协商于决策之前和决策实施之中的落实机制。"②党的二十大报告明确指出:"健全各种制度化协商平台,推进协商民主广泛多层制度化发展。"③

  经过二十多年的深入研究,协商治理的学术成果比较丰富,对中国场域中的协商治理尤其是乡村协商治理现代化却缺乏全面系统的研究,无法满足乡村协商治理现代化的要求。曾经的实践中,由于缺乏可操作性的协商程序与完善的协商制度,乡村协商治理现代化如同束之高阁的艺术品,空有欣赏价值。因此,开展乡村协商治理现代化研究,构建适合中国国情的乡村协商治理制度、制定规范合理可操作性的协商程序是实现乡村决策科学化、民主化的需要。学术界对乡村协商治理现代化进行了深入研究,地方政府和村民组织也进行了积极探索,出现了许多推进乡村协商治理现代化制度建设的创新模式,其中河南邓州模式引起广泛关注。邓州模式的核心是"四议两公开","四议"即党支部提议,党支部村委会("两委")商议,党员大会审议,村民代表会议或村民会议决议;"两公开"即决议公开、结果公开。邓州模式实施以来受到中央、地方政府及学术界的广泛关注。2009年5月,河南省政府将邓州模式在全省农村推广。随后,习近平、贺国强、回良玉等中央领导先后作出指示,高度评价邓州模式。2011年2月,中央一号文件将邓州模式作为乡村协商治理现代化制度的典范在全国推广。近几年来,市域乡村协商治理现代化的上海面临响应度低的流动人口、关系疏离的陌生人社会、网络业态的社会组织、阶层族群的理念分割、职能同构的科层压力、智慧社会的数据治理等现实问题。通过系统科学进行顶层设计,探索出社区委员会共建模式、"三元复合"共治模式、"1+1+X"共商模式、"老乡管老乡"维权模式,积累出丰富的上海乡村协商治理经验。因此,以马克思主义视角研究乡村协商治理现代化,科学构建中国特色社会主义乡村协商治理现代化的制度和机制,对地方性的邓州模式和市域

---

① 建国以来毛泽东文稿(第10册)[M].北京:中央文献出版社,1996:18.
② 中共中央关于坚持和完善中国特色社会主义制度 推进国家治理体系和治理能力现代化若干重大问题的决定[N].人民日报,2019-11-6.
③ 习近平.高举中国特色社会主义伟大旗帜 为全面建设社会主义现代化国家而团结奋斗——在中国共产党第二十次全国代表大会上的报告(2022年10月16日)[N].人民日报,2022-10-26.

乡村协商治理现代化的上海经验进行理论阐释和经验提升,成为当前学术界亟待解决的重大理论与现实问题。

(二)研究意义

1. 理论意义

(1)进一步深化马克思主义民主治理理论研究

协商治理是中国共产党领导中国人民在新民主主义革命中的伟大创造,是对马克思主义民主治理理论的丰富和发展,也是确保人民当家作主的重要形式。党的十八大报告明确指出:"社会主义协商民主是我国人民民主的重要形式。要完善协商民主制度和工作机制,推进协商民主广泛、多层、制度化发展。"[①]本书以马克思主义民主理论为指导,以乡村实践为场域,深入研究乡村协商治理现代化的现实问题与化解路径,厘清选举民主和协商民主的关系,以21世纪中国特色社会主义乡村协商治理现代化实践经验的概括和总结促进马克思主义协商治理理论研究,深化马克思主义民主治理理论研究。

(2)进一步丰富乡村治理理论研究

乡村协商治理现代化是农民当家作主的伟大创造,是一种迎合乡村民众参与需求的新的民主形式,是有效解决乡村政治分歧与冲突的方法和途径。近年来,党和政府高度重视,不断推动乡村协商治理现代化的发展。十八大报告充分肯定了乡村协商治理现代化在构建和谐乡村中的重要作用。本书以邓州模式和上海实践为个案,总结经验,深化认识,探讨适合中国乡村协商治理现代化的实践路径,完善中国乡村协商治理现代化的制度和机制,拓展基层协商治理的深度和广度,以基层实践经验丰富乡村治理理论研究。

(3)进一步拓展中国特色社会主义乡村协商治理现代化理论

有一段时间,国内关于乡村协商治理现代化的研究停留在对西方理论引介和拷贝的阶段,往往以协商治理的西方理论来剪裁中国乡村的鲜活现实。当这种"剪裁"只是从宏观上抽象地研究中国乡村治理问题时,作为一种治理导向的"协

---

① 胡锦涛.坚定不移沿着中国特色社会主义道路前进 为全面建成小康社会而奋斗[N].人民日报,2012—11—15.

商治理"是能够被借鉴的,但当这种"剪裁"是从微观上瞄准中国的乡村问题时,西方协商治理所蕴含的理论内核和现实基础就难以与中国乡村现实对接。中国乡村协商治理现代化的研究应具体瞄准中国的乡村治理问题,突出"中国"和"乡村"特色,从而尽快生长出中国特色社会主义乡村协商治理现代化理论。本书基于马克思主义民主治理理论,结合中国乡村协商治理现代化经验,使协商治理理论研究更加契合中国的实践需求,并运用这些带有规律性的经验指导协商治理在中国农村的开展,拓展中国特色社会主义乡村协商治理现代化理论研究。

2. 实践意义

(1)坚持和完善中国特色社会主义社会治理发展道路

乡村协商治理现代化有利于实现农民广泛的政治参与,最大限度地包容和吸纳乡村各种利益诉求,体现社会主义民主治理的真实性。进一步坚持和完善乡村协商治理现代化,对于发挥社会主义基层民主政治的优势,建设社会主义政治文明,构建社会主义和谐社会,促进新时代乡村振兴具有重大而深远的现实意义。本书提出的完善中国乡村协商治理现代化的对策措施,有利于增强乡村决策透明度和农民参与度,推进乡村决策科学化、民主化,从而增强农民参与意识和公民精神,拓宽乡村社会利益表达渠道。通过这一问题的深入研究,促进乡村正义制度的供给,规制乡村公共权力,为乡村各阶层利益诉求的整合提供有效路径,为中国民主治理现代化提供可操作性的乡村协商治理模式,有利于中国特色社会主义乡村治理现代化的健康发展。

(2)有利于进一步促进乡村协商治理现代化

乡村协商治理现代化是对村民自治的细化与创新,它基于乡村振兴通过对公共事务治理的民主创新,通过协商的方式调动村民参与乡村治理的积极性和主动性,协商方式也有利于村民合法利益的正常维护,有利于村民民主意识的培育和民主能力的不断提升以及民主习惯的有效养成,从而促进乡村民主文化涵育。乡村协商治理现代化有利于促进乡村治理社会化和精细化,在乡村基层党组织领导下,坚持走群众路线,组织乡村社会主体积极参与乡村治理,汇聚乡村社会智慧和力量,努力形成国家与社会、政府与民众的良性互动,确保乡村既充满活力又和谐有序。与此同时,运用大数据、云计算、物联网等现代科技手段,使乡村协商治理更加精准分析、精准服务、精准治理、精准监督、精准反馈,更好地服务不同社会群体,提升乡村治理现代化水平。

(3)提供高层决策参考

乡村协商治理现代化是基层治理机制创新的实践形式,是马克思主义民主治理理论的伟大实践,也是社会主义民主政治建设的制度创新。本书深入研究乡村协商治理现代化的要素、理念、模式、特征和价值,发现推动中国乡村民主治理制度创新的积极因素,揭示其中的消极因素,为政府高层进一步改革和调整相关的农村民主治理制度安排和政策规定提供合适的方向和可行的路径。

二、研究述评

(一)国内研究述评[①]

通过对已有研究文献进行检索研究,得知国内关于乡村协商治理现代化和社会主义协商民主的研究成果非常丰富。但在十八大之前的近十年,对乡村协商治理现代化研究的很多成果是用西方协商治理理论来研究中国的协商治理现实,关于乡村协商治理现代化方面的成果相对较少;关于社会主义民主协商的研究成果也很丰富,主要是研究中国人民政治协商会议的政治协商,有的也涉及乡村协商治理现代化,但这方面内容很少。十八大报告提出的"社会主义协商民主",其内涵应包括乡村协商民主。当前学术界把"乡村协商治理现代化"作为一个主题提出来并进行研究的成果,经相关检索相对较少。因此,关于乡村协商治理现代化的研究,应该加强。本部分关于乡村协商治理现代化的研究述评是基于早期研究的基础进行的分析。关于乡村协商治理现代化的科学内涵、实现形式、现实路径,学术界进行了深入论述。对已有研究成果进行梳理和评析,并提出尚待深化的问题与路径,是当前深化乡村协商治理现代化研究的需要。

1. 乡村协商治理现代化的现实与背景

正确认识乡村协商治理现代化的现实与背景,是深入研究这一问题的切入

[①] 张国献,李玉华. 乡村协商民主研究谱系:现实境遇、理论旨趣与实践路径[J]. 行政论坛,2014(4).
李玉华,张国献,王琦. 乡村协商民主研究谱系:概念厘定、实践创制与前瞻导向[J]. 理论学刊.2014(9).

点,有助于科学认识乡村协商治理现代化的深刻内涵和现实意义。关于乡村协商治理现代化的现实与背景,学术界进行了不同的解读。

(1)自治张力说

村民自治是村民通过民主选举、民主决策、民主管理、民主监督,实现自我管理、自我教育、自我服务。谈火生[1]认为,随着改革开放的深入,中国社会经济的发展进入黄金期,也进入矛盾凸显期。乡村协商治理现代化着眼于高度多元的乡村社会,通过制度化机制化解社会冲突、塑造公正而有活力的乡村公共生活。刘华安[2]认为,一个时期乡镇政府对村庄"制度侵权","两委"之间存在内在张力。村民参与乡村政治的水平较低,乡村决策缺乏科学性;上级领导指定村"两委"候选人,民主选举中贿选现象严重,宗族势力影响很大;村民自治权问题较多,乡村决策民主化程度低。刘明君、武晓认为,乡村协商治理现代化的动力来自村民强烈的参政意识和维权意识,适应了乡村治理中政府与村民互动机制的要求,有利于解决我国乡村治理中的民主问题。叶战备、程广利认为,一个时期村民自治中民主选举困难重重,民主决策举步维艰,民主管理矛盾突出,民主监督虚化薄弱。发展乡村协商治理现代化的有利条件在于:深厚的和合文化传统使乡村协商治理现代化的发展有了深厚的历史文化背景;协商治理与和谐社会理念具有天然的亲和性;党的协商治理理论是发展乡村协商治理现代化的指导思想;农村社会分化需要发展乡村协商治理现代化来融合;广大村民的公共利益需要发展乡村协商治理现代化予以保护;市场经济的发展和基层民主实践培育了公民的民主意识和政治素质;村民自治组织是发展乡村协商治理现代化的机制平台。[3]

(2)参与困境说

何包钢认为,乡村协商治理现代化可以溯源到毛泽东的群众路线,它在政治过程中强调磋商、听取并重视群众的声音,是维持地方秩序的稳定器,是解决因市场和社会关系紧张所带来问题的一种方法,是实现乡村经济和社会协调发展的有效途径。[4]梁怡、杨汇泉、朱启臻认为,因村级组织治理功能弱化和村级事务的复

---

[1] 谈火生.审议民主理论的基本理念和理论流派[J].教学与研究,2006(11).
[2] 刘华安.协商民主与农村治理:意义、限度及协调[J].三江论坛,2011(3).
[3] 叶战备,程广利.村民自治下发展协商民主的可行性研究[J].皖西学院学报,2010(1).
[4] [澳]何包钢.中国协商民主制度[J].浙江大学学报(人文社会科学版),2005(3).

杂性,承载农民利益表达和参与的村民自治机制流于形式;因多元治理主体的参与能力和认知水平差异,对村级治理有不同的价值取向,导致乡村公众参与的无序;"一事一议"制度很难保证及时、高效处理村级重大事务。同时,党的"群众路线"的参与传统为乡村协商治理现代化提供了良好的土壤,党和政府的高度肯定为乡村协商治理现代化奠定了合法性基础。

(3)新农村建设说

新农村建设中,因市场缺陷和权力寻租,基层政权由"代理型"向"谋利型"蜕变,地方政府与外来资本"结盟",基层官员出现不民主倾向,乡村资源廉价外流,惠农资金被"少数人俘获",因社会不公引发的群体性冲突大幅度上升。刘华安认为,21世纪以来农村及其经济体系从工具性价值转变为目的性价值,经济资源由过去从农村流向城市改为财政资源从城市流向农村。某些乡镇政府的个人意志遮蔽了基层民主,致使村民自治中民主发扬严重不足。乡村协商治理现代化实践的基础是:农村居民协商意愿强;人口分布稳定,职业特征和收入差距小,利益诉求相对集中;社会阶层分化不大,同质性较强;传统乡村文化中平等思想较为浓厚;熟人社会安土重迁的文化和心理依旧浓郁;候鸟式农民工既加强了现代意识和文化积累,也产生了不同的利益要求。吴光芸[1]认为,乡村协商治理现代化作为政治过程,尊重利益,承认多元;共同讨论问题,利益主体自由表达意见并被充分尊重,它有效促进了多元利益主体间的深刻理解,充分调动农村各方的积极性,为建设新农村凝聚力量、集中智慧。刘秀华、乔翠霞认为,市场经济的确立,经济社会的分化,农民诉求的多元,新农村建设的发展,亟待农民有序政治参与,拓宽利益表达渠道,发展乡村协商治理现代化。

(4)选举危机说

协商治理在于破解选举民主危机。吴兴智认为,乡村民主选举一度遭遇困境,如贿选现象不时出现;通过公正选举的领导人因缺乏监督制约,小官巨贪不绝;基层政府与村民互动机制缺乏,导致对立情绪时有,矛盾冲突不断,严重时曾演变成大规模的群体性事件。[2]戴激涛认为,乡村协商治理现代化实践体现了中

---

[1] 吴光芸.协商民主:新农村政治建设的重要途径[J].调研世界,2008(2).
[2] 吴兴智.从选举民主到协商民主:近年来乡村民主建设的新发展——以浙江为个案的思考[J].社会科学战线,2008(4).

国特色协商政治的特点和优势,即尊重人的尊严和价值的协商治理内核,与人权保障目标一致;人民民主原则是符合我国国情、确保人民当家作主的重要形式;立法和决策的合法性提高了国家民主治理能力;责任感政治公民的培养,完善了监督体系。[①] 王正中、邓刚宏认为,乡村协商治理现代化是农村政治文明的一种新型实践形式。在村民自治框架下,协商治理强调农民自由、平等地参与乡村公共事务,是拥有公民权的公共事务的积极管理者和参与者,农民逐渐认同政府的公共政策,减少对抗性风险,锻炼了公民的自治能力,增加了社会凝聚力。

2. 乡村协商治理现代化的模式与特点

关于乡村协商治理现代化的经典模式、重要形式、主要特点、运行机制等问题,理论界进行了多角度的归纳分析和深层解读,为深化研究奠定了学术基础。

(1) 乡村协商治理现代化的模式

温岭民主恳谈会是中国乡村协商治理本土实践的典型案例。曲延春认为,中国乡村协商治理现代化的模式主要有浙江温岭"民主恳谈会"、安徽安庆"党员代表议事会"、吉林辉南"党群议事会"、四川邛崃"新村发展议事会"。它们都突出"商"和"议",在乡村治理中的作用越来越重要。陈朋认为,民主恳谈会就是基层党、政府、村民自治组织在公共事务决策前,干部与群众、决策者与相关利益者、公共事务知之不多者与相关经验丰富者开展完全自由、平等、公开、坦诚、双向和深入的交流,分析利弊,论证观点,辩明事理,形成共识后通过一定程序作出决策[②]。郎友兴认为,"民主恳谈会"的制度实践包括领导机构、制度与原则、操作程序的创新应用。应小丽认为,"民情沟通日"是协商型村民公共参与制度,它确定每月10日为固定的民情沟通日,由村党组织或村委会在相对固定的场所召集广大村民开展民情沟通活动。[③] 杨汇泉、朱启臻认为,"四议两公开"是村党支部提议,村"两委"商议,村党员大会审议,村民代表会议或村民大会决议,决议结果公开,实施结果公开。它是围绕村级事务的决策和管理问题,在农村民主管理实践中创造性提出的工作程序,是新时期基层民主决策与基层党员、村民为主体的公众参与的新

---

① 戴激涛. 对我国乡村协商民主实践的宪法学解读[J]. 江汉大学学报(社会科学版),2008(2).
② 陈朋. 民主恳谈:生长在中国改革土壤中的协商民主实践[J]. 中国软科学,2009(10).
③ 应小丽. 协商民主取向的村民公共参与制度创新——浙江省常山县"民情沟通日"制度调查与分析[J]. 浙江社会科学,2010(2).

模式。

(2)乡村协商治理现代化的形式

乡村协商治理现代化既是理想也是现实,其现实形式是多种多样的,如民主恳谈会、民主议事会、民主听证会、民主理财日、民主议政日、民主评议村两委等。宋连胜、李建认为,乡村协商治理现代化坚持人民利益至上原则,是社会主义协商治理与资本主义协商治理的本质区别,它充分体现了中国共产党协商治理理论的正确性。[1] 何包钢认为,乡村协商制度的主要形式有民主商谈会、公民评议会、居民或村民代表会。[2] 吴兴智认为,乡村协商治理现代化有咨议质询式、民意测验式、民主审议式等。刘秀华、乔翠霞认为,民主恳谈会已经制度化,许多乡村还出现了理财小组、理事会、"一事一议"等新型协商民主形式,这些具有浓郁乡土特色的协商民主都处于基层党支部领导下。

(3)乡村协商治理现代化的特点

协商与共识是协商治理的核心要素。吴兴智认为,乡村协商治理在实践中的特点是协商主体的广泛包容性、协商功能的实用导向性、协商过程的村民主体性。郎友兴认为,民主恳谈会的特点是大众性、平等性、多元性、身份的不受限制与明确性、决策性[3]。叶战备、程广利认为,乡村协商治理现代化具有参与主体多元性、民主参与平等性、协商原则一致性等特征。刘明君、武晓雅认为,乡村协商治理现代化的实践特色在于村民的主体性、乡规民约式的协商机制、乡村社会中民间组织作用的发挥、乡村社会监督体制的改造[4]。应小丽认为,乡村协商治理现代化突出特点是公共性和公开性、平等性和广泛性、商议性和互动性。

(4)乡村协商治理现代化的运行机制

乡村协商治理现代化是国家与社会合作互动的双赢结果,协商是理性对话之中的利益博弈。陈朋、陈荣荣认为,乡村协商治理现代化的运行机制包括明确的议题、多元的主体、规范的组织、公开的信息、相对中立的主持人、重要建议论证后的决策。陈朋认为,温岭民主恳谈会的生长机理是"多方回应互动",即国家的推

---

[1] 宋连胜,李建. 社会主义协商民主理论源头探析[J]. 理论学刊,2013(3).
[2] [澳]何包钢. 中国协商民主制度[J]. 浙江大学学报(人文社会科学版),2005(3).
[3] 郎友兴. 商议式民主与中国的地方经验:浙江省温岭市的"民主恳谈会"[J]. 浙江社会科学,2005(1).
[4] 刘明君,武晓雅. 基层群众自治中的协商民主探讨[J]. 三峡大学学报(人文社会科学版),2010(2).

动力、民众的民主需求和民主素养、基层政府的制度创新竞争、学者和媒体的积极推动。运行机制包括会前初审、大会审议、会后监督等基本阶段。郎友兴认为,镇级民主恳谈会的程序是:镇相关利益主体观点→信息来源→镇联席会确定主题→办公室制定实施方案→公布方案→恳谈会程序→报告相关事项、开展平等对话(记录材料和整理建档)→领导班子研究落实意见→公布→政府组织实施→党委人大监督并征求反馈意见。应小丽认为,乡村协商治理现代化的生成逻辑是,农村社会的多元化利益需求是基础性条件,乡村治理的现实问题是直接动因,地方政府和地方精英的主动推动是重要因素。徐理响认为,乡村协商治理现代化的行动逻辑是偏好转换与聚合,困境消除有赖于个体理性、有限理性和集体理性,行动基础是决策认同。

3. 乡村协商治理现代化的地位与贡献

乡村协商治理现代化无疑是一个理论突破与实践创新,对政治体制改革、政治文明发展、基层民主完善、新农村建设都将产生长久而深远的影响。学界基于此的讨论热烈而有见地。

(1)"拓展基层民主发展新空间"论

协商民主的水平一定程度上代表着我国民主政治的水平。乡村协商治理现代化是公民积极有效参与并在理性协商基础之上的一种全方位、历时性过程民主。郎友兴认为,乡村协商治理现代化将中国共产党的群众路线制度化和程序化,拓展了基层群众政治参与的空间。陈朋认为,温岭民主恳谈会用鲜活的实践证明了改革开放政策的正确性,开拓了中国基层民主发展的新空间,重构了中国基层民主政治的权力结构,启迪了中国民主政治建设增量式发展新路径。[①] 陈鼎认为,乡村协商治理现代化丰富了基层民主形式,扩大了基层民主,为广大农民群众自由、广泛、直接参与基层社会公共事务的决策和管理提供了新渠道,为基层民众监督乡镇政府的权力提供了新方式,为基层民主政治建设开辟了新途径。[②] 韩永红、戴激涛认为,乡村协商治理现代化体现了直接民主,充分发挥了代议制民主,归约了政府的权力,增强了公民的民主和权利意识,探索了协商治理在乡村的

---

① 陈朋.民主恳谈:生长在中国改革土壤中的协商民主实践[J].中国软科学,2009(10).
② 陈鼎.民主恳谈:生成于参与困境下的协商民主[J].重庆交通大学学报(社科版),2008(1).

民主实践。①

(2)"化解村民自治的现实问题"论

涵盖多元权力主体的协商机制有助于农村基层的制度化共治,乡村协商治理现代化是村民自治的科学化。陈家刚、陈奕敏认为,乡村协商治理现代化为公民参与乡村治理提供了渠道,增强了决策的透明度,通过公共权威与公民之间的对话促进社会公正和行政改革。吴光芸认为,乡村协商治理现代化畅通社情民意,协调利益冲突,保护弱势群体,增强公民的政治认同感,激发公民政治参与热情,提高管理民主的制度化、规范化、程序化水平,健全和完善民主选举、民主决策、民主管理、民主监督的村民自治机制。梁怡、杨汇泉、朱启臻认为,"四议两公开"是新时期创新村级治理模式、完善村民自治机制的一种有效形式,作为村级治理实践中的制度创新,是调动村民参与积极性的有效途径。潘荣江、陈朋认为,乡村协商治理现代化督促政府的预算编制更为详细、科学;促使预算由"软"到"硬";减少了政府预算的失误与不合理。既深化了实质性民主,拓展了程序性民主,又证明了人民是国家的主人,民主是社会主义的生命。②

(3)"推动新农村建设务实开展"论

协商民主是农村社会的"稳定器"。刘华安认为,乡村协商治理现代化有利于密切干群关系,构建和谐社会,规避精英民主和选举民主对基层民众的伤害,逐步提升基层民主的能力和水平,推进新农村建设。刘秀华、乔翠霞认为,乡村协商治理现代化为新农村建设参与各方提供了通过对话、协商解决问题的制度平台,充分发挥了农民的主体作用,维护了社会主义新农村良好的政治生态环境,补缺了基层政府主导功能的失灵。乡村协商治理现代化是践行中国共产党关于建设社会主义新农村的有效形式,是解决农村社会矛盾和冲突的一种方式,它降低了地方政府对新农村建设决策的失误,提高了公共政策的合法性,促进了农村民主的健康发展。

(4)"增强乡村公权合法性"论

乡村协商治理现代化具有强烈的规约性。郎友兴认为,乡村协商治理现代

---

① 韩永红,戴激涛.协商民主在财政预算中的应用研究[J].中共浙江省委党校学报,2010(4).
② 潘荣江,陈朋.选举民主与协商民主共生发展:乡村的实践与价值——浙江泽国镇的案例启示[J].中国特色社会主义研究,2009(4).

化转变了地方政府基层治理方式,增强了地方政府的治理能力。韩永红、戴激涛认为,乡村协商治理现代化规范了村级公共权力的行使,有助于消解村两委会及干部个人之间的矛盾,强化公共服务,保障村民权利。吴兴智认为,乡村协商治理现代化通过强化村民在公共事务中的利益表达,较好地规范了国家权力和乡村社会的互动关系,避免或减轻了基层行政对社会资源的不合理抽取和控制,拓展和深化了村务公开和村民代表大会制度,从源头上预防和治理腐败,减少信访压力,促进农村稳定。梁怡、杨汇泉、朱启臻认为,"四议两公开"为公众参与村级事务决策提供了程序上的制度安排,使各个利益相关主体对提出的议案进行公开讨论和协商,变"单向的干部对群众的说教"为"双向互动的干部与群众的对话",有利于缩小或改变多元主体间的利益偏好,达成共识,增强乡村公共权力合法性。

(5)"实现公共决策民主化"论

实现公民有序政治参与是协商民主的实质。吴春梅、翟军亮认为,协商治理有利于农村公共服务决策民主化,提高公共服务供给决策的质量与合法性,有利于缓解决策主体间的治理不平等,加强供给决策的民主监督。应小丽认为,乡村协商治理现代化将沟通与协商引入民主决策过程,创新村民公共参与方式;将沟通与协商嵌入利益协调和整合过程,促进村民公共参与理性;将程序和规范引入协商过程,提升村民公共参与制度化。罗学莉认为,协商治理能够保证乡村事务决策的公正性,是控制滥用权力、防止腐败的有效手段,有利于培养村民的公民意识,建立和谐干群关系,促进农村经济社会发展。陈朋、陈荣荣认为,乡村协商治理现代化倡导的平等对话为农民真实表示对公共产品的偏好奠定了基础;鼓励公共参与为农村公共产品供给的决策所需的信息沟通提供了动力;实现理性沟通为农村公共产品供给的民主决策破除了技术上的障碍;促进偏好转换为农村公共产品供给的合法决策提供了关键性的支持条件。吴兴智认为,协商治理标志着乡村治理制度的创新,它使过去单一的民主选举向更高层次的民主决策拓展。人民主权体现在通过社会活动中的对话商谈而达成共识的过程中,体现在人们作为参与者在对话、讨论中的自我理解的过程中,它是村民对政府有效监督和制约的必要保障。

4.乡村协商治理现代化的问题与成因

正确认识乡村协商治理现代化存在的问题与成因是促进乡村协商治理现代化发展与完善的前提。学界从民主习惯欠缺、基层政府自利、农民能力不足、精英控制风险等不同的角度进行了分析,不乏真知灼见。

(1)"民主习惯欠缺"观

农村社会是身份社会和人情社会,家族关系、亲属关系、宗法关系根深蒂固。吴光芸认为,乡村协商治理现代化作为一种政府主导、精英主持的制度安排,还没能成为农民的一种乡村生活习惯。家族势力、宗法势力、金钱势力常常干扰乡村协商治理现代化的实行。更为关键的是,乡村留守农民由于年龄、文化素质和传统习惯的制约,不习惯乡村事务治理;作为村民实行"自我管理"的村民委员会,因缺乏社会治理必备的文化素质、政治素质和管理能力,要想在乡村振兴中推行协商治理还需相关制度建构。

(2)"基层政府自利"观

列宁指出,决不允许"把公职人员、社会公仆、社会机关变为社会的主人"[①]。长期以来乡镇政府形成的过度干预村民自治、把持乡村公共工程建设的惯性严重地阻碍了乡村协商治理现代化的发展和运行。陈家刚、陈奕敏认为,直接选举未在乡镇层级实施,很难通过选民来监督政府。只有大多数居民在政治过程中表达他们的偏好,现有体制下的村民参与才可能是民主治理。郎友兴认为,制度创新通常是由那些具有创新意识的地方官员来完成的,民主恳谈会是一种支配性的商议。乡村协商治理现代化的障碍主要在于基层政府的本位主义。基层政府在乡村协商治理现代化中往往有着压倒性的优势,主导基层公共事务决策,压制村民协商积极性,不利于建立稳固的乡村协商治理现代化体制和机制;公共资源分配中容易导致权力寻租,进而扭曲基层政府与村组的关系,也容易产生官员腐败和公共财政低效。

(3)"农民能力不足"观

主体理性不足和政治能力不足是一个时期乡村协商治理现代化的主要问题。作为共和主义民主观和自由主义民主观的修正和补充,西方的协商治理以普通公民具有充足的理性和较强的协商沟通能力为基础。在中国的乡村现实实践中,由

---

① 列宁选集(第 3 卷)[M].北京:人民出版社,1995:237.

于教育水平、收入差距、信息技术利用等巨大差异,造成农民协商能力不足,影响农民在乡村协商治理现代化中维护自身利益。王正中、邓刚宏认为,协商治理是农村现代化的政治条件,长期以来农民往往人微言轻,甚至没有发言权,许多农民也习惯于被动听从乡镇干部对村务的具体安排。

(4)"精英控制风险"观

协商治理的最大风险是乡村精英控制协商过程。何包钢、王春光认为,强势阶层的"强大"和弱势阶层的"无助""谦卑"会影响民主恳谈中的平等性。社会不平等对村民日常生活的持续建构与民主恳谈的时空局限性会影响协商治理的实践。戴激涛认为,在西方国家协商治理实践中,市场主导作用阻碍了健康和真实的协商治理,协商治理为少数积极参与的利益集团所控制。在我国,由于协商治理多数情况下是在国家和政府主导下进行的,参与者获得的平等和自由是公认的,少数情况下可能受到怀疑。尽管讨论的大多数问题和百姓日常生活相关,但总的说来协商议题很少涉及权力和预算问题。甚至在有些情况下,政策是预先定好的,提问题的人也是事先安排好的,听取意见只是获取合法性的手段,协商制度缺乏有效监督,仅仅是作为宣传工作的需要。

5. 乡村协商治理现代化的实践与指向

中国共产党领导是中国特色社会主义的本质特征。在党的坚强领导下,发展乡村协商治理现代化是促进国家治理体系和治理能力现代化的应有之义,也是中国式现代化的应然要求,既是中国共产党领导人民的不懈追求,也是中国特色社会主义政治文明的本质特征。学界围绕这一问题进行了大胆探索。

(1)"厚植经济基础"论

人的权利决不能超出社会的经济结构以及由经济结构制约的社会文化的发展。何包钢认为,在构建和发展协商制度过程中,经济发展程度和人们富裕程度与公民的理性意识、参与意识、自主意识及公德意识呈正相关。[1] 刘华安认为,乡村协商治理现代化是建立在一定经济和社会基础之上的,也就是说乡村协商要有事可议、有事能协商。王学军认为,发展农村生产力,促进农村经济繁荣,切实增加农民的收入,提高农民生活水平既是建设社会主义新农村的根本

---

[1] [澳]何包钢.中国协商民主制度[J].浙江大学学报(人文社会科学版),2005(3).

任务和根本目的,也为农民有效的利益表达和政治参与提供强有力的物质基础;乡村协商治理现代化离不开乡村市场经济的发展,尤其是乡村经济造血功能的提升。

(2)"提升协商能力"论

农民协商能力事关乡村协商治理现代化成效。林尚立认为,乡村民主运行的主体是农民,以农民为主体而展开的乡村协商是乡村治理的重要形态。应努力强化基层党组织与乡村社会的领导关系,深化基层自治;整合基层民主,规范民主运行;建设公共评议体系,培育农民协商能力。陶文昭认为,协商主体的民主素养与民主能力是协商民主发展的关键性条件。"加强公民教育,塑造负责任的公民,有利于协商民主的成长。"[1]要为农民依法参与乡村协商治理现代化提供良好的条件,通过有效参与乡村协商治理现代化,逐步培养农民的民主与法治观念,提高政治责任感和政治判断力。

(3)"完善协商制度"论

发展乡村协商治理现代化必须完善村民自治制度。刘建成认为,建设乡村协商治理现代化制度,"强化民主协商的制度化、规范化和程序化,不仅可以丰富社会主义民主政治理论,而且可以推进人民当家作主权利充分实现的政治实践"[2]。郎友兴认为,乡村协商治理制度化包括工作例会制度、重要建议论证和决策制度、恳谈挂牌销号处理制度、反馈监督制度;基本原则有党委领导原则、依法原则、公平原则、公开原则、实效原则。刘世华认为,乡村协商治理制度化要从加强立法工作着手,把成熟、已在实践中得到检验和认可的协商治理形式用法律的形式肯定下来,使协商治理拥有坚强的法律支撑。[3] 王正中、邓刚宏认为,要保证乡村协商治理现代化的深度,应加强农村基层组织制度建设,尤其是要处理好乡(镇)、村党支部与村委会的关系,必须保障参与协商治理的各方利益代表都有充分的发言权,使以协商治理为决策机制的村民委员会,成为既是村民的"诉苦委员会",又是村民表达意见的大会。董前程认为,完善乡村协商治理现代化制度,应建立乡村协商治理现代化稳定机构,确立乡村协商治理现代化基本制度。例如,建立候选

---

[1] 陶文昭.协商民主的中国视角[J].学术界,2006(5).
[2] 刘建成.约束与创新:中国特色协商民主制度建设[J].行政论坛,2013(5).
[3] 刘世华.协商民主广泛多层制度化发展面临的问题及对策论析[J].理论学刊,2014(4).

人确立的协商制度,建立有效协调组织意图和群众意图的听证会制度,建立健全议事会制度。[①]

(4)"建构协商机制"论

包容、平等、公正、自由的讨论沟通机制,有利于社会成员在公共利益基础上达成共识。何包钢、王春光认为,要精心设计恳谈会程序,尽可能确保参加人员享有同等发言机会,提升恳谈会实际效用,加强质量监控和评估,参会人员要有对全局和弱者的关怀意识。戴均认为,完善乡村协商治理现代化要搭建以村民代表会议为核心的村民协商平台,为村民提供经常化、制度性的利益表达和实现渠道;要健全民主决策机制,促进乡村协商程序规范化、制度化。陈鼎提出,发展乡村协商治理现代化应延伸主体范围,扩大参与的代表性,实施阳光行政,"激活"基层人大,促进决策民主化。吴春梅、翟军亮认为,推进乡村协商治理现代化,要完善公共协商机制,推动信息沟通的理性化;应加大民主监督力度,提升供给决策监督效能。

(5)"倡导协商文化"论

协商文化是乡村协商治理现代化的社会资本。郎友兴认为,公民文化是现代政治建设的重要内容,民主治理机制的可持续性依赖于公民文化的成熟。吴光芸认为,推进乡村协商治理现代化,要提高农民的文化素质和政治参与意识,建立先进的农村社区文化。刘玲灵、徐成芳认为,"必须以开阔的国际视野推进协商文化大发展大繁荣"[②]。吴兴智认为,促进乡村协商治理现代化,乡村的臣民文化应向现代公民文化转型。徐理响提出,挖掘和培育农村公共协商的文化资源,是农村公共事务的协商合作治理的关键所在。公益精神和相互信任等社会资本的不足是制约乡村协商治理现代化的重要因素。公益精神和相互信任的提高也为农民协商文化发育、成长与转型提供了现实推动力。[③]王学军认为,应增加农村社区的社会资本存量,形成农民理性利益表达的精神文化支撑。协商文化塑造既要大量开发现代积极信任资源,又要采取宣传教育、行为诱导、榜样激励等多种途径。既要大力开发农村公共协商平台,又要开展相关协商主体的协商素质培育,包括道

---

① 董前程.协商民主与农村基层民主自治制度创新——一种完善农民民主政治建设的有效路径[J].南京师大学报(社会科学版),2008(6).

② 刘玲灵,徐成芳.论中国协商民主的特殊性及发展空间[J].理论学刊,2013(6).

③ 徐理响.协商与合作:农村公共事物治理之道[J].农村经济,2011(4).

德素质、政治素质和技能素质等。

(6)"培育农民自组织"论

西方发达国家的农民具有高度组织性,但其组织性受大资本的控制与影响。改革开放前,中国农民的组织性比较高,根源于中国共产党的集中领导。改革开放后,人民公社逐渐解体,集体经济日渐空虚,尤其是随着市场化的发展,人口流动加剧,农民自组织相对比较低。中国共产党领导下的农民组织是协商治理现代化的要求。陈家刚、陈奕敏认为,促进乡村地方性经济组织的发展,根据民众的意愿,建立农民的民间组织,并在中国共产党的领导下根据宪法和法律规范这些组织。吴光芸认为,发展乡村协商治理现代化,要在乡村党组织领导下,培育乡村农民经济组织,提高农民的自组织化程度。王正中、邓刚宏认为,要加强农民的组织化建设,在党的领导下使农民再组织化,通过提高农民组织化程度,积极引导农民建立各种形式的经济协会,形成农民利益共同体,依法维护农民自身合法权益,为乡村振兴积聚力量。

(7)"结合选举民主"论

选举民主和协商民主是社会主义民主治理的两种形式,是中国特色民主治理发展的重要载体。发展乡村协商治理要实行民主协商和民主表决相结合,体现民主协商、民主监督与民主决策的关系。陶文昭认为,实行民主协商和多数表决相结合,体现了民主协商、民主监督与民主决策的乡村民主关系。刘华安认为,协商民主应与选举民主相结合,使两者相辅相成,相得益彰。曲延春认为,推进乡村协商治理现代化建设,应建立以党的领导为核心、以选举民主为基础、以协商民主为主要决策形式的治理模式。由投票和竞选所构成的选举民主是现代政治的基础,协商民主不是自由民主的替代,它应该建立在选举制度之上。只有在党的领导下,以自由民主为前提,协商民主才能得到充分发展并发挥作用。

6.乡村协商治理现代化研究应深化的问题与思路

西方协商治理理论输入中国已有二十多年历史。党的十八大报告的系统论述,标志着这一理论的中国话语体系和学术体系的建构并日益走向成熟。我国乡村协商治理现代化实践主要围绕村民自治、民主恳谈会等展开。对乡村协商治理现代化的研究,主要以温岭"民主恳谈会"为代表,研究者从农村基层民主、基层治理、决策民主、宪法学等角度进行了深入解读,这些成果为乡村协商治理现代化研究奠定了坚实基础。

(1)已有研究的局限性

第一,视域狭窄,亟待转换。南方"民主恳谈会"研究成果较多,北方乡村协商治理现代化样本的研究相对较少;侧重社会,忽略政党;侧重借鉴西方理论,忽略植根中国现实;研究主题不够集中,缺乏相互间的交流与沟通;现有乡村协商治理现代化的研究多是政治学分析,多学科交叉研究不足,有深度的论文不是很多,鸿篇巨制更是缺乏。

第二,广度上需要拓展,深度上需要深化。相当长一段时间,乡村协商治理现代化的学术研究多停留在经验层面,把实践经验升华为理论,学界要做大量工作。人口流动背景下乡村协商治理现代化的特征、性质、未来发展方向,网络协商治理的乡村路径,群体性事件的协商治理实践,北方乡村协商治理现代化经验,社会主义乡村协商治理现代化与资本主义乡村协商治理关系等少有涉及;乡村协商治理现代化的哲学基础、理论预设,毛泽东、邓小平、江泽民、胡锦涛、习近平等关于乡村协商治理现代化的思想,多学科深化研究等都期待优秀研究成果。

第三,比较分析有待"进场",研究范式亟待转换。传统的乡村协商治理现代化研究范式主要局限于问题本身的研究,缺乏宏观视野和微观视角相结合的研究,中外比较、历史比较、不同制度比较都很缺乏。基于制度分析的乡村协商治理现代化,中国乡村协商治理现代化的世界意义和理论贡献,国外乡村协商治理现代化的批判性借鉴,历史上乡村协商治理现代化的经典分析等都亟待新的研究成果。

第四,"问题意识"不足,批判精神欠缺。乡村协商治理现代化是直面当代中国农村问题的产物。学者对乡村协商治理现代化的注解和论证工作做得较好,但运用马克思主义这一理论武器批判现实不足。这种状况既有害于乡村协商治理现代化理论的健康发展,也不利于乡村协商治理现代化现实的理性塑造。

(2)乡村协商治理现代化研究的发展趋势

要从纯理论的规范研究转向协商治理在基层实践形态的研究,从乡村协商治理现代化的概念性研究转向具体运行机制的构建,从对乡村协商治理现代化的较多褒扬转向注重其基层问题化解的研究。

总之,乡村协商治理现代化的研究内容要拓展,研究方法要更新,研究角度要多维。尤其是乡村协商治理现代化的科学含义、核心理念、构成要素、价值作用、问题成因、科学化法治化路径的研究亟待加强。

(二)国外研究述评

1. 基层社会治理

关于基层社会治理问题,国外研究中提出这一问题的是德国斐迪南·滕尼斯。他提出了共同体(社区)概念,并把它作为传统社会中的社会关系方式。美国社会学者帕克将城市作为一种有机体看待,重点研究人与空间的关系,修正了社区与传统农村联结的思路。麦肯齐提出了"同心圆城市圈"理论,将现代城市划分为中心商业区、过渡区、工人住宅区、中产阶级住宅区和郊区,进而研究不同的基层社会治理特点。美国社会学家林德夫妇通过"解剖麻雀"的案例式研究,开创了社区研究的先河。

20世纪30年代,沃纳、伦特等运用观察、访谈和文献等研究方法,研究典型社区治理问题,重点探讨声望与社区内部的社会分层、社会流动问题,开创了社区研究的重要方法,他们关注的社区成员之间的分层也成为研究社区的重要内容和未来方向。美国社会学家亨特对亚特兰大社区的决策层级安排和权力运行的过程进行了开创性研究,揭示了社区权力分配的不平等,瞄准了现代国家变迁中最重要的权力变量,他的研究方法是"声望法",研究结论被称为"精英论"。达尔、波尔斯比、沃芬格等通过考察地方城市公共事务决策机制,提出了多元治理或者说权力多元理论。邦金与奥尔森把社区的权力结构概括为特色鲜明的两种模式。这些研究开创了城市基层社区研究的新范式。社会学家威廉·富特·怀特继承了芝加哥学派的研究方法和思路,以实地研究、参与观察、亲身体验等方式,揭示了贫民区的组织系统和秩序结构,真实再现社会表象下埋藏的社会结构和社会秩序。桑德斯提出了研究社区的三种范式:社区体系论、社区冲突论、社区场域论。他运用帕森斯的结构功能理论,把社区看作社会系统进行分析,将系统和互动的思想带入社区研究范畴,为深化社区研究带来了研究内容的扩展和研究方法的创新。

2. 乡村治理与经济发展

乡村治理同经济发展的关系是乡村协商治理现代化研究的重要内容,国外学

者进行了深入研究,代表性观点主要有:

(1)乡村选举更容易在集体经济比较发达的农村获得成功

O. Brien 认为拥有效益良好的集体企业的富裕村庄提倡村民自治比较容易。因为集体经营得法、村民从中受益的农村,选举能够加强他们的权力合法性。何包钢认为,村庄经济越发达,选举竞争越激烈。这主要是因为,村干部职位收入有极强的诱惑性;选举过程中的拉票抱团极其活跃,如果村庄经济比较落后,则村民的政治冷漠心理会更强。因此,经济发展与村民选举是"强相关",村庄治理是否促进经济发展属于"弱相关"。

(2)经济落后的村庄往往首先建立农村民主制度

这可能是"穷则思变,变则通"的心理诱因。Lawrence 的研究表明,是制度创新而不是经济发展促进乡村治理;以农业为主比较贫穷的村庄通过村民选举而产生的村民代表会议制度,往往成了迅速改变乡村经济面貌的动力。Choate 的研究指出,经济落后的地区会更加认真地实行民主选举,以促进经济发展并巩固贫困农村的政权基础。戴慕珍则持相反的观点:经济发达农村的民主改革十分艰难,村民选举困难重重。主要因为村庄的实际权力大多掌握在乡村精英手中,因相关政策的伸缩性,乡村精英往往利用现有的权力资源来掌控村民选举,消解自身政治风险,相对封闭的农村更适合村民自治。

(3)民主治理同经济水平呈曲线相关

Amy Epstein 的研究表明,物质福利越多,乡村投票率越高,民主治理同经济水平呈曲线相关。史天健通过实证研究表明,经济发展处于起步阶段的村庄,村民选举往往是半竞争性的;经济中等发达的村庄,相对容易推进公平选举;贫困村庄和富裕村庄往往民主选举大打折扣。郑永年认为,经济发展同民主治理、村民自治关系不大,关键在于国家在基层治理过程中所发挥的作用。地方自治水平很大程度上取决于各级地方政府的意愿。这些研究都有一定的学术价值,为推进乡村协商治理现代化理论研究提供了学术借鉴。

3. 协商治理研究

西方协商治理源于 20 世纪 80 年代,出发点是破解选举民主的困境,肇端是毕塞特,真正赋予其动力的是曼宁和科恩,罗尔斯、吉登斯、哈贝马斯等赋予其时代价值,其中哈贝马斯则提供了较为完整的社会理论支持。已有成果的贡献在于:

科恩、哈贝马斯、米勒、古特曼、费伦阐述了协商治理的一般理论①;伯曼、德雷克泽、哈贝马斯探寻了乡村协商治理现代化的社会现实和理论渊源②;伯曼、亨德里克斯、哈贝马斯注重建构西方理论模型③;登特里维斯、德雷克泽总结、回应了先前的理论研究④;费什金、何包钢关注实践应用;少数学者试图将协商治理理论与中国乡村实际相结合进行研究,如德雷克泽和何包钢等的研究涉及浙江温岭等地的基层协商治理实践。⑤

(1)协商治理的含义与特征

Aristotle是国外关于协商治理研究中有论著的首见者,他的关于协商治理理念的专著是《政治学》与《尼各马科伦理学》。在这两部著作中,他用了很大的篇幅来论述协商治理的科学内涵和协商理念。⑥ 关于协商治理的科学内涵,他做了如下表述:协商治理是"公民公开讨论、相互证明其规律和法律的过程"。⑦ 关于协商治理理念,他的观点也具有重要价值。他认为,协商治理应秉持协商与对话,这一协商与对话是政治决策中公民参与的协商与对话,没有公民参与的协商与对话不是真正的协商治理,公民参与的协商与对话过程应体现协商主体间的平等性和协商目的的合法性,追求的是公共责任和公共理性,这一定义可以概括为"对话说"。Elster关于协商治理的概念简单明了,很有特色。他说,所谓的协商治理,那就是"自由平等的公民通过讨论作出决策的过程"⑧。这一定义可以概括为"过程说"。

J. Bohman的协商治理观可以概括为"自治说":作为观念的协商治理产生于公民参与的立法过程,它代表的是"基于公民实践推理的政治自治理想"⑨。

---

① David Miller. Is Deliberative Democracy Unfair to Disadvantaged Groups? Democracy as Public Deliberation:New Perspectives,Edited by Maurizio Passerin Dentreves,Manchester University Press,2002,P. 201.

② John S. Dryzek and Aviezer Tucker. Deliberative Innovation to Different Effect:Consensus Conferences in Denmark,France,and the United States,Public Administration Review,2008.

③ Coleman. J. S. Foundations of Social Theory[M]. Cambridge,MA:Harvard University Press,1990.

④ Deliberative Democracy. Edited by Jon Elster,Cambridge University Press,1998 rho P. 1.

⑤ David Miller. Is Deliberative Democracy Unfair to Disadvantaged Groups? Democracy as Public Deliberation:New Perspectives,Edited by Maurizio Passerin D'entreves,Manchester University Press,2002,P. 201.

⑥ 杜英歌、娄成武. 西方协商民主理论述评[J]. 国家行政学院学报,2010(5).

⑦ 埃米·古特曼,丹尼斯·汤普森. 审议民主意味着什么[A]. 谈火生. 审议民主[C]. 南京:江苏人民出版社,2007:7.

⑧ J. Elster. Deliberative Democracy[M]. Cambridge:Cambridge University Press,1988.

⑨ J. Bohman and W. Rehg. Deliberative Democracy[M]. Massachusettes:MIT Press,1997.

Joshua Cohen 是协商治理"社团说"的代表人物,其观点是:协商治理的协商主体是团体,这一团体协商的目的是自主支配自身事务,协商方式是公共讨论和推理,从而"保证规则的正当性和社团条件的存在"[①]。

J. Bohman 是"公共利益说"的代表人物,其代表性的主张是,协商治理的界定众说纷纭,莫衷一是[②]。我同意这样的观点:公共政策的制定应通过相关公民的公共商讨和辩论,协商治理的参与者应超越单纯的自利和局限的认知,共同追求公共利益或共同利益,这样的协商结果或政治决策才是合法的。[③④⑤⑥] 这也是国外众多学者的共识,它为本书的深化研究提供了借鉴和启迪。

(2)协商治理的目标与实质

基于协商治理的界定,J. Bohman 对协商治理目标的见解可以概况为"冲突—协作说",也就是协商的目的是解决主体之间的对立与冲突,从而实现治理主体之间的"合作并在他们的活动中恢复协作"。[⑦] Matthew Festenstein 是"建议说"的代表者,其代表性观点的核心是:通过主体协商达致"一个能共同接受的建议",这一建议包容了大家的共同利益。Habermas 非常强调理性的价值,其代表性观点的核心是:通过公共协商,达致"客观上的理性结果"。[⑧] Maeve Cooke 提出"理性责任"这一概念,并把"理性责任"作为协商治理的目标,通过协商将合法性与正当性之间差异最小化,"期望理性正当性的公共过程——我称之为理性责任——构

---

① Joshua Cohen. Deliberation and Democratic Legitimacy[A]. James Bohman, William Rehg. Deliberative Democracy:Essays on Reason and Politics[C]. The MIT press,1997. P67.

② [美]詹姆斯·博曼. 公共协商:多元主义、复杂性与民主[M]. 黄相怀译. 北京:中央编译出版社,2006:37.

③ Joseph. M. Bessette,"Deliberative Democracy:The Majority Principle in Republican Government," in How Democratic Is the Constitution? eds. Robert A. Goldwin and William A Schambra,Washington:American Enterprise Institute,1980,P. 102—116.

④ A. Hamlin and P. Pettit. The Good Polity:Normative Analysis of the State[M]. Oxford:Basil Blackwell,1989.

⑤ [南非]毛里西奥·帕瑟林·登特里维斯著. 作为公共协商的民主:新的视角[M]. 王英津等译. 北京:中央编译出版社,2006:22—23.

⑥ Valadezm J. Deliberative Democracy,Political Legitimacy,and Self Democracy in Multicultural Societies[M]. USA Westview Press,2001:30.

⑦ [美]詹姆斯·博曼. 公共协商:多元主义、复杂性与民主[M]. 黄相怀译. 北京:中央编译出版社,2006:37.

⑧ Jurgen Habermas. Political Communication in Media Society:Does Democracy Still Enjoy an Epistemic Dimension? The Impact of Normative Theory on Empirical Research. Communication Theory. 2006.

成了协商治理的核心"。① Judith Squires 则与众不同,其代表性观点的核心是:协商治理达致决策合法,并提出"协商治理的关键在于偏好的转变,而不是偏好的简单聚合""民主参与的关键是创造,而不是发现和聚合公共利益"。②

(3)协商治理的基础与条件

古特曼和汤普森(Gutmann,Thompson)认为,协商治理的开展要消除政治不平等和歧视性成见。协商主体要遵循互惠、公开和责任原则。Rawls 主张,协商过程绝不能有利己主义、偏见或攻击性观点。J. Bohman 提出,协商治理的结果要想合法,必须具备非专制(Non-tyranny)、平等(Equality)和公共性(Publicity)③。"公共性构成协商治理的社会空间。"④程序公正、对话机制和平等原则是协商治理成功的必不可少的条件。⑤ Coodin 指出,协商参与者要抱着开明的心态参与讨论,并能接受他人的观点,同时要具备"自主能力"——理解力、想象力、评估力、欲求力和讲述力。⑥

(4)协商治理面临的难题与挑战

任何治理理论都有自身的困境与挑战。对西方协商治理的批判主要来自现实主义、社会选择理论和差异民主论。现实主义者认为,协商治理的理想与现实的协商治理实践存在难以逾越的鸿沟。社会选择理论认为,协商过程中的普遍意志仅仅是个幻想,是投票结果而不是协商结果赋予了政府统治与治理国家和人民的权力。⑦ 差异民主论者指出,协商治理歧视弱势群体,偏向白人中产阶级男性。赋予人们讨论的权利并不能代替给予人们自由。即使在协商治理论者看来,他们

---

① [南非]毛里西奥·帕瑟林·登特里维斯著. 作为公共协商的民主:新的视角[M]. 王英津等译. 北京:中央编译出版社,2006:39.
② [南非]毛里西奥·帕瑟林·登特里维斯著. 作为公共协商的民主:新的视角[M]. 王英津等译. 北京:中央编译出版社,2006:81.
③ [美]詹姆斯·博曼. 公共协商:多元主义、复杂性与民主[M]. 黄相怀译. 北京:中央编译出版社,2006:31.
④ [美]詹姆斯·博曼. 公共协商:多元主义、复杂性与民主[M]. 黄相怀译. 北京:中央编译出版社,2006:34.
⑤ [美]詹姆斯·博曼. 公共协商:多元主义、复杂性与民主[M]. 黄相怀译. 北京:中央编译出版社,2006:201.
⑥ Joshua Cohen and Joel Rogers. On Democracy[M]. Harmondsworth:Penguin,1983:151.
⑦ [澳]约翰·S. 德雷泽克. 协商民主及其超越:自由与批判的视角[M]. 丁开杰等译. 北京:中央编译出版社,2006:31.

的理论在许多关键问题上同样遭遇难题,如关于参与协商的理由、公共理性含义等。①

这些论争无疑是西方协商治理研究较为系统和深入的难得的理论成果。这些成果或者是中国乡村协商治理现代化研究的理论镜鉴,或者涉及中国乡村协商治理现代化的实际问题。其局限性在于:涉及面太广,相关分析不精;实证研究有待加强;中西方政治制度的本质区别和文化差异的研究不深入。西方协商治理的研究趋势是:适度聚焦,细化研究;关注基层,强化实证;构建机制,注重对策。

三、研究思路和研究内容

(一)研究思路

坚持以马克思主义为指导,践行习近平新时代中国特色社会主义思想,以转型期中国乡村社会为场域,以中国特色社会主义协商治理现代化为主线,以乡村善治为目标,运用个案分析和比较研究,深入分析乡村协商治理现代化的现实境遇和生成基础,积极借鉴中外乡村协商治理现代化的实践经验,通过剖析当前乡村协商治理现代化的实践问题与成因,科学建构具有可操作性的乡村协商治理现代化的制度和机制,并提出符合中国现实的乡村协商治理现代化的实践路径,为实现乡村和谐稳定提供理论支撑和政策建议。

(二)研究内容

本书共分六部分:

绪论。主要内容包括问题提出和研究意义、国内外研究现状及述评、研究思路和研究内容、研究方法和技术路线等。

第一章乡村协商治理现代化的概念厘定和理论基础。本书在借鉴学界研究成果的基础上,对乡村协商治理现代化进行了界定。本书提出,乡村协商治理现代化是马克思主义民主治理理论的运用和发展,源于党的协商治理理论,是指乡

---

① Edna F. Einsiedel, Erling Jelsoe and Thomas Breck. Publics at the Technology Table:The Consensus Conference in Denmark,Canada,and Australia. Public Understanding of Science 2001,10:83.

村政治共同体中自由、平等的成员通过参与乡村治理过程,提出自己的观点并考虑他人偏好,根据现实修正自己的理由,实现偏好转换,批判性审视乡村政策建议,在达成共识基础上赋予乡村决策以合法性,促进乡村社会稳定、基层善治,为农民"中国梦"的实现提供社会保障。乡村协商治理现代化的构成要素主要有:多元一体的协商主体是乡村协商治理现代化的基础,公共指向的协商客体是乡村协商治理现代化的根基,运行规范的协商原则是乡村协商治理现代化的前提,共同期待的协商结果是乡村协商治理现代化的归宿,理性表达的协商过程是乡村协商治理现代化的灵魂。乡村协商治理现代化是农村民主建设的新要求、中国特色社会主义民主政治的重要形式、乡村多元社会的关切回应、农民利益表达的重要渠道、村民自治方式的范式创新。乡村协商治理现代化是民主与协商的内在统一,本质是民主,特色是协商,重点是包容,途径是参与。乡村协商治理现代化的价值在于,促进乡村社会的有效整合,实现农民权力的常态在握,巩固党组织的领导核心地位,达致乡村社会的和谐稳定,培育现代农民的治理能力,有效防止官员腐败,增强乡村政治的有效合法。马克思主义的民主治理理论、中国共产党的协商治理理论是乡村协商治理现代化的理论基础,中华优秀传统协商治理文化是乡村协商治理现代化的深厚根源,西方协商治理理论的批判性反思是乡村协商治理现代化的重要镜鉴。

第二章乡村协商治理现代化的现实境遇与问题成因。本书提出,任重的"中国梦"、转型的乡村社会、分化的乡村阶层、多元的乡村政治、公司化的行政逻辑、杂糅的乡村文化、矛盾的政治心理是一个时期乡村协商治理现代化的历史境遇。乡村协商治理现代化在实践中出现了乡村空心化和主体虚置化的主体问题、渠道不畅化和监督短缺化的协商问题、能力不足与精英操控的平等问题、程序排斥和群体极化的包容问题、理性碎片与共识局限的理性问题、成本高企与运转低效的效率问题。乡村协商问题的成因包括社会转型与人口流动、差序格局与社会分层、乡镇侵权与体制张力、经济压力与协商文化孱弱、制度不全与自组织微弱。

第三章乡村协商治理现代化的地方实践与创新经验。第一,介绍了乡村协商治理现代化的邓州模式。论述了邓州模式的问题缘起、科学含义、价值贡献、协商特征和路径借鉴。第二,介绍了市域乡村协商治理现代化的上海创新。上海乡村协商治理现代化的场域表征是响应度低的流动人口、关系疏离的陌生人社会、网络业态的社会组织、阶层族群的理念分割、职能同构的科层压力、智慧社会的数据治理。梳理了市域基层协商治理现代化的上海创新模式,包括社区委员会共建模式、"三元复合"共治模式、"1+1+X"共商模式、"老乡管老乡"维权模式等。介绍了市域乡村协商治理现代化的上海经验:强化党建引领,转变政府职能;倡导协商民主,促进选举民主;培育社会力量,推进协商法治化;创新协商模式,完善基层共治;推进数字治理,提高协商能力;厚植协商文化,推动法德融合。第三,介绍了乡村协商治理现代化的技术指向。新时代乡村协商治理现代化的技术场域是科技发展的资源前提、人口流动的场域空置、智能数据的技术支撑。技术约束有数字鸿沟与技术主义的技术约束、数据短板与"数据烟囱"的工具约束、数据挑战与思维局限的嵌入困境、人才缺口与制度滞后的治理局限。乡村协商治理现代化的技术路径在于范式转变与政策设计的治理更新、数字生存与网络协商的治理完善、网络平台与网络素养的建设提升、网络民主与人技共治的措施创新。

第四章协商治理现代化的案例分析和经验启迪。第一,介绍了基层协商治理现代化的城市实践。实践模式主要有网格管理的北京东城模式、"议行分设"的盐田模式、协商共治的"西湖样本",其经验在于:以基层党建引领基层治理,提升居民和非政府组织基层自治能力,构建"自治、法治、德治"相融合的基层治理体系。第二,介绍了人民政协政治协商科学化的经验。科学化是人民政协建设的重要目标。在现实中存在党政协商不规范、民主监督有"缺位"、制度建设不完善、协商程序不科学等问题。根源在于没有按科学发展观的要求正确认识政协科学化建设;没有正确认识政协理论研究的相对滞后性;没有正确认识和理解政协履行职能建设需要一个过程。推进人民政协科学化建设,必须坚持群众路线,健全协商制度,细化协商程序,建立学习培训机制。第三,乡村协商治理现代化的海外镜鉴主要包括新加坡的政府主导模式、社区协商治理的美国启示、公民协商参与的英国经验和公民协商会议的丹麦模式。

第五章乡村协商治理现代化的现实选择与实践路径。第一,乡村协商治理现代化的认知路径在于:认清中西方协商治理的本质区别,坚持党的领导与主体平等的统一,倡导协商民主与选举民主相结合。第二,乡村协商治理现代化的制度路径在于议题产生制度、协商参与制度、对话协商制度、信息公开制度、协商监督制度。第三,乡村协商治理现代化的实践路径在于稳定机构和科学程序的合理建构、网络平台与网络协商的建构畅通、隐蔽议程和参与不足的共同消除、协商文化与公民教育的有机结合。第四,乡村协商治理现代化的法治路径在于:秉持乡村协商治理法治化的科学理念,坚持乡村协商治理法律规制的党的领导,遵循乡村协商治理法律规制推进原则,健全乡村协商治理法律法规,完善乡村协商治理法律规制体系,树立乡村协商治理法治信仰坚定理念。第五,乡村协商治理现代化的保障路径在于群众路线与协商型政府的塑造回归、经济基础与社会资本的增量发展、人民社会与民间组织的协同培育、城乡生产要素自由流动的体制构建。

本书的主要贡献在于以马克思主义为指导,提出了"社会主义乡村协商治理现代化"这一概念,并论述了这一概念的科学内涵、核心理念、构成要素、价值作用、困境成因、科学化法治化路径,阐释了乡村协商治理现代化的马克思主义理论基础,对邓州模式和上海创新进行了深度挖掘和理论阐释,在借鉴域外基层协商治理经验、分析乡村协商治理现代化历史境遇与现实问题成因的基础上,构建了乡村协商治理现代化的实践路径。

(三)基本观点

(1)乡村协商治理现代化是基层民主的创新实践,是基层治理的创新;乡村治理是社会治理的难点和重点,乡村协商治理现代化是治理创新的新路径、公共管理的新模式、基层协商治理的新内容。

(2)乡村协商治理现代化是马克思主义协商民主理论的深化,是中国特色社会主义民主政治的创新,也是新时代国家治理体系和治理能力现代化的重要内容。乡村协商治理现代化增进了村民的利益表达与实现,增强了乡村公共权力的合法性,促进了农村社会稳定。

(3)乡村协商治理现代化的主导是中国共产党,主体是新时代乡村的农民,本质是社会主义的人民民主,特色是社会主义制度内涵的平等协商,重点在于乡村多元主体的理性包容,实践途径是乡村协商主体对乡村公共事务的共同参与,实践方略是自治、法治、德治相融合,目标指向是乡村治理能力和治理体系现代化,乡村协商治理现代化是农民奋力实现"中国梦"的社会保障。

（4）乡村协商治理现代化中的主体缺陷、平等困境、协商短板、理性不足、包容缺陷、共识局限与效率瓶颈等问题，源于经济压力、引领不力、社会分层，表现为"利益失衡→政治权威边缘化→强势力量俘获→公共理性缺失→乡村共同体分化"，解决方法是强化党的领导和人民的主体地位。

（5）重建农民主体地位，实现国家治权与乡村治权的协商共治，是破解乡村治理困境的重要思路。破除乡村协商治理中资本思维与行政偏好的合谋、精英俘获与农民失语的张力，中国共产党具有根本的价值指向，马克思主义具有先天立场，它是一个政治取向矫正优先于治理技术革新的过程。

（6）人口流动背景下乡村协商治理面临乡村场域"空心化"、协商主体"贫困化"、协商治理"形式化"、协商成本"高企化"、协商监督"碎片化"等现实问题。乡村协商治理现代化必须基于马克思主义立场，以习近平新时代中国特色社会主义思想为指导，厘清社会主义与资本主义协商治理的本质区别，坚持党的领导与主体平等相统一，发展乡村网络协商，践行党的群众路线，厚植乡村经济基础，从而实现乡村协商治理现代化。

（7）乡村协商治理现代化代表着乡村治理发展的新方向。乡村协商治理现代化的构建要以马克思主义民主治理理论和中国特色社会主义理论为指导，立足中国乡村现实，汲取中国优秀传统政治思想，批判性借鉴西方协商治理理论，积极建构植根中国大地的话语体系和学科体系。

（8）乡村协商治理法律规制是在运用相关法律法规对乡村协商治理制度的地位和作用进行明确定位的基础上，通过法律法规来规范乡村协商治理现代化的运行程序，从而保证乡村协商治理现代化的规范运行，使乡村协商主体的产生、协商过程的开展、协商结果的认定都在一定的法律支持、法律保障中实现，进而保障乡村协商治理现代化制度的权威性与稳定性。

(四)内在逻辑

```
主题：乡村协商治理现代化
        ⇅
理论阐释：乡村协商治理现代化的价值与构成
        ⇅
理论基础：马克思主义民主治理理论
        ⇅
背景问题：乡村协商治理现代化的问题与成因
        ⇅
个案分析：国内乡村协商治理现代化的机制创新
        ⇅
重要借鉴：国外协商治理的实践经验
        ⇅
现实指向：乡村协商治理现代化的发展路径
```

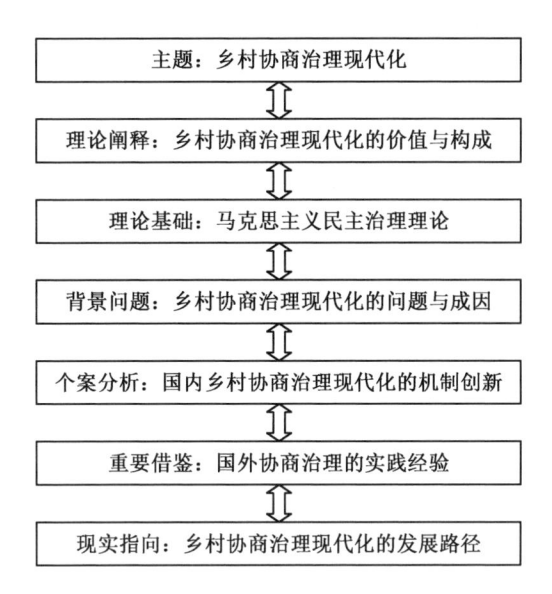

四、研究方法和技术路线

(一)研究方法

乡村协商治理现代化研究应突出时代特色、中国场域、乡村现实、马克思主义视角、问题意识、国际视野、比较方法和可操作对策。为此,课题采取的研究方法包括：

1. 文献研究法

通过对乡村协商治理现代化相关的政府文件、学术著作、研究报告、期刊论文和学位论文等文献资料的梳理与研究,了解当前乡村协商治理现代化的学术动态,掌握乡村协商治理现代化研究的前沿问题,为深入研究马克思主义民主治理理论、毛泽东协商治理思想、中国特色社会主义协商治理理论、习近平总书记关于协商治理的重要论述奠定基础,为乡村协商治理现代化的实践路径建构提供遵循。

2.比较研究法

通过对社区协商治理的美国启示、公民协商参与的英国经验和公民协商会议的丹麦模式的比较研究,通过邓州模式和上海创新模式的比较研究,通过网格化管理的北京东城模式、"议行分设"的盐田模式、协商共治的"西湖样本"等城市基层协商治理的比较研究,为构建乡村协商治理现代化运行机制和实践路径提供经验借鉴。

3.问卷调查

问卷调查是乡村协商治理现代化研究中定量分析与定性分析的基础。本书问卷的设置基于村民参与乡村协商治理现代化中的利益表达、协商能力、协商素养、议题设置、协商过程、共识形成、共识落实、村干部执行等问题进行精心编排和科学规划。问卷的设计分为三个部分:

第一部分,被调研者的身份认定;

第二部分,乡村协商治理现代化现实的揭示;

第三部分,乡村协商治理现代化模式的实施情况。

通过问卷调查并结合邓州模式实施前后村民对乡村协商治理现代化态度的异同,初步了解邓州模式的实施成效。

4.案例分析

在实地调查的过程中选取有代表性的邓州模式和上海创新模式,本书围绕案例展开写作。本书对邓州模式和上海创新个案进行"解剖麻雀"式的分析,同时结合其他研究方法的应用,力求对邓州模式和上海创新进行较为完备的理论阐释和经验提升。

(二)技术路线

在运用这些研究方法的前提下,本书沿着三大技术路线展开探讨。

1.实地调研

以邓州为主要基地进行实地调查,获得数据资料。在此过程中,通过以访谈者身份直接进入邓州模式的实际运行场景,以求全面、真实地掌握协商治理在乡村的运行状态,把从实地获得的材料作为对实际问题分析的依据。

2.个案分析

以协商治理理论对上海创新的社会场域、演变机理、化解过程、社会评价的深度分析,取得对研究结论的多重检验和支持。

3. 理论提升

根据调查所得对实践个案乃至整个乡村协商治理现代化进行理论提升,以不断丰富乡村协商治理现代化的理论内涵,并挖掘其现实应用价值。

(三)研究路径

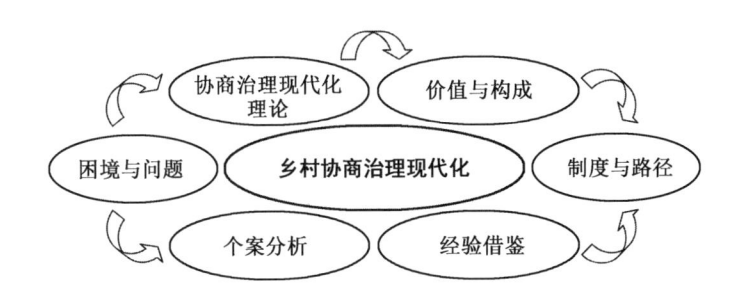

五、研究重(难)点和创新点

(一)研究目标

本书以习近平新时代中国特色社会主义思想为指导,植根于中国协商治理现代化的乡村实践,借鉴西方协商治理理论,力图构建一套适合中国国情的乡村协商治理制度,并将这套制度网络化、法治化、程序化和科学化,使农民在乡村公共决策中能够实质性参与,从而最终实现中国乡村协商治理现代化的科学性和可操作性,有效防控乡村决策的合法性危机。同时,本书也为乡村治理和基层民主建设提供理论支撑,为马克思主义理论研究增添时代新元素。

(二)研究重(难)点

(1)研究重点是乡村协商治理现代化的实践路径。运用马克思主义协商民主理论和社会治理理论,借鉴国外协商治理经验,通过对乡土社会邓州实践、经济发达上海经验等协商治理模式的实证研究,科学构建可操作性的乡村协商治理现代化的认知路径、制度路径、技术路径、法治路径、保障路径和实践路径。

(2)研究难点包括:大数据时代人口流动背景下乡村网络协商治理现代化的现实困境与实现路径;中国梦视域下乡村协商治理现代化的社会主义本质、中国模式与乡村特色;法治中国路线图中乡村协商治理法治化的制度设计与政策建议;基于马克思主义民主理论的乡村协商治理现代化中基层党组织的地位与作用。这些问题关系到乡村协商治理现代化的实效性问题,是课题研究的难点。

(三)研究创新点

乡村协商治理现代化是村民自治发展的结果,它带来了乡村社会秩序的优化、村民价值理念的转变、乡村治理能力的提升,成为促进农民权利和自由的机制,由此廓清了对乡村协商治理现代化理解的现实迷雾。本书的深刻之处在于没有停留在村民自治层面考察乡村协商治理现代化,而是深入乡村社会关系、农民的思想情感和乡土民情现实考察乡村协商治理现代化问题。

1.习近平新时代中国特色社会主义思想的视角创新

马克思民主治理理论既是传统的也是当下的,是我们进一步拓展的理论起点。协商治理是我国的内生性理论,近十年西方协商治理理论与中国乡村样本的契合研究成果丰富,但多是用西方协商治理理论裁剪中国乡村治理现实。本书运用马克思主义分析逻辑,以习近平新时代中国特色社会主义思想为指导,在党的协商治理语境中,分析新时代乡村协商治理问题,总结中国特色的乡村协商治理现代化实践经验,提出了强化党的领导、乡村协商治理现代化、乡村协商治理科学化、乡村协商治理法治化、乡村网络协商等概念,厘清了社会主义协商治理与西方协商治理的本质区别,论述了乡村协商治理现代化的本质是人民当家作主,特色是协商,重点是包容,途径是参与;它实现了农民权力的常态在握,巩固了党组织领导的核心地位,是防止乡村干部腐败的有效途径,为农民奋力实现"中国梦"提供社会保障。确立马克思主义的研究立场,选择科学社会主义的思想方法,贯彻党的协商治理理论的逻辑起点,体现人民当家作主的执政理念是本书研究试图达到的视角创新。

2.地方经验的学术提升

乡村协商治理现代化研究的南方样本尤其是浙江温岭民主恳谈会的研究,成果丰富,影响很大,但是乡村协商治理现代化的北方样本相对不足,运用协商治理理论剖析特大城市乡村协商治理并进行相关经验的总结也很缺乏。本书对北方乡村协商治理现代化的邓州模式的深度挖掘和理论阐释,对市域协商治理现代化的上海创新的系统勾画与深度描写,对网格化管理的北京东城模式、"议行分设"的盐田模式和协商共治的"西湖样本"的比较分析与经验升华,为国内学术界乡村协商治理现代化理论研究提供了鲜活的实践经验和宝贵的理论借鉴。建立在精确的实证性分析之上的结论为本书制定切实可行的乡村协商治理现代化发展路径提供了较为准确的现实依据。

3.完善路径的对策创新

国内学术界对协商治理与中国乡村的契合性做了深入研究。本书运用马克思主义立场和方法,批判性借鉴域外协商治理经验,针对市场化、新型工业化、城镇化、空心化背景下乡村协商治理现代化存在的主体问题、协商短板、平等问题、包容问题、理性不足和效率瓶颈等现实问题,提出了问题成因在于社会转型与人口流动、差序格局与社会分层、附属行政化与体制张力、经济压力与协商文化孱弱、机制不活与自组织微弱。鉴于此,本书建构了乡村协商治理现代化的认知路径、制度路径、法治路径、保障路径和实践路径。本书提出建构议题产生、协商参与、对话协商、信息公开、协商监督的制度路径,坚持群众路线与协商理性的塑造回归、经济基础与社会资本的增量发展、稳定机构与科学程序的合理建构、网络平台与网络协商的建构畅通、人民社会与民间组织的协调培育、城乡生产要素的自由流动体制构建、隐蔽日程和参与不足的共同消除、协商文化和农民教育有机结合的实践路径。尤其是本书提出的厘清中西协商治理本质区别,坚持党的领导与主体平等的统一,倡导协商治理与选举民主相结合,发展乡村网络协商,践行党的群众路线,厚植乡村经济基础与实现乡村共同富裕,为乡村协商治理现代化建设提供了可操作性的实践路径。这是本书研究试图达到的对策创新。

第一章 乡村协商治理现代化的概念厘定与理论基础

党的十八大报告第一次在党的大会上明确指出:"社会主义协商民主是我国人民民主的重要形式",要"积极开展基层民主协商","完善协商民主制度和工作机制。"[①]乡村协商治理现代化是十八大以来理论界和学术界十分关注的理论和现实问题,这一问题的关注度随着十八大报告浓墨重彩的论述成为学界研究的前沿问题和热点问题,尤其是在党中央提出"国家治理现代化"这一概念并明晰国家治理体系与治理能力现代化的抓手与推进路径后,乡村协商治理现代化作为国家治理现代化的重要方面和治理效能的实践路向,很快成为学界研究的重点领域。国外学者基于西方社会的私有制本质和个体自由追求,对协商治理的内涵界定、主体判定、观念认知、理论体系、现实指向展开了学理论争。国内学者的研究逻辑更多的则是中国特色、乡土现实、问题场域、治理效能、优化路径的探析,尤其是协商治理的内生基础、模式升华、实践总结和话语建构更是争论热烈。关于乡村协商治理现代化的内涵界定与本质揭示,学界仁者见仁智者见智。

第一节 乡村协商治理现代化的科学内涵

概念是逻辑的起点。乡村协商治理现代化研究的逻辑展开应从科学界定这

[①] 胡锦涛.坚定不移沿着中国特色社会主义道路前进 为全面建成小康社会而奋斗[N].人民日报,2012—11—15.

一概念的本质内涵为原点。深刻揭示乡村协商治理现代化的本质属性,科学界定乡村协商治理现代化的内在含义,准确把握乡村协商治理现代化的核心理念,认真分析乡村协商治理现代化的构成要素,明晰确定乡村协商治理现代化的功能效用,是深入研究乡村协商治理现代化问题的根本前提,也是乡村协商治理现代化实践发展的理论支撑。

一、乡村协商治理现代化的含义界定[①]

西方"协商治理"一词来源于 deliberative democracy,国内理论界有多种译法,谈火生译为"慎思明辨的民主"或"审议民主",香港学者甘阳译为"权衡民主",倪星和史永跃译为"评议民主"。学界的代表性观点有:"审议民主"或"审议式民主""审议性民主","协商民主","商议民主"或"商议性民主""商议民主制","协商治理","慎议民主","协商民主","商谈民主","审慎的民主","慎辨熟虑的民主"[②],本书采用理论界流行译法,即"协商治理"。乡村协商治理现代化倡导自由公开、双向交流、平等参与、协商对话、理性共识、偏好转移。但协商什么,怎样治理,理论界仁者见仁、智者见智。

(一)"有限协商治理"说

乡村协商治理现代化要立足于中国乡村社会现实。何包钢认为,中国乡村协商治理现代化参与者不怕谈利益,通过平衡利益、理性协商,形成共识,实现偏好转移,形成集体意愿和公共政策。何包钢、王春光认为,中国乡村协商治理是有限协商治理,即协商治理要嵌入中国乡土社会现实,不能完全照搬西方协商治理理论;它应用于重大事件的讨论和决定;它是一个不断完善和改进的过程,具有渐进性。根据浙江扁屿村实践,他们提出了适合中国乡村协商治理现代化的制度设置,包括主持人制度、参会人员随机选拔制度、事先信息发布制度、问卷调查决策制度、领导干部相对隔离制度、观察员制度、重大事件民主协商制度等,以期推进

[①] 李玉华,张国献,王琦.乡村协商民主研究谱系:概念厘定、实践创制与前瞻导向[J].理论学刊,2014(9).

[②] 陈家刚.协商民主研究在东西方的兴起与发展[J].毛泽东邓小平理论研究,2008(7).

中国乡村协商治理现代化的发展与完善。[1]

(二)参与式民主说

社会主义民主是真正的人民当家作主,是广大人民作为国家和社会的主人平等地享有管理国家、管理经济和社会事务的权利。乡村协商治理现代化把乡村社会有序参与、平等议事、民主监督、凝聚共识、科学决策、协调各方、和谐发展融为一体,具有强大的包容性和有效性。乡村协商治理现代化充分利用既有乡村政治资源,拓宽乡村民主参与渠道,吸纳乡村各方意见和建议,集中乡村各方智慧和力量,使乡村决策更加科学合理,使乡村社会形成强大合力。谈火生认为,乡村协商治理现代化强调普通民众参与决策过程,通过公共审议提升参与品质,提高决策质量。[2] 陈家刚、陈奕敏认为,应用于乡村的参与式预算是一种参与民主的形式,是一种创新的政策制定过程,是公民直接参与影响自身利益的决策过程。公民借助论坛、会议等平台,确定资源分配,制定社会政策,监督政府支出。参与式预算将直接民主和代议民主有效地结合起来,通过改善政策和资源分配,实现社会公正,促进公共学习和激发公民的权利意识,改革行政机构。[3] 林尚立认为,基层民主建设是中国民主政治发展的基础,核心就是扩大基层民主的自治性和参与性。[4]

(三)民主决策机制说

民主原意是指"人民的权力"或"人民的政权"。陈朋、陈荣荣认为,农村公共产品供给的决策机制包括:①偏好显示机制,即激发有关利益主体在决策前反映或显示各自对公共产品需求的机制,它是整个决策机制的基础;②信息沟通机制,即充当供给主体与受众信息桥梁的机制安排,它包括信息搜索、信息处理、信息披露、信息交流等环节;③程序和方法体系,不同的决策程序和方法会产生不同的决策成本和结果。刘华安认为,中国乡村协商治理现代化属于微观协商治理,它是

---

[1] 何包钢,王春光.中国乡村协商民主:个案研究[J].社会学研究,2007(3).
[2] 谈火生.审议民主理论的基本理念和理论流派[J].教学与研究,2006(11).
[3] 陈家刚,陈奕敏.地方治理中的参与式预算——关于浙江温岭市新河镇改革的案例研究[J].公共管理学报,2007(3).
[4] 林尚立.公民协商与中国基层民主发展[J].学术月刊,2007(9).

一种民主的决策程序和机制,突出特征是相关个体和组织可以直接参与到公共事务讨论中,具有最终决策影响力;基层政府、村"两委"、新乡绅、农业专业组织以及具体公共事务的行政人员是乡村协商治理现代化的基本参与主体;主要活动集中在选举民主和精英民主无法有效解决的乡村公共问题和事务上,协商形式是各种类型的民主对话和决策论坛。[1]

(四)乡村治理模式说

马克思认为,民主是"人民的自我规定"[2]。和谐乡村治理需要多元主体的合作。陈家刚认为,乡村协商治理是一种治理形式,实质是以理性为基础、以真理为目标,核心是公共协商。[3] 王浦劬认为,包括乡村在内的协商治理是政府管理与社会自治的良性互动,是众意表达与公意达成的相辅相成,是公共利益与不同利益的平衡协调。戴均认为,中国乡村协商治理现代化是平等自由的村民或村民组织在基层治理过程中,以公共理性为指导,通过讨论、对话和交流,达成多元共识,从而使村民自治逐步演变成以民主参与、民主管理、民主监督为核心,以"对话、协商"为特征的乡村治理模式。[4] 刘安认为,乡村多元主体直接参与公共事务决策,就特定公共事务自由、公开地表达和倾听各种观点,经过彼此讨论与协商,最终做出具有合法性和权威性并最大限度实现公共利益的决策。[5] 徐理响认为,多元主体以公共利益与公共责任为联结纽带,以合作与共识为目标导向,实现互动与整合,构建富有成效的和谐的新农村公共事务治理模式。[6]

(五)基层民主说

党的坚强领导是基层民主的核心,人民当家作主是社会主义民主政治的本质。离开人民当家作主,党的领导就会成为无源之水、无本之木;离开人民当家作主,社会主义民主政治也就失去了前提和基础。乡村协商治理现代化是党领导下

---

[1] 刘华安.协商民主与农村治理:意义、限度及协调[J].三江论坛,2011(3).
[2] 马克思恩格斯全集(第1卷)[M].北京:人民出版社,1995:282.
[3] 陈家刚.协商民主引论[J].马克思主义与现实,2004(3).
[4] 戴均.协商民主:村民自治可持续发展的政治诉求[J].人文杂志,2009(2).
[5] 刘安.协商共治:建构农村基层治理的制度性合作关系[J].南京师大学报(社会科学版),2011(2).
[6] 徐理响.协商与合作:农村公共事物治理之道[J].农村经济,2011(4).

的基层民主。刘秀华、乔翠霞认为,乡村协商治理现代化是地方政府通过咨询会、听证会、磋商会、特设论坛等形式,组织农民或农民代表就辖区内公共事务进行咨询、讨论和磋商。叶战备、程广利认为,基于基层民主视角认知乡村协商治理现代化,要深刻把握乡村协商治理现代化的利益主体的平等性,更要考虑协商过程中的规则合理性、平台开放性、自由对话、平等讨论、协商方式、审议视角、公共政策主题、乡村政治场域、理性认知和利益融合。吴兴智基于浙江的协商治理乡村实践经验,深刻揭示了协商民主视域中的乡村协商治理现代化的科学内涵。他认为,乡村协商治理现代化实践中的乡规民约式协商机制、正式商谈中的协商体制、村民对公共事务的协商式参与、乡村监督体系的协商式改造等共同构成了乡村协商民主的治理图景。①

这些观点从不同侧面和层次揭示了乡村协商治理现代化的内容,为进一步研究乡村协商治理现代化提供了理论基础。但已有研究没有直接提出乡村协商治理现代化这一概念,更没有对这一概念进行科学阐释。

(六)本文界定

作者在《乡村协商民主的地方实践》(《中国农村观察》2014.1)《乡村协商民主的现实困境和化解路径》(《中州学刊》2014.3)和《乡村协商民主研究谱系:概念厘定、实践取向与前瞻导向》(《理论学刊》2013.6)三篇论文中借鉴学界研究成果,对乡村协商治理现代化进行界定。本书认为,乡村协商治理现代化是中国式现代化的乡村民主管理的表现,是马克思主义民主治理理论的当代中国实践,也是中国共产党协商民主理论的乡村践行,它是指乡村治理共同体中自主、平等的成员,在乡村基层党组织领导下,积极参与乡村协商治理过程,提出自身观点并考虑他人偏好,根据现实说服他人或修正自己理由,实现偏好转换,批判性审视乡村政策建议,在达成共识基础上赋予乡村决策以合法性,促进乡村社会稳定、基层善治,为农民"中国梦"的实现提供政治保障。②"中国梦"的实现需要包括亿万农民

---

① 吴兴智.从选举民主到协商民主:近年来乡村民主建设的新发展——以浙江为个案的思考[J].社会科学战线,2008(4).

② 张国献.乡村协商民主的地方实践[J].中国农村观察,2014(1).陈家刚.协商民主:概念、要素与价值[J].中共天津市委党校学报,2005(3).吴光芸.协商民主:和谐社会治理的民主范式[J].四川行政学院学报,2008(1).

在内的全体中国人民为之奋斗,乡村协商治理现代化拓展了基层群众政治参与空间,启迪了基层民主政治建设增量发展新路径,调动了亿万农民实现"中国梦"的积极性。[①] 乡村协商治理现代化既意味着乡村公共决策必须在基层党组织领导下,经过相关的农民或农民代表的参与而达成,也意味着乡村公共决策的过程是以讨论的方式进行的,且参加讨论的农民或农民代表必须珍视理性与公正的价值。也就是说,社会主义乡村民主必须依靠协商。乡村协商治理现代化的模式主要有浙江省温岭市"民主恳谈会"、河南省邓州市"四议两公开"、安徽省安庆市"党员代表议事会"、吉林省辉南县"党群议事会"、郑州中牟"联户代表会"、四川省邛崃市"新村发展议事会"。乡村协商治理现代化深化了我们对基层治理建设的讨论与认识,开启了基层协商治理的新路径。

二、乡村协商治理现代化的核心理念

乡土人情与差序格局、自由而公开的协商、政治平等与表达自由、公共利益与公共责任、理性与偏好转换、党的领导与法治理念是乡村协商治理现代化的基本公约数,也是乡村协商治理现代化的内在要求。乡村协商治理现代化的目标指向是形成一个又有协商又有民主、又有平等又有理性、又有偏好又有共识,立足乡情担当责任,人人心情舒畅,个个生动活泼的乡村政治局面,以利于乡村治理现代化和"中国梦"的实现。

(一)乡村与乡土社会

新冠疫情止于何处?止于乡关。全国一盘棋,调动一切力量,应对疫情,这是疫情治理的主攻方向。但还有一个重要的方面被忽视,这就是乡村卫生防疫力量最薄弱,乡村社会治理时效性最强,乡村恰恰实现脱钩,实现在地化。恰恰是农民与基层干部阻断了疫情。这取决于乡村还有自主生存能力,有自给自足的能力,农村完全可以实现在地化,依然能把外部性巨大风险阻隔,自主处理内部事务,这是应对全球化危机的低成本的载体。

乡村又称农村,是相对城市而言的。不同学科有多重定义,不同学者有不同

---

① 张国献,李玉华.乡村协商民主的现实困境与化解路径[J].中州学刊,2014(3).

观点。一般来说，乡村人口密度低，聚居规模小，以农业生产为主，社会结构简单，居民生活方式类同，人伦政治明显，交往注重情感，风土人情淳朴，社会变迁缓慢，宗亲观念强烈，生态环境自然。依据政治属性，乡村可分为自然村和行政村。自然村是村落实体，行政村是行政实体。大自然村可分设行政村，一个行政村可辖几个自然村。本书研究的乡村是指县城以下的广大地区。既是行政区划意义上的概念，也是地理空间意义上的概念。长期以来，大多数乡村市场发育缓慢，科技不发达，生产力水平相对较低，乡村之间人口流动性差，区域经济不成熟，产业结构往往以农业为中心，其他各业直接或间接与农业生产相关联。传统的乡村由于累世聚居，村民之间彼此了解而成为"熟人社会"。21世纪以来，随着市场化、工业化、城镇化的冲击，乡村社会发生了前所未有的历史性变革，乡村除保有第一产业外，还拥有第二产业和第三产业。作为一个社会，乡村不仅包括经济、政治、文教、风俗等活动，还包括空间的生态因素，即自然环境的立体因素。作为一种场域，乡村不仅是从事农业生产和农民聚居的地方，而且也是一个政治、经济、生活的有机体，具有相对独立的社会功能。村民自治、经济发展、乡村治理、基层民主、农民参与、乡村振兴与社会稳定成为新时期乡村社会的多彩色。

乡土性是理解乡村社会的重要切入点，也是研究乡村协商治理现代化的重要视角。"从基层上看去，中国社会是乡土性的。"[1]这是费孝通对中国传统乡村社会的精辟判断。土地是农耕文明的根基，具有浓烈的方位性和独特的地域性，由于农民的生计依赖于土地，他们的生活也就渗透了泥土的气息和特色。[2] 生活在乡村，依靠土地维持生计的农民，土地就是他们生活的重要资源。聚村而居是中国乡土社会的重要特性。村落既是中国乡土社会的存在形式，又是乡村社会关系和制度的基础。[3] 低流动性使村落的社会关系和文化能形成地方性特征，其内部具有高度同质性。乡土社会是由一起成长、一起生活、一起活动的人组成的，涂尔干（E. Durkheim）把乡土社会的关系表述为"有机团结"关系，即建立在熟人间道德习俗规范基础之上的团结。乡土社会的特征是：一曰礼治秩序，二曰无讼，三曰无为政治，四曰长老统治。这是规范传统社会权力结构的组织方式和话语体系，也

---

[1] 费孝通.乡土中国生育制度[M].北京:北京大学出版社,1998:6.
[2] 刘旺洪、朱小龙.论新农村法律文化创新的结构、特征与路径[J].学习与探索,2011(3).
[3] 陆益龙.乡土中国的转型与后乡土性特征的形成[J].人文杂志,2010(5).

是一种"生于斯、长于斯"的"熟人社会"特有的乡土逻辑。① 在现代化浪潮冲击下，乡土中国迈入后乡土中国，乡土性特征演化为后乡土性特征。

后乡土性是指乡村结构的基础是乡土的，而精神气质则是乡土与现代的混合，农民具有理性人的现代性特征。后乡土社会的村落从低流动性进入高流动性，村落主体已分化为不同的阶层、不同的职业，熟人社会网络随着流动性的增强在不断向外延伸。亲戚、邻里之间，人情、面子和礼节等乡土规范依然在人际交往中发挥作用，市场规则、平等观念和法治理念的成分越来越多地渗透到人情、面子的乡村规则之中。

(二)政治平等与协商

列宁指出，民主意味着平等。政治平等使人不卑不亢，既没有特权者的任性，也没有无权者的奴性。可以独立地表现自己的意志而不傲慢，正直地表示服从而不奴颜婢膝。政治平等是社会主义民主的本质要求，也是乡村协商治理现代化的基本条件。乡村协商治理现代化要求的平等是具体而相对复杂的。耐特等人认为协商治理需要平等地获得政治影响的机会，即机会平等。② 托马斯·克里斯蒂安诺主张资源平等，即协商过程的参与者应该平等地占有协商所需要的各种资源，如收入、权利、资格或机会等。博曼认为能力平等体现着协商治理理论的根本特征，能力平等就是所有农民都必须培养那些赋予其实际参与乡村公共事务的能力，包括有效社会行为的能力、参与乡村共同活动并在其中实现自己目标的能力。③ 在乡村协商治理实践中，机会平等是不充分的，资源平等是不现实的，能力平等适合协商治理所需的社会和文化条件。能力平等使农民能够充分利用程序所赋予的机会，利用掌握的资源，消除政治贫困，实现成功的协商。因此，能力平等是乡村协商治理现代化平等理想的主要诉求。同时，平等原则和自由原则具有强关联。能力平等使农民能够有效参与乡村公共领域、有效利用公共自由，从而

---

① 侣传振.半熟人社会与人际信任——兼论社会信任结构变迁的路径选择[J].胜利油田党校学报，2007(1).
② 詹姆斯·博曼，威廉·雷吉.协商民主:论理性与政治[M].陈家刚等译.北京:中央编译局出版社，2006:213.
③ 唐展风，陈国胜.协商民主模式:价值、制度与困境[J].湖北行政学院学报，2007(2).

超越程序机会或资源聚合而扩大政治权利和自由。

毛泽东认为,企图用行政命令的方法,用强制的方法解决思想问题、是非问题,不但没有效力,而且是有害的。协商是乡村协商治理现代化的核心理念,是协商治理区别于选举民主的显著特征,也是理解乡村协商治理现代化的逻辑起点。乡村协商治理现代化中的协商包含认真审议、和平对话、理性讨论、慎重反思等内容。作为过程,乡村协商治理现代化中的协商是指特殊的讨论,包括认真和严肃地衡量支持和反对某些建议的理由,或者是指衡量支持和反对行为的内部过程。作为结果,协商就是各种观点不受限制地交流,这些观点涉及实践推理并总是潜在地促进偏好转换。1950年8月,当毛泽东得知在河北宣化市第三届第二次各界人民代表会议上主持人和个别党员干部不让出席会议的代表充分发言时,马上指示将"此种行为""在报纸上公开揭露,予以批评,借以教育全党"。[1] 同时,对党内发生的"压制民主打击群众批评的行为或支持这种行为"的情况,他也坚决要求有关人员"向人民代表会议作自我批评,并公开发表"。[2] 在规范意义上,乡村协商是一种面对面的意见交流和观点碰撞,它强调逻辑的力量和理性观点的威力,不是人数的优势和权力的傲慢,也不是操纵、强迫和欺骗。协商鼓励参与、尊重对话、重视讨论、提倡博弈、讲求妥协。标签化的站队骂架、非黑即白的极端思维、对待问题的秒杀心态,不可能抵达民主殿堂。讨论带来理解,交流产生交融,协商推进共识,才是涵养民主土壤的最好手段。在协商实践中,乡村参与者审慎提出自己的观点,并对竞争性观点做出及时和针对性的反应,从而为解决乡村公共问题做出深思熟虑的判断。协商不仅成为推进乡村民主的一种制度自觉,更能沉淀为农民的一种现代民主素养。

(三)公共性与责任性

乡村协商治理现代化的公共性,首先表现为协商内容的公共性。乡村协商治理现代化的目的不是追求渺小的一己私利或小团体的赢者通吃,而是共同追寻建立在乡村公共理性基础上的公共政策,这一政策能够最大限度地满足乡村

---

[1] 建国以来毛泽东文稿(第1册)[M].北京:中央文献出版社,1987:459.
[2] 建国以来毛泽东文稿(第2册)[M].北京:中央文献出版社,1987:633.

成员的愿望。所以公共领域的议题都是乡村协商治理现代化的重要对象。

其次是乡村协商方式的公开性。乡村协商治理现代化不是私下的农民交易或秘密谈判,而是通过面对面的交流和探讨,使乡村各方了解彼此的观点和主张,"并在理性思考的前提下,认真思考、审视,乃至改变自身偏好,或者说服他人接受自己的理想选择"。[1]

最后是乡村协商结果的公共性。由于村民在协商中能够基于正当性平等、自由、开诚布公、理性地行使权力,最后作出的决策就是公共性的乡村决策。总之,公共性创造协商空间,主导协商过程,产生协商理性,提供判断共识的标准。

乡村政治共同体中的每个人都是更大社会的一部分,其福祉有赖于其承担属于自身的那份集体责任的意愿。乡村协商治理现代化是一个有着既定责任和要求的政治运行过程。村民都有通过公共协商来促进乡村决策合法性的责任目标。也就是说,乡村协商参与者具有提供充足理由说服他人维护乡村公共利益的社会责任,以及对其他作为理由和观点的理由和观点作出积极回应的社会责任;它还表现在,参与主体应根据乡村协商过程中提出的合理观点和正当理由修正各种建议以实现共同接受的建议的责任。为促进乡村协商治理现代化顺利进行,村民要具有参与协商的权利以及"提出建议的义务、说服他人的能力和获得认同的责任"[2]。总之,在乡村协商治理现代化中,村民不但有责任和义务积极参与乡村公共利益相关的公共事务,还有责任对乡村公共权力进行认可、监督和支持,在不断促进国家权力规范运行的同时,保障乡村决策和意愿的有效表达。

(四)公共利益与共识

公共利益是乡村协商治理现代化的基础。乡村公共利益是指乡村个体农民利益的集合,它既反映了乡村农民的整体利益和长远利益,又与农民个人的利益具有强关联性。乡村公共利益既有永恒性,即代表村民长远的公共利益,包括资源、环境、稳定、发展、和谐等方面的利益;也有相对性,即由特定环境决定、随着时间和环境变化而变化的公共利益,它往往具有临时性,常常与少数人的利益发生

---

[1] 马晓东,周晓丽.论协商民主及其在我国的实现[J].理论月刊,2009(1).
[2] 马晓东,周晓丽.论协商民主及其在我国的实现[J].理论月刊,2009(1).

关联。作为政治过程,乡村协商治理现代化尊重乡村各种利益诉求,承认乡村社会的利益多元性和冲突性,鼓励不同利益群体能够坐在一起理性表达并得到对方的理解、尊重与认同;乡村协商治理现代化鼓励公开和改变不同利益,注重维护乡村公共利益。乡村协商的过程是听取乡村弱者诉求、保证乡村弱势群体利益最大化的过程。公共利益的协商目标能够引导乡村共同体实现多元冲突基础上的乡村一致。乡村协商不是政治讨价还价或契约性市场交易,也不是丛林中的弱肉强食或囚徒困境中的博弈,而是在党的领导下乡村公共利益责任分配的民主过程。乡村协商的价值取向不是狭隘地追求个人私利,而是以公共理性为基础追寻乡村共同体的公共利益。

乡村协商治理现代化的目标指向是追求乡村协商共识。"共识(consensus)本意是指主体间理解的协调、通约和一致。"[1]乡村协商治理现代化的共识是协商的结果,是乡村政治过程参与者在充分协商基础上形成的对所讨论问题表现出的通约性。共识是乡村合法决策的基础。缺少协商共识,乡村协商就没能达成一致,就无法形成合法的乡村公共决策。但是,乡村协商治理现代化并不是为了乡村共同体在相同或所有理由上保持共识,因为多元乡村冲突的解决,全体一致是难以想象的。有学者主张用"多元一致"来强调协商治理的合法性。"多元一致只是要求公共协商过程中的持续性合作,即使是持续的不一致。在多元社会中,不是说一致无法通过公开的正当性而实现;相反,融合不是公共理性或讨论的必然要求,而是民主公民的理想。这种理想并不要求所有公民出于相同理由而同意,它只要求在相同的公共协商过程中公民能够持续合作与妥协。"为了化解乡村公共困境,乡村协商的参与者必然在恰当的行为路径上实现通约。当不同乡村群体的成员通过对话协商乡村公共问题时,他们在相互争论中不断提高公共判断力,就能形成实现有效乡村政策和持续性乡村共同体行动的共同基础。因此,乡村协商共识是一种更成熟的、经过深思熟虑的乡村舆论。[2]当农民完全了解自己的目标和精神价值及他人的目标和追求时,他们就会在判断时重视这些事实。[3] 乡村协商治理现代化是帮助农民就复杂问题形成乡村公共判断最理想的方式。通过这种方

---

[1] 吴光芸,李建华.协商民主理念下的社区治理[J].四川行政学院学报,2010(6).
[2] 陈家刚.协商民主中的协商、共识与合法性[J].清华法治论衡,2009(4).
[3] 陈家刚.协商民主:概念、要素与价值[J].中共天津市委党校学报,2005(3).

式,农民可以将其个人经验与问题联系起来,"增加相互理解,探究问题的价值和假设,并利用理性观念和分析实现恰当的乡村公共政策方向"①。

乡村协商治理现代化深化了我们对于基层治理的讨论与认识,开启了基层协商治理的新路径。深入探讨乡村协商治理现代化的核心理念,对于把握乡村协商治理现代化的理论内涵与实质,引导我国乡村协商治理现代化实践具有重要的现实意义。

三、乡村协商治理的构成要素

科恩认为,协商民主应具备一些基本要素,这些要素主要是独立的社团(association)、恰当的社团条件(terms)、社团成员不同的偏好、合法的协商程序、社团成员尊重他人的协商能力。中国特色社会主义乡村协商治理现代化应包括协商主体、协商客体、协商过程、协商结果、协商方式等基本要素,这些元素是中国特色社会主义乡村协商治理现代化的硬件和元件。基本要素若缺失,乡村协商治理现代化则很难进行或者无法取得预期效果。

(一)多元一体的协商主体

毛泽东在同黄炎培的窑洞谈话中提出了著名的跳出"周期率"的理论。他认为,社会主义国家的民主政治是"人人起来负责"的政治。乡村协商主体是中国特色社会主义乡村协商治理的参与者,回答的是"由谁参与乡村协商"。参与主体是乡村协商治理现代化的基本要素,乡村协商的过程实质上是各种具有不同利益倾向、不同偏好的乡村主体参与乡村政治生活的过程。在转型期的乡村社会,"社会利益主体呈现多元化特征,利益关系呈现复杂化趋势,而且各种利益主体之间的差距也在不断加大"②,社会阶层分化呈加速趋势。乡村协商治理的主体也呈现复杂、多样的政治生态环境。从参与者的角度看,乡村协商主体包括基层政府、村民组织、村民等;从数量和组成上看,可以分为乡村团体主体和乡村个体主体;从资源拥有情况上看,可以分为普通农民和乡村精英。可见,党组织、乡村政府、村民

---

① 吴光芸.协商民主:和谐社会治理的民主范式[J].四川行政学院学报,2008(1).
② 韩跃民.社会管理体制创新的协商民主逻辑与行动解析[J].黑龙江社会科学,2013(3).

组织、村民都是乡村协商治理的基本主体。

乡村协商主体"应具备责任性、包容性、理性和平等性等政治品质"[①]。费斯廷斯泰因也认为,协商主体"有责任提出对所有参与者都有说服力的观点,有责任对其他参与者的观点作出肯定或否定的回应,有责任促使在协商目标上达成一致"[②]。乡村协商主体应具有包容性,在协商中要坚持开放和包容的心态,以形成乡村共识。乡村协商主体具有理性,在乡村协商中遇到不同的意见甚至批评的声音,也应该理性地思考和面对,不能情绪化。乡村协商主体具有平等性,各主体无论是党支部、乡村政府、村民组织还是农民都应该具有平等获取信息、平等参与协商、平等发表意见的机会。

(二)公共指向的协商客体

乡村协商治理的客体是指乡村协商治理的内容,是乡村协商主体指向的特定对象,即"协商什么"。乡村协商主体用信仰、理由或偏好等表达,乡村协商治理的客体是偏好,偏好是乡村协商主体对乡村协商问题的偏向和喜好,它希望通过乡村协商主体参与讨论和对话后消解分歧和差异。乡村协商主体具有不同的偏好,主体偏好差异必然在乡村协商过程中呈现出来,通过讨论和协商促进偏好转向公共利益,趋向合法决策和理性立法。

乡村协商主体的偏好既可以是宏观的,也可以是微观的;既可指向物质层面,也可指向精神层面。偏好之所以是乡村协商治理的客体,既因为它是乡村协商治理进程的关键环节,也在于它是乡村协商主体的直接指向,并随着协商进程而动态性转变。乡村协商主体的偏好具有型塑性,乡村协商过程中最重要的价值就在于偏好的转向和聚合。当乡村协商主体的多种偏好无法达成乡村共识时,促进偏好转换可以形成一致意见。

在乡村协商过程中,即使少数农民和团体有着自己独特的偏好,也能在乡村协商过程中"通过充分的理由呈现和利益说服,进一步理解多数群体的意见"[③],认识到乡村协商目标形成的必要性和必然性,从而认同乡村协商的目标并愿意为此

---

① 高勇泽. 中国协商民主理论研究[D]. 辽宁师范大学博士论文,2012.
② 陈家刚. 协商民主[C]. 上海:三联书店,2004:314.
③ 高勇泽. 中国协商民主理论研究[D]. 辽宁师范大学博士论文,2012.

付诸努力。乡村协商治理通过农民的偏好转向达成共识,实现乡村公共决策的合法化和民主化,能够提升农民的政治责任意识和政治参与能力,推动农民自我尊重、自我教育、自我提升。

(三)灵活多样的协商方式

乡村协商共识的达成需要一定的方法和途径来实现,这就是协商方式。它回答的是"协商怎么进行"。乡村协商方式因协商主体、场域的差异而有所不同。以参与形式划分,乡村协商治理分为直接参与式与间接参与式。直接参与式的乡村协商是指协商主体自己直接参与协商过程,而不需要其他协商主体代替或代表自己。间接参与式协商是指协商主体委托代表代替自己参与协商过程。以参与路径划分,协商方式可以分为面对面协商与虚拟式协商。面对面地交流和沟通不仅可以获得直观的信息,而且还可以了解协商主体在交流过程中的情绪。随着现代技术手段的发展,虚拟协商已成为乡村协商治理的发展方向,深受农民工青睐,如借助网络论坛、热线电话、QQ 群、微信群等即时发表意见。以参与协商目标来划分,"协商方式可分为以分享公共决策权为目标的协商和以获取信息为目标的协商"[①]。分享公共决策的乡村协商是指协商的目的是促进乡村公共决策的实现。在获取信息为目标的乡村协商民主中,参与者的意见多是参考性的,其意见不具备决定性意义。这些形式的乡村协商治理对乡村振兴的意义都不可忽视。

案例 1—1

浙江温岭的 830 个行政村通过"民主恳谈""参与式预算",发展出我国基层协商治理的新路径。民主恳谈会的主要制度形式包括民主沟通会、决策听证会、决策议事会、村民议事会、乡镇人大表决会、党代会代表建议回复会、重要建议论证会和村民代表监督管理会。

——陈家刚.温岭改革:开启基层协商民主新路径[N].
学习时报,2012—11—26(005).

---

① 陈朋.社会主义协商民主的基本要素论析[J].重庆社会主义学院学报,2013(3).

(四)理性表达的协商过程

马克思指出,民主是人民存在的环节。乡村协商治理现代化的可贵,并不仅仅在于协商的结果,更可贵的是在协商治理的过程中,农民借由不间断的彼此间的对话、说服与相互理解,同时也是自觉地跟自我与他人的反动性对抗,并且迈向进步的道路。协商过程是乡村协商治理现代化的关键因素,这一过程也是乡村公共事务决策的参与者围绕乡村议题,展开积极交流和深度探讨,最终走向合作。乡村协商是村民面对面的交流,它"强调理性说服,而不是操纵、强迫和欺骗"[①]。在乡村协商过程中,自由、平等的乡村参与者支持一系列规范程序,其目的是交流而不是作为策略。参与者倾听、响应并接纳他人的观点,忠于交流之理性与公正的价值。在作出乡村决策之前,协商能赋予乡村参与者对"各种建议或方案的审视、检查和批判的权利"[②]。乡村协商过程的基本程序包括协商参与者给出理由和乡村协商参与者根据讨论适时修复自己的论点或建议。乡村协商过程不是静态的,贯穿于事前、事中和事后的所有环节。乡村协商过程的有序推进离不开自由、平等、理性、公开、坦诚等条件。这些条件不仅能够为协商过程奠定有序化和正常化的运行基础,而且也是乡村协商治理现代化的自身要求。

案例 1—2 村级协商会议

2014 年×月×日上午 9 时,河南省××县××乡××村会议室内 46 位村民代表人手一本小册子,他们都在认真审阅,面部表情责任感十足。有的把小册子翻来翻去,前后对照着相关数字,与一个小数点僵持不下。有的在小册子上划来划去,标注出自己感兴趣的问题,还在特定的地方用红笔打个大大的问号。一位老者代表审核小册子时更是特别认真,不时地用手端正老花镜,并就一个感兴趣的问题把工作人员叫过来反复咨询。一位年轻的代表不时与同座位的代表交谈,时而喃喃自语,时而若有所思。还有一位女代表拿出新买的手机,利用手机计算功能,对一项预算做着加减乘除,在一页纸上写得密密麻麻。原来,会议发放的小

[①] 陈朋.社会主义协商民主的基本要素论析[J].重庆社会主义学院学报,2013(3).
[②] 张凤阳,张一兵.政治哲学关键词[M].南京:江苏人民出版社,2006:240.

册子印着2014年××乡××村的财务收入支出预算(草案),包括乡村建设、社区管理、工资兑付、机井配套、垃圾处理、道路整治、公益救助、社区维护以及生活费用等其他支出十大部分、47个目次。这是××村召开2014年财务预算村级协商治理会议,通过会议协商村级公共事务,实现乡村治理现代化。

上午9时30分,××村两委班子在村党群服务中心一楼会议室的圆桌前坐定,协商会议随着村主任的落座,主持人正式宣布会议开始。

村主任张江东首先介绍2014年财务预算方案,前后用了不到20分钟时间。"大家拿到的是明年(阴历年)的公共支出草案,如有疑问或者合理化建议,请大家畅所欲言,我们共同把这个家管好。"他最后说道。

"公共预算中村民误工费安排了8万元,我看有点少。"村民张明国首先发问,嗓门有点大,虽然没有用麦克风,大家都听得很清楚。

张江东回应:"2013年是我村新农村建设第一年,村庄道路整治、修下水道、清污处理垃圾等事项比较密集,8万元的预算还不够。明年各项工程都接近尾声,新的建设事项不会太多,这个预算有点多,还要协商减少。"

"咱村到胡家村的路是农耕要道,在咱村的道路也就600米长,胡家村那边在三年前就修好了,我们村一直汗颜,去年村里就列入了预算,这次怎么没列进公共支出?"村民代表张晓民站起来发问。71岁的他是村小学退休的老校长,村主任和村支书曾经是他的学生。

"这个路要修的,预算约12万元,乡里支持10万,在第6页第二段。"村主任张江东回答。

张晓民接着说,"这条路是附近几个村进县城的必经之路,最好也能让县里支持一下,减少一些村里负担。"

村支书朱金泉说:"会后我尽力协调。"村支书原来担任过县局领导,退休后回村担任第一支部书记,也是省人大代表。

村民赵五峰说:"最好现在就协调。"

朱金泉笑着说:"不要急,我肯定会尽力,何况这也不是一句话的事。"

村民代表宋铁岭是务工返乡人员,在大城市生活时间较长,一直为村里的基础设施建设呼吁。他因坐的位置靠后,几次举手都没有得到机会,刚拿着话筒就一下子提出"8个不足":在校贫困生助学金不足,广场休闲设施预算不足,特困人员帮扶金不足,集体经济分红不足,村民活动室电脑配备不足,体育运动设施配备不足,图书室报刊预算不足,村里公共厕所不足。

村干部边听边仔细记录。

听到最后一个,很多人都笑了。

在105分钟的乡村协商会议时间中,有28位村民代表踊跃发言,尽管部分人员声音较大或者语言犀利,但整个会场笑声不断,气氛融洽,尤其是代表之间相互称呼中夹杂着浓浓的辈分情结。

这场乡村协商民主会议一共提出48条修改建议。

——资料来自作者回村参加的一次乡村协商民主会议

(五)共同期待的协商结果

协商治理不仅是形式的民主、程序的民主,更是实质的民主、结果的民主。协商结果是乡村协商治理现代化努力的方向和追求的目标,它解决的是"为什么而协商"。共识是乡村协商参与者期待的理想结果。费斯廷斯泰因指出:"民主协商的目标并不是要产生对公共利益的信仰而是要提出一个能共同接受的建议。"[①]乡村协商目标是实现理性驱动的共识,即找到令人信服的理由,让农民自由和理性地决定所有协商结果。共识分为单一性共识与多元性共识。一般来讲,乡村协商治理现代化追求的是持续性的多元共识。哈贝马斯认为,共识不是按照某种固定的世界观、价值观或共同的规范来达到的,而是一种在相互理解、相互承认的基础上的一致,不是"完全认同"基础上的共识,而是"相互承认"基础上的共识。[②] 博曼提出多元共识,即公共协商过程中的持续性合作。乡村协商治理现代化中的共识是为实现乡村公共利益服务的。公共利益是乡村农民个体利益的融汇,它既反映了乡村的整体利益、长远利益,同时又与农民个人和眼前利益密切相关。乡村协商过程中的对话和讨论趋向于使参与者的偏好转向乡村公共利益。公共利益既是共识的灯塔,又是共识的内容;共识则是公共利益的外在

---

① [英]费斯廷斯泰因:协商、公民权与认同.登特里维斯.作为公共协商的民主:新的视角[M].北京:中央编译出版社,2006:41.

② [德]尤尔根·哈贝马斯.社会交往行动理论(第1卷)[M].重庆:重庆出版社,1994:164.

表现形式。

第二节 乡村协商治理现代化的时代要求[①]

一、乡村民主治理的重要形式

社会主义民主的本质是人民当家作主。农民是中国革命、建设和改革开放的主力军,是工农联盟的基础。人民民主是社会主义的生命,是中国人民坚守的共同理想,也是中国共产党始终高扬的光辉旗帜。农民通过选举、投票行使权力和乡村内部各方在重大决策之前进行充分协商,取得共识,是乡村民主的两种基本形式。乡村协商治理现代化秉持国家一切权力属于人民,既关注乡村决策的结果,又关注乡村决策的过程,拓宽了乡村民主的深度;既关注乡村多数人的意见,又关注乡村少数人的意见,拓宽了乡村民主的广度。乡村协商治理现代化是社会主义民主政治发展的基础,关系到亿万农民的切身利益和权利,为推进政治体制改革提供良好的社会氛围;乡村协商治理现代化的发展有利于加强和改善党对乡村工作的全面领导,保证党领导农民有效治理乡村。乡村协商治理现代化的实践有利于实现党的领导、依法治国与人民当家作主的有机统一,也有利于推进基层政权建设,维护乡村的和谐稳定。

二、乡村社会的多元关切

乡村社会中差序格局与社会分层并存、礼治与法治并存。随着家庭联产承包责任制的推行、非农产业的发展、农村劳动力的转移、城乡户籍制度的流动、土地流转的加快,农民由原来清一色的农业劳动者,分化为职业分途、收入差异的不同阶层。农村社会由同质性向非同质性转变,乡村的社会结构越来越分化、农民的价值观念越来越多元、农民的利益诉求也越来越多样,农民对公共事务的参与热情也越来越高。浙江温岭"民主恳谈会"、河南邓州"四议两公开"、吉林辉南"党群议事会"、四川邛崃"新村发展议事会"都是乡村协商治理现代化的实践创新,是亿

[①] 张国献.试论社会主义乡村协商民主[J].中州学刊,2015(3).

万农民自我管理、自我服务、自我教育、自我监督以及依法维护合法权益的重要途径。乡村协商治理现代化通过对话、讨论等过程使乡村决策更科学；通过鼓励农民积极地参与乡村事务、表达自己偏好与倾听他人观点，培养农民对乡村公共利益的持续关注，养成相互理解、宽容和妥协的乡村精神；通过乡村协商的程序设计有效制约行政权力，规避公权滥用，防止侵害农民利益。

三、农民利益表达的重要渠道

随着市场经济的扩展及改革开放的深入，乡村社会利益来源多元化、利益关系复杂化、利益矛盾明显化，形成了极其复杂的乡村利益新格局。"四议两公开"、民主恳谈会、民主理财会、联户代表制和乡村论坛等都是乡村协商治理现代化的创新形式。广大农民通过与乡村管理者的互动式沟通，表达自身的利益诉求并对乡村决策施加影响，或在乡村公共讨论的基础上寻求乡村多元利益主体的共识与平衡。一个自由平等的利益表达机制不是压制人们的利益诉求、消除利益冲突，而是能够容纳各种利益诉求并用制度化的方式解决冲突。在乡村协商治理现代化实践中，乡村不同的利益主体不分贫富、性别、年龄和宗族都能平等、自主地参与乡村公共事务，依据乡村公共利益，遵循乡村协商规则，表达自己的真实意愿，提出自己的充足理由，通过平等对话、自由讨论、理性协商、相互妥协、认真审议等方式，参与乡村决策和政治生活，实现各方权力与利益的和谐统一。乡村协商治理现代化促进了村民的利益表达和利益实现，有助于拓展村民利益表达渠道，推动村民个体和社会组织与乡村政府的对话和交往，扩大并促进乡村公共利益。

四、村民自治的范式创新

村民自治是人民公社解体后乡村治理的基本制度，是广大农民直接行使民主权利，依法维护自身权益，实行自我管理、自我教育、自我服务的一项基层民主制度。它由民主选举、民主决策、民主管理、民主监督等构成。村民自治是中国农民的伟大创造，是改革开放以来我国农村基层民主建设的体制创新，是保障亿万农民自身权益的民主制度。农民通过村民自治依法享有乡村公共事务的参与权、知情权和决定权。

一个时期,现实农村情境的复杂性对村民自治价值有效实现提出了巨大挑战。一方面是村民自治的变化。一些地方曾出现宗族自治、经济能人自治甚至灰色势力自治,严重损害大多数农民的切身利益,干群、族群关系紧张,农民以消极态度对待选举。另一方面,农民利益表达的制度化渠道不畅。一个时期部分农民通过各种非制度化渠道表达自身合法的权益诉求,导致一些乡村群体性事件,影响农村社会的和谐稳定。协商治理之于村民自治,在主体包容、信息共享、社会团结、多元认同、社会法治等方面有独特功效,为我国村民自治建设提供了新路径。乡村协商治理现代化切实保障了农民参与乡村公共事务的政治权利,通过完善村民自治的民主程序,扩大乡村事务的参与范围,强调通过和平、非暴力的方式,在自由、平等、和谐、包容的氛围中,依据对话来消解分歧与矛盾,促进农民合法权利和普遍利益的实现。乡村协商治理现代化要求乡村事务参与者遵循村民自治的制度安排,以乡村公共利益为依归,参与主体的偏好要依据乡村公共利益或坚持或转变或妥协,从而创新了村民自治的权利实现范式。

第三节　乡村协商治理现代化的内在体系

协商是人们在积极实现自己本质的过程中的制度构造。乡村协商治理现代化构建了一套乡村管理公共事务的治理程序,通过平等、自由的辩论和商谈,形成社会多元主体对乡村公共事务的理性共识。

一、乡村协商治理现代化的本质是民主

马克思指出,民主就是人对自己类本质的回归,是对自身生存资料和条件的自我掌握,从而实现每个人的自由发展。资本统治下的民主,"资产阶级社会免除了各种政治牵挂,得到了甚至它自己也梦想不到的高度发展;工商业扩展到极大的规模;金融诈骗庆祝了自己纵横世界的欢乐;民众的贫困,在卑鄙无耻的骄奢淫逸的景象对照下,显得格外刺目;看来高高凌驾于社会之上的国家政权,实际上正是这个社会的莫大的耻辱,是一切龌龊事物的温床"。[①]

[①] 马克思恩格斯选集(第3卷)[M].北京:人民出版社,1995:54.

西方国家的协商治理是建立在资本私有制基础上的利益均衡游戏,是利益集团政治博弈的手段,也是维护利益集团统治的治理工具。中国的乡村协商治理现代化是人民当家作主的时代表达,也是乡村社会平等主体基于一切权力属于人民的制度属性的本质体现,是建立在生产资料公有制经济基础之上的社会主义民主形式,它"承认公民一律平等,承认大家都有决定国家制度和管理国家的平等权利",是保护广大农民根本利益、照顾少数人正当利益的一种新型民主。

人民民主是马克思主义民主治理理论的重要内容,是中国特色社会主义民主政治的生命。乡村协商治理现代化是我国人民民主的乡村形式和民主机制,是广大农民因地制宜促进农村治理现代化的实践形式,是中国共产党领导在乡村振兴中激发农民主体性的治理创新,是基层民主中村民自治的形式创新,也是中国特色社会主义制度的重要组成部分,充分体现了中国特色社会主义民主政治的优越性。

乡村协商治理现代化的本质属性是人民民主,它揭示了社会主义协商治理的本质属性,体现了人民民主的真实性、广泛性和包容性,既反映了多数人的普遍愿望,又关注少数人的合理要求,最大限度实现最广大人民的民主权利,集中反映了最广大人民的根本利益,是人民民主独特优势的重要体现。

乡村协商治理现代化的目标是通过中国特色社会主义基层民主的发展,实现农民的"中国梦",要旨是切实保障和不断扩大人民群众的知情权、参与权、表达权、监督权,更好地实现农民当家作主。乡村协商治理现代化与推进农民有序政治参与,与人民民主的本质要求相统一,与农民民主意识不断增强的趋势相适应,有助于拓宽农民有序参与渠道,有助于体现社会主义制度的特点和优势。

二、乡村协商治理现代化的特色是协商

乡村协商治理现代化是一个话语过程,并且具有公共性。村民都有权参与影响他们生活的乡村决策的协商中。乡村协商治理现代化依据的是农民间的平等交流与合作,并形成对乡(镇)政府的一种软约束,通过党的领导和民主选举形成对基层政权的有效制约力。作为民主决策模式,乡村决策的结果必须建立在乡村成员充分协商的基础上。乡村协商治理现代化中的协商是民主中的协商,民主是协商中的民主,它强调乡村主体间的平等,注重偏好转换,相信观点的力量,尊重

理性共识。乡村协商的首要过程就是讨论,允许人们表达不同的偏好程度,在乡村协商中鼓励各种形式的谈话和交流,确保每人拥有真正的发言权。倾听别人发言,将个人经验与乡村公共问题联系起来,探究村民对问题性质的各种看法,进行批判性思考,聚合公共理性,形成乡村公共判断。

三、乡村协商治理现代化的重点是包容

乡村协商治理现代化包容外来人口和本村人口的历史差别、村干部与村民之间的权力差别、不同职业群体之间的等级差别、不同姓氏之间的力量差别。乡村"所有利益相关者无论性别、年龄和职业,只要有时间和兴趣,都可自由参加"[1]乡村协商治理,并有机会发表自己的见解。无论是咨议质询式还是民主审议式协商治理,当地村民均可自愿参与。在民意测验模式中,所有的民意代表均严格以随机抽样的方式产生,保证了乡村协商主体的客观公正性和广泛包容性。借助乡村协商治理现代化新平台,普通村民在乡村公共事务治理中的主体性作用能够得以体现和发挥出来,对乡村公共事务治理发挥重要的作用。乡村协商治理现代化强调多元主体在平等、自由基础上通过协商方式达成共识,在乡村协商过程中各方观点(建议)都得以在公开场合陈述和辩论,从而有效激发乡村参与主体的活力。

四、乡村协商治理现代化的途径是参与

在乡村协商治理现代化中,村民在基层党组织领导下,对村干部进行面对面质询,村"两委"接受现场质询并给予解答,使村干部在运用手中权力时更加小心、透明和公正。乡村重大事务都由农民或农民代表参与决定,把乡村公共权力置于更广泛的农民监督之下,使村级热点、难点问题得到及时解决,实现村民对重大乡村事务的决策权、对乡村日常事务的参与权、对乡村干部的评议权。发展以平等、自由、理性与协商为特征的乡村协商治理现代化能有效地激发农民关心乡村事务,参与乡村政治,协调乡村多元化利益,保护乡村弱势群体,畅通乡村社情民意,增进村民的政治责任感,化解乡村不同利益群体之间的冲突,稳定乡村社会秩序。

---

[1] 吴兴智.协商民主与中国乡村治理[J].湖北社会科学,2010(10).

第四节　乡村协商治理现代化的实践价值

马克思指出:民主"必须具备一定的意义,否则它就不能存在。因此全部问题在于确定民主的真正意义"。① 乡村协商治理现代化是我国社会主义民主政治的特有形式和独特优势,是党的群众路线在乡村政治领域的重要体现。中国特色乡村协商治理现代化具有鲜明特点和独特优势,极大地丰富了基层民主治理理论与实践,也对人类政治文明进程作出了创造性贡献。乡村协商治理现代化能够基于基层党组织的领导,在体制框架内平衡、有序地推进乡村民主化,对乡村政治发展具有重要的实践价值。

一、促进乡村社会的有效整合

乡村整合是指乡村不同部分和要素协调为一个有机整体的过程和结果,即乡村一体化。改革开放前,在党的领导下,国家通过意识形态和人民公社的途径,实现乡村整合与治理,调动了乡村发展的生机和活力。改革开放后,随着我国贫富差距和城乡差距的加大,各种社会矛盾进一步凸显。詹姆斯·博曼(James Bohman)主张通过公共协商以提高人们能力平等,并提倡道德妥协以解决多元社会冲突。伊恩·奥佛林提出协商治理的政治平等价值、互惠原则和公平原则,来解决社会分歧的整合问题。

乡村协商治理现代化以乡村公共利益为目标,充分尊重乡村弱势群体的利益,满足社会公正的原则,通过协商达致的决策符合乡村共同体的利益和意志。乡村协商治理现代化是把不同的乡村个体利益通过理性的协商加以整合,以乡村共同利益最大化为目标。通过公开的辩论,公众的存在使得纯粹的个人利益变得不可能,公开的协商使个人私利掩藏起来,最终把口头上说的理由和原则内化到实际行动中,这就是"使伪善文明化的力量"(civilizing force of hypocrisy)。② 乡村协商治理现代化强调理性的说服、道德的诉求,通过立场互换、推己及人、将心比

---

① 马克思恩格斯全集(第7卷)[M].北京:人民出版社,1965:304.
② Jon Elster. Deliberation and Constitution Making. Deliberative Democracy, pp. 104－112.

心,实现无偏私的决策。少数人的观点由于符合"较好论证"而得以重视,少数也变成了多数。乡村协商"不仅是澄清技术和道德信念的过程,而且是人们表达自己愿望和利益的领域,其中,参与者共同寻找各种路径,使不同的、有时相互冲突的利益和欲望实现融合"[①]。

二、实现农民权力的常态在握

马克思指出,民主制是人民存在的环节。乡村协商治理现代化是相对于选举民主而言的。选举权是农民的基本权利,乡村选举民主是通过周期性的乡村选举实现权力转换。由于乡村选举具有周期性和间歇性,比如县乡人大代表选举、乡(镇)长选举和村两委选举,一般是四年或五年选举一次,农民的权力只有在选举期间才能得到表达和实现;一旦选举结束,农民的权力则完全让渡给领导者,农民手中的权力总是短暂性体现和阶段性丧失。而且选举时间是非常有限的,这就使乡村公共权力长期不在农民手上,从而暴露出单纯乡村选举民主的缺陷。而协商治理是在基层党组织领导下的全过程治理,是始终可以展开的公共权力,既可以运用于乡村选举民主展开之时,也可以运用于乡村选举民主结束之后,保证了乡村公共事务的民主权利始终有效地掌握在农民自己的手中,切实促进农民真正当家作主。

三、巩固党组织的领导核心地位

西方协商治理理论中参与协商的主体是公民及其社团,其理论倾向导致政党在协商治理论争的缺失。公共协商与政治决策之间的非连续性和断裂性,要求协商治理在政治决策中找寻合适且有力的政治代议者,这就为政党因素在协商治理理论中的重新出场创造了机会。加强以乡村基层党组织为核心的组织建设,是推进乡村治理现代化的基础工程。乡村协商治理现代化把所有乡村重大事项都置于乡村党组织的领导之下,要求乡村党组织把中央精神、上级要求和本地实际紧密结合起来,认真研究谋划乡村发展的重大问题,着重解决关系群众切

---

① 马修·费斯廷斯泰因:协商、公民权与认同.陈家刚主编:协商民主[M].上海:上海三联书店,2004:319.

身利益的实际问题。乡村党组织提交的乡村重大事项,事先广泛征求村民或村民代表的意见、要求和建议,并由乡村党组织充分讨论、形成共识。乡村重大事项通过乡村党组织提议,再由乡村党政联席会议商议、党员大会审议、乡村代表会或乡村大会决议,这就使乡村党组织牢牢掌握着乡村协商治理现代化的主动权和主导权。在乡村协商治理现代化实施中,乡村党组织既是决策的提议者,又是决策过程的主导者,还是决策实施的推动者。在决策环节,乡村干部个人的权力受到约束,决策逐步走向科学化、民主化,乡村的事少数人说了算的现象得到根治。乡村党组织通过宣传教育、示范引导、民主讨论等办法,加强对社会组织的领导;通过对村民进行思想教育和法制教育,提高村民素质特别是村民的民主素质和议事能力。

四、防止官员腐败的有效途径

毛泽东指出,"只有让人民来监督政府,政府才不敢松懈;只有人人起来负责,才不会人亡政息"。[1] 协商治理已被证明是行之有效的能够实现以公民权利制约公共权力的程序性机制。人民参与公共政策的协商是实现乡村监督的有效途径。乡村监督是对乡村权力的运用及其运行过程的监督、控制和制衡。权力监督是遏制乡村官员腐败的防火墙。阳光是最好的防腐剂,对乡村公共权力监督最根本的途径是让阳光照进体制内,以农民权力制约乡村公共权力。公开性是乡村协商治理现代化的重要理念。

乡村协商治理现代化对基层权力的监督首先表现为公开性。议题的公开化和透明化是监督乡村公权滥用的防腐剂。

其次,乡村协商治理制度的广泛参与性。通过农民的广泛无差别参与,监督乡村公权运作,打破乡村干部对乡村公共事务决策权的垄断,减少各种以权谋私的行为。

最后,乡村协商治理制度所体现的平等性、责任性和回应性原则。它能有效地监督权力机关,尤其是行政机关的自由裁量权。在协商治理中,权力不再是被推崇的要素,因为协商主体之间的平等关系要求协商各方在对话和妥协中,理解

---

[1] 逄先知编.毛泽东年谱 1941—1950(下卷)[M].北京:中央文献出版社,2006:18.

对方诉求,寻找相互平衡,也就是说,"所有政策协商的参与者都有确定问题、争论证据和形成议程的同等机会,协商过程能够包容各种不同的利益、立场和价值,协商能够使讨论和决策过程中的社会知识最大化"[①]。

五、培育现代农民的参与能力

乡村协商治理现代化强调在基层党组织领导下,农民积极参与到乡村共同体中,并在乡村生活中培育公民资格(citizenship)。公民资格是乡村共同体中的成员平等地享有普遍性的权利和承担义务。本质是保证人人都能作为完整和平等的社会成员而受到对待,它包括公民权利、政治权利和社会权利。[②] 公民资格外在表现为农民乡村事务的参与能力,是乡村共同体内成员的身份表达,它赋予农民参与乡村共同体事务的能力,同时要求农民具有集体责任和义务。乡村协商治理现代化对农民参与能力的养成具有重要意义。

首先,乡村协商治理现代化能够培养农民的独立精神和理性品质。只有在协商治理实践中逐渐采用并最后建立协商治理的政治制度,让农民普遍地享有政治权利,并逐步学习运用政治权利,才能让倾向于相互疏离、追求自我利益的农民在自由的乡村联合中成长为相互扶助和关心公共事务的强健的公民。

其次,乡村协商治理现代化能够培育农民宽容和妥协的美德。宽容和妥协是民主治理的真谛。在多元乡村社会中,不同个体在价值、喜好、利益等方面都存在差异,这就要求农民在交往中相互理解和尊重,在遇到矛盾和冲突时要学会宽容和妥协。

最后,乡村协商治理现代化能够形成农民的集体责任感。在基层党组织领导下,通过民主协商使农民不仅了解个人利益和团体利益,而且也了解乡村公共利益和他人利益,农民只有超越个人利益,才能促进乡村集体利益,更好地实现个人利益。

---

① 陈家刚.协商民主:概念、要素与价值[J].中共天津市委党校学报,2005(3).
② [加]威尔·金里卡.当代政治哲学[M].上海:上海三联书店,2004:517−518.

六、增强乡村决策的有效合法

协商过程的决策合法性"不仅仅出于多数的意愿,而且还基于集体的理性反思结果"[①]。也就是说,"当且仅当它们是平等公民之间的自由、理性一致的结果时,这些结果才是民主合法的"[②]。戴维·比瑟姆(David Bentham)认为,权力要获得合法性必须满足三个条件:遵守制定的规则;涉及统治者和被统治者的共享信念的规则必须是正当的;对于特定权力关系,必须被统治者明确地认可。[③] 乡村社会秩序的维持和发展离不开公共权力,但公共权力的运行必须得到广大农民的自觉认同和支持。乡村公共决策只有经过公民平等、自由而理性的讨论,才具有合法性。乡村协商治理现代化无论从过程还是从结果来看都有利于合法性。人们进行商谈和辩论是为了科学决策、理性思辨、凝聚共识,而不是为了争取输赢;是慎重的思考,而不是激情、煽情的雄辩和狡辩。从过程来看,乡村协商治理现代化为农民参与公共决策提供了舞台。首先,有利于农民表达、协调和整合不同的利益诉求,便于乡村公共决策的制定更加民主化,能够体现全体农民的利益。其次,协商过程的公正、合法、理性必然导致协商结果的合法性。农民在参与协商和辩论过程中,把个人的信息展现出来,通过信息交换,作出的最后决策,充分照顾到各个群体的利益,体现了社会正义原则。

案例 1—3

2005 年 7 月 27 日,新河镇人代会引起来自北京、上海、广州等地的政治学、财政学、法学专家学者的高度关注。当天下午,浙江温岭新河镇财政预算民主恳谈会上,90 名人大代表和 193 名群众代表人手一本《2005 年度财政预算(说明)》,与镇领导进行对话,询问每项有疑问的预算项目的具体用途,并坦陈看法。恳谈会一结束,新河镇立即召开党委、人大、政府联席会议,根据代表们提出的意见修改财政预算编制。7 月 28 日上午,一份《财政预算调整说明》交到每个代表手中,再

---

① Jorge M. Valadez. Deliberative Democracy, Political Legitimacy, and Self-Democracy in Multicultural Societies[M]. USA Westview Press, 2001:32.
② Joshua Cohen. Deliberation and Democratic Legitimacy[M]. AlanHamlin, Philip Petite Good Polity, Blackwell, 1989:22.
③ David Bentham. The Legitimacy of Power. Macmillan Education Ltd. 1991, p16.

次组织讨论。最终,这份调整方案得到了大多数人大代表的同意,财政预算审议通过。这是人大监督与民主恳谈的首次"邂逅"。

——陆健,周旻澍.温岭民主恳谈:基层民主演进的样本[N].

光明日报,2012-7-11(001).

七、达致乡村社会的和谐稳定

乡村稳定是一个时期中国所面临的重要社会课题。村民自治在一些地方并没有带来农民权益的保护,带来的却是社会精英与经济精英的结盟、土地征收的合谋、房屋拆迁的恣意、村民上访和乡村暴力的出现、乡村社会秩序的凌乱,农民权利和村民自治并没有相容,而是成为剥夺农民权益的机制。这是新时代之前某些地方的不和谐状态,尽管是零星、局部的,但发人深思,亟待党组织发挥领导核心作用尽快消弭。

首先,乡村协商治理现代化主张和平、理性地对话与讨论。强调农民与乡村政府之间的合作与协调,参与各方就公共问题进行理性论证,"公共协商所能做到的就是向所有参与者阐明围绕相关问题的所有利益和观点,对它来说,这是有价值的成就"[1]。

其次,通过乡村协商治理现代化进行决策能够明确责任,有利于提高乡村公共政策的执行力。乡村协商的过程也是明确责任的过程,它包括了"提供协商过程中所有人都接受的理由;倾听并真诚回应他人的理由和观点;尽力达成所有人都能接受的意见"[2]。它以"较好论证"(better argument)作为公共政策的依据。

最后,乡村协商治理现代化能够揭示更多的信息,减少了有限理性,作出更科学的决策。有学者指出,"在协商过程中,不同观点相互交锋,有助于澄清信息和

---

[1] 克里斯蒂安·亨诺德.法团主义、多元主义与民主——走向协商的官僚责任理论.陈家刚主编:协商民主[M].上海:上海三联书店,2004:301.
[2] 马修·费斯廷斯泰因.协商、公民权与认同.陈家刚主编:协商民主[M].上海:上海三联书店,2004:319.

改变他们的偏好;如果有必要,他们甚至会修正最初的观点"①。人们参与讨论的过程也是相互说服的过程,协商后的乡村决策更具科学性和公共精神,更有利于乡村和谐稳定。

中华民族伟大复兴的梦想从未离我们如此之近。实现"中国梦"比任何时候都更需要增进社会团结、凝聚各方力量。积极推进乡村协商治理现代化,就能凝聚起亿万农民的力量和智慧,在党的领导下为乡村乃至中国经济社会发展进步、为中华民族伟大复兴提供强大的动力支持。

第五节 乡村协商治理现代化的理论基础

乡村协商治理现代化是植根于中国乡土的社会实践,具有丰富的内生资源,其理论基础是马克思主义民主治理理论和中国共产党的协商治理思想,中华优秀传统协商治理文化是乡村协商治理现代化的深厚根源,西方协商治理理论是乡村协商治理现代化的批判性镜鉴。

一、马克思主义民主治理理论

(一)社会治理理论

民主治理是人类进步的基石,是国家治理现代化的追求,也是乡村协商治理现代化的重要内容。民主治理理论是马克思主义理论的重要组成部分。马克思主义民主治理理论确立了乡村协商治理现代化建设的逻辑起点和理论基础,对于中国加强乡村协商治理现代化建设具有重要的指导作用。它是以全人类和全社会为着眼点,以实现人的全面自由发展为目标,基本内涵是在消灭阶级、消灭剥削的基础上实现人类解放。

1. 社会自治是人民的自我管理

马克思和恩格斯在《共产党宣言》中明确指出:"过去的一切运动都是少数人

---

① Bernard Manin. On Legitimacy and Political Deliberation. Political Theory, Vol. 15, No. 3. 1987: 351.

的,或者为少数人谋利益的运动。无产阶级的运动是绝大多数人的,为绝大多数人谋利益的独立的运动。"①民主是人民自己的统治、人民的自我管理。马克思鼓励社会自治。他认为,巴黎公社实质上是一种社会自治,因为组成公社管理阶层的成员基本上都是工人群众。它的存在"自然而然会带来地方自治,但这种地方自治已经不是用来牵制现在已被取代的国家政权的东西了"②,而是人民自我管理的实现形式。社会自治使人民参与管理公共事务,提升管理能力,逐步达致政治国家向市民社会的复归。

2. 人民大众参与民主治理

民主是"人民的统治",前提是人民的政治参与。资本主义民主治理仅仅是形式上规定了人民的政治参与权,却以财产权剥夺大多数人的这项权利,具有虚伪性和欺骗性。马克思主张人民的政治参与权,高度赞赏巴黎公社时期人民群众积极参与政治的活动。他认为,这才是真正的"国民政府",代表了"人民自己实现的人民管理制度的发展方向",并且终于实现了"还政于民"这一民主政治的真实目标:"这是人民群众把国家政权重新收回,他们组成自己的力量去代替压迫他们的有组织的力量。"③马克思主义民主治理理论的核心概念是"人民民主",力图实现最广泛的人民参与、管理、监督。

3. 民主治理是人民利益的表达方式

列宁指出,"民主是国家形式,是国家形态的一种"④。人民有权利就与自身有关的公共决策获取充分信息,并表达自己的观点和意见。马克思主义从历史唯物主义的立场和原则出发,确认民主的价值并明确民主是民众追求自由精神的体现和参与国家和社会的基本形式。马克思认为,人民群众是社会的主体,是国家的主人,是历史的创造者。民主治理本身作为人民根本利益的表达方式,"具有显示人类追求民主价值的主体性,体现人的自由全面发展的理想"⑤。他强调作为主体的人民,不仅在现实的生活中有追求自由的权利,而且拥有平等参与政治的权利。

---

① 马克思恩格斯文集(第2卷)[M].北京:人民出版社,2009:42.
② 马克思恩格斯选集(第3卷)[M].北京:人民出版社,1995:58.
③ 詹姆斯·博曼,威廉·雷吉.协商民主:论理性与政治[M].陈家刚等译.北京:中央编译局出版社,2006:1-3.
④ 列宁选集(第3卷)[M].北京:人民出版社,1995:201.
⑤ 欧阳康、陈仕平.马克思民主思想及对当前中国民主建设的启示[J].马克思主义与现实,2009(4).

4. 人民监督国家权力

资本主义的权力监督是空洞的、没有任何实质意义的统治阶级内部的监督，人民根本不可能监督国家政权。马克思指出：巴黎公社的一切社会公职"总是处于切实的监督之下"，并随时可以由选民撤换。它"彻底清除了国家等级制，以随时可以罢免的勤务员来代替骑在人民头上作威作福的老爷们，以真正的责任制来代替虚伪的责任制，因为这些勤务员总是在公众监督之下进行工作的"。[①] 马克思主张，民选代表必须严格遵守人民群众的意愿，人民有权罢免和撤换他们。公民充分行使对不称职官员的罢免权是民主监督的真谛所在。

5. 民主治理要求廉洁政府

民主治理要求国家官员是人民的公仆，决不能成为人民的主人，坚决防止官员成为骑在人民头上的社会特权阶层，坚决杜绝贪污腐败现象。官僚特权阶层与民主精神是完全背道而驰的。享受各种社会特权的资本主义国家的国家权力机关及其成员，是附在人民身上的累赘和吸血鬼，是"以其无处不在的复杂的军事、官僚、宗教和司法机构像蟒蛇似的把活生生的市民社会从四面八方缠绕起来（网罗起来）的中央集权国家机器"[②]。只有彻底打碎这样的官僚特权机器，"消除政府官员的各种特权，才能实现还政于民"[③]。他对巴黎公社建立的廉洁政府十分赞赏：公社的"一切公职人员，都只能领取相当于工人工资的报酬。从前国家的高官显宦所享有的一切特权以及公务津贴，都随着这些人物本身的消失而消失了"[④]。

实现全人类的彻底解放，让人民群众真正成为社会的主人，使每个人都能得到自由而全面的发展，是全部马克思主义理论的最高命题，它不仅是我们从本质上真正理解马克思主义的民主治理思想的关键，也同样是我们今天研究和发展马克思主义民主治理理论的根本目标所在。当代詹姆斯·博曼所提出的参与、协商治理，本杰明·巴伯的强势民主等与马克思主义民主治理观相比较，并没有实质的理论突破。马克思主义民主治理理论深刻揭示了民主治理现象的本质和一般属性，为我们透视民主治理现象和探索民主治理规律提供了根本的立场、观点和

---

① 马克思恩格斯选集（第3卷）[M].北京：人民出版社，1995：96.
② 马克思恩格斯选集（第3卷）[M].北京：人民出版社，1995：91.
③ 俞可平.马克思论民主的一般概念、普遍价值和共同形式[J].马克思主义与现实，2007（3）.
④ 马克思恩格斯选集（第3卷）[M].北京：人民出版社，1995：55.

方法,指明了社会主义民主治理的发展方向,规范和引导着乡村协商治理现代化的健康发展。

(二)公共权力理论

基层治理的核心是规范公共权力的运行,保障公共权力的"公共"性质,防止公权私用、滥用,其目的是提高党的执政能力,保持党的先进性和纯洁性,最终实现社会和谐发展。马克思主义认为,利益是人类生存和发展的基础,也是政治关系赖以建立的基础。马克思和恩格斯指出:"一切人类生存的第一个前提,也就是一切历史的第一个前提,这个前提就是:人们为了能够'创造历史',必须能够生活。但是为了生活,首先就需要吃喝住穿以及其他一些东西。"[①]人们为了基本的物质利益需求,必须结成特定的社会关系,社会关系本质上是利益关系,"把他们连接起来的唯一纽带是自然的必然性,是需要和私人利益"[②]。人们结成各种社会关系的目的是实现各自的利益需求。特定的社会关系一旦建立,就必然形成错综复杂的利益矛盾,同时具有不同利益追求的人们也会建立起共同利益。事实上,特定社会关系得以维系的基础也即特定社会群体得以存在的基础就是共同利益的存在。共同利益是人们在追求特殊利益的过程中形成的,它反过来又成为人们实现特殊利益的条件。共同利益的属性决定了实现和维护共同利益必须建立一种公共性的具有普遍约束力和强制性的社会力量,这种社会力量就是社会公共权力。事实上,协调利益矛盾也需要社会公共权力;否则,人类社会就会在冲突中走向灭亡。

根据马克思主义的基本观点,公共权力是实现和维护社会共同利益的基本手段。这也是公共权力的合法性所在。另一方面,公共权力自身具有公共性、强制性、普遍约束性、排他性等特点,如果对公共权力不严加约束,公共权力的行使者就会运用公共权力谋取特殊利益,从而损害共同利益。习近平指出:"没有健全的制度,权力没有关进制度的笼子里,腐败现象就控制不住。"[③]约束公共权力,规范

[①] 马克思恩格斯选集(第一卷)[M].北京:人民出版社,1995:78-79.
[②] 马克思恩格斯全集(第三卷)[M].北京:人民出版社,2002:185.
[③] 中共中央纪律检查委员会、中共中央文献研究室编.习近平关于党风廉政建设和反腐败斗争论述摘编[M].北京:中央文献出版社,2015:125.

公共权力的运行,不仅需要公共权力的行使者自身具有高度的政治素质和规则意识,更需要健全权力运行体制机制,加大对公共权力行使者的监督检查,强化问责机制,即"形成不敢腐的惩戒机制、不能腐的防范机制、不易腐的保障机制"①。乡村协商治理现代化正是基于马克思主义对公共权力的科学分析基础之上的理论与实践,乡村协商治理现代化的推进必将促进乡村公共权力规范化运行,提升党和政府的合法性。

二、毛泽东邓小平等协商治理理论

中国共产党的协商治理理论是党的几代领导集体领导人民在寻求国家独立、民族解放、人民幸福和民族复兴的历史进程中的实践经验总结,是马克思主义民主治理理论与中国革命、建设、改革和复兴的社会现实科学结合的结果。她始于毛泽东,发展于邓小平,丰富于江泽民,创新于胡锦涛,成熟于习近平。党的协商治理理论具有丰富的内容和相对独立的科学体系,是乡村协商治理现代化实践的科学指南。

(一)协商治理的必要性

毛泽东虽然没有明确提出"协商治理"概念,但他的思想尤其是关于统一战线的思想包含着丰富的协商治理理论。他明确指出,"共产党员自始至终都只是人民中的极少数","对于一切忠诚抗日的人员,共产党员只有与他们实行民主合作的义务,绝无排斥他们的权利"。② 在一个半封建半殖民地社会的中国,敌人异常强大,中国工人阶级人数相对较少,而农民占人口的绝大多数,中国共产党领导中国人民要实现独立、自由、民主的奋斗目标,要完成反帝反封建的革命任务,必须团结全国最大多数有党有派和无党无派的人,作为领导核心的中国共产党要克服自身的毛病,也需要同党外民主人士合作。针对在民主革命任务完成后党内存在的关于民主党派的错误观点,毛泽东严正指出:民主党派是否有存在的必要性,是由中国革命的历史和现实决定的。社会主义的民主政治"究竟是一个党好,还是

---

① 中共中央文献研究室编.十八大以来重要文献选编(上)[M].北京:中央文献出版社,2014:136.
② 毛泽东文集(第2卷)[M].北京:人民出版社,1993:395.

几个党好？现在看来，恐怕是几个党好"。① 面对世纪之交复杂的国内外形势，江泽民指出，"建设中国特色社会主义，实现祖国统一，振兴中华大业，挫败国内外敌对势力的颠覆、渗透与和平演变图谋"，②没有一个包括广大农民在内的广泛团结、和谐共处的社会局面是不可能的。协商治理作为党的一个政治优势，绝不能动摇。实现中华民族伟大复兴是一项空前伟大的事业，特别是当前我国正处于发展机遇期和矛盾凸显期相交织的时期，各种深层次矛盾开始凸显，应把全社会的智慧和力量集聚到民族复兴的伟大目标上来。胡锦涛在十八大报告中首次提出"社会主义协商民主"，并论述了"健全社会主义协商民主制度"③，开展基层民主协商，完善协商治理制度和工作机制。从"协商治理"到"社会主义协商治理制度"，进而对"推进协商治理广泛多层制度化发展"进行整体规划和部署，体现了中国共产党在协商治理现代化问题上的理论创新和实践创新。

(二)协商治理的基本内涵

毛泽东认为，"解决人民内部矛盾的问题，不能用咒骂，也不能用拳头，更不能用刀枪，只能用讨论的方法，说理的方法，批评和自我批评的方法，一句话，只能用民主的方法，让群众讲话的方法"。④《中共中央关于加强人民政协工作的意见》是我们党关于社会主义民主治理的重要文件，文件首次明确提出：人民通过选举、投票行使权利和人民内部各方面在重大决策之前进行充分协商，尽可能就共同性问题取得一致意见，是我国社会主义民主的两种重要形式。这一论述阐释了协商治理的基本内涵。

第一，协商治理的主体是人民。人民是一个政治概念，包括工人、农民、知识分子和新的社会阶层，既可以是个体的，也可以是团体的。它体现了人民当家作主的社会主义民主本质。

第二，协商治理的客体是涉及国计民生的"重大决策"，既包括政治的、经济

---

① 毛泽东文集(第7卷)[M].北京：人民出版社,1999：34—35.
② 张国献.90年来党的统一战线基本理论发展的历史与逻辑[J].广西社会科学,2011(6).
③ 胡锦涛.坚定不移沿着中国特色社会主义道路前进 为全面建成小康社会而奋斗[N].人民日报，2012—11—15.
④ 建国以来毛泽东文稿(第10册)[M].北京：中央文献出版社,1996：18.

的,也包括社会的、文化的和生态的。它体现了人民参与的社会主义协商治理理念。

第三,协商治理的目的是取得社会共识,即"取得一致意见"。协商共识是人民充分协商、广泛讨论,兼顾长远利益与当前利益、局部利益与整体利益的结果。协商共识既尊重了多数人的意愿,又照顾了少数人的合理要求,最大限度地保障人民的合法权益。《中共中央关于全面深化改革若干重大问题的决定》提出,协商治理就是"在党的领导下,以经济社会发展重大问题和涉及群众切身利益的实际问题为内容,在全社会开展广泛协商,坚持协商于决策之前和决策实施之中"。这一规定,进一步明确了"协商什么、与谁协商、怎样协商"等具体要求,强调了社会主义协商治理的"政治前提是坚持中国共产党的领导,基本形式是在全社会开展广泛协商"[1],协商的内容是经济社会发展中的重大问题和涉及群众切身利益的实际问题,遵循的原则是坚持协商于决策之前和决策实施全过程。

(三)协商治理的现实地位

作为理论的协商治理是国家治理体系与治理能力现代化的重要内容,是中国共产党民主治理理论的一大亮点,是中国式治理现代化的重大特色。作为实践的协商治理是人民当家作主的形式创新,是构建社会主义和谐社会和全面建成小康社会的一大优势,是中华民族伟大复兴的重大举措。江泽民曾明确指出:选举民主与协商治理相结合"是西方民主无可比拟的","更能真实地体现社会主义社会里人民当家作主的权利"。[2] 胡锦涛明确提出,坚持选举民主与协商治理相结合,完善政治协商和人民监督,"既符合社会主义民主政治的本质要求,又体现了中华民族兼容并蓄的优秀文化传统"。[3] 这些论述深化了社会主义民主治理的深度,拓展了社会主义民主治理的广度。《关于加强人民政协工作的意见》指出:选举和协商是"我国社会主义民主的两种重要形式"。胡锦涛在十八大报告首次提出"社会主义协商民主是我国人民民主的重要形式"。协商治理"不是引进的西方民主,也

---

[1] 李君如.协商民主在中国——中国特色协商民主的理论思考[J].中共天津市委党校学报,2014(4).
[2] 中央文献研究室编.人民政协重要文献选编(中)[M].北京:中央文献出版社,2009:206.
[3] 中央文献研究室编.十六大以来重要文献选编(中)[M].北京:中央文献出版社,2006:339—340.

不是西方政治中那种作为选举民主的一种补充"。① 协商治理不是简单的民主协商，我们也不能把协商治理简单地等同于传统的政治协商。协商治理是一种制度设计的产物，是我国社会主义民主治理的特有形式。

(四)协商治理的特征及意义

民主治理的实质和根本特征是人民当家作主，必须在国家治理和社会治理中真正体现人民是国家主人的精神和原则。中国共产党主张"事先协商""有效协商""反复协商""妥协性协商"。这是共产党协商治理与旧中国国民党参议会协商的显著区别。旧中国国民党议事是"到开会的时候才把只有少数人了解的东西或者是临时提出的意见拿出来让大家来讨论决定"。中国共产党主张，协商治理必须在"会前经过多方协商和酝酿"，"然后再拿到会议上去讨论决定，达成共同的协议"。毛泽东还指出，"除非是最原则的问题争论不会妥协外，凡是有极大可能采纳的问题，最终可以取得妥协"。② 协商治理要提高效率，不应只是形式，最终要有协商共识。只有这样，才能避免协商治理的功能虚化问题。

(五)协商治理的原则和方式

协商是协商治理的核心概念，平等性是协商治理的重要特征。中国共产党主张，协商治理要"肝胆相照、荣辱与共"，协商过程中要"平等相待、民主协商"，坚持"求同存异，兼容并包"。中国共产党和民主党派的地位是平等的，对党外民主人士要一视同仁，真诚相待，和蔼热情。党的领导是政治领导，主要表现在路线、方针、政策方面，党员干部决不能表现出高高在上、盛气凌人，更不能采取干涉和命令的手段。协商中要知无不言，言无不尽，敢于讲真话。协商会议包括人民政协会议、双周座谈会、协商座谈会、各届人民代表会议及协商委员会、最高国务会议。人民政协是"政策大本营的司令部"。人民内部的巩固和团结主要依靠"团结—批评—团结"的方式，通过批评和自我批评，不断巩固团结合作的共同政治基础，在坚持原则的前提下，也要有适当的妥协让步。通过人民政协"各党派、各民族、各

---

① 黄友敬. 十八届三中全会关于协商民主的理论贡献与制度架构刍议[J]. 达州新论，2014(2).
② 政协全国委员会研究室编. 老一代革命家论人民政协[M]. 北京：中央文献出版社，1997：18.

团体的领导人物一起来协商新中国的大事非常重要"①。

(六)协商治理的场域与目的

"社会是民主意愿的来源地,而国家的制度性组织则是民主意愿的载体或表达渠道。"②人民政协是中国共产党与各党派和社会阶层进行政治协商的主要场所。随着改革开放的深入及市场经济的不断完善,如何正确处理和协调各种不同的社会利益和矛盾,成为当今时代我们面临的重大课题。在党的十三大报告中,我党提出了社会协商的重要思想。这一思想把政治协商拓展到社会协商,把协商场域从国家高层扩展到社会基层。十三大报告还提出社会协商制度化和层次化的主张:"对全国性的、地方性的、基层单位内部的重大问题的协商对话,应分别在国家、地方、基层三个不同层次上展开。"③赋予政治决策的合法性是协商治理的目的。中国共产党开展协商治理的目的是聚合人民内部意见,取得共同纲领,作为施政方针,为革命胜利和现代化建设贡献力量。

党的协商治理理论是党领导人民在协商治理实践中的理论升华,它一方面强调协商治理的社会主义属性,即人民当家作主的政治地位和党的领导。另一方面强调协商治理与党的群众路线相融合,即"把发展协商治理提高到党的群众路线的政治高度上以及强调在协商治理的发展过程中推进群众路线的贯彻落实"④。它在历经90年的发展历程中形成了相对独立的科学体系,它既是对中国传统文化的"和""合"思想的继承与弘扬,也是对西方协商治理理论的借鉴与超越,是21世纪新阶段发展乡村协商治理现代化的直接理论基础。

三、习近平关于协商治理的重要论述

习近平新时代中国特色社会主义思想中的一个很重要组成部分就是协商治理理论。党的十八大以来,习近平总书记围绕协商治理建设发表了一系列重要讲话,提出了许多新观点、新论断、新要求,初步形成了较为完整的协商治理思想体

---

① 政协全国委员会研究室编.老一代革命家论人民政协[M].北京:中央文献出版社,1997:183.
② 刘钢.超越自由主义和共和主义:哈贝马斯的程序民主[J].现代哲学,2004(3).
③ 中央文献研究室编.改革开放三十年重要文献选编(上)[M].北京:中央文献出版社,2008:494.
④ 郇雷.构建中国式协商民主:中国共产党的理论与实践探索[J].科学社会主义,2014(1).

系,进一步丰富了马克思主义民主理论,并对乡村协商治理现代化具有极其重要的指导意义。

(一)习近平总书记关于协商治理重要论述的主要内容

习近平总书记关于协商治理的重要论述涵盖协商民主的价值指向、领导核心、制度建设、队伍建设、法治化发展与共同体建设等相关内容,内容丰富,观点鲜明,已成为一个相对独立而完整的科学体系,是乡村协商治理现代化的指导思想。

1. 协商治理建设要从国情出发

习近平强调:"社会治理是社会建设的重大任务,是国家治理的重要内容。当前改革处于攻坚期、深水区,社会管理面临新情况、新问题,迫切需要通过深化改革,实现从传统社会管理向现代社会治理转变。"[①]习近平总书记认为,民主发展的道路在各国有很大的不同,它取决于历史文化传统和各国的现实条件,主要是通过不同的政党制度和社会制度,呈现多姿多彩的协商治理形式。在实践中,中国的协商治理是建立在优秀民族传统文化的基础上。中国有深厚的协商文化,也有悠久的协商治理思想,这些文化和思想都是我党协商治理实践的丰厚土壤。中国的协商治理在不同的历史时期有其独特的表达形式,也发挥着与众不同的制度优势。中国的协商治理理论、协商治理建设具有浓郁的中国特色,是对中国共产党几十年的协商治理实践经验的伟大总结。在中国革命和中国建设的伟大实践中,党的协商治理理论不断发展,人民是不间断的践行者。协商治理理论的逐渐形成、协商治理文化的不断发展、协商治理实践的一步一步创新,都深深植根于社会主义现代化建设的伟大实践,都统一于中国特色社会主义的历史进程。习近平总书记关于协商治理建设的重要论述,是我党协商治理在中国革命和建设实践中不断发展中孕育而生的,是中国共产党协商治理理论在新时代的创新性发展。

2. 社会治理重点在基层

习近平总书记指出,推进改革发展稳定的大量任务在基层,推动党和国家各项政策落地的责任主体在基层,推进国家治理体系和治理能力现代化的基础性工

---

① 习近平.让老百姓过上好日子——关于改善民生和创新社会治理[N].人民日报,2016-05-06(9).

作也在基层。社会治理的重点在基层,难点也在基层,必须把社会治理的重心落到城乡基层。基层是一切工作的落脚点,社会治理的重心必须落实到城乡、社区。要更加注重联动融合、开放共治,更加注重民主法治、科技创新,提高社会治理社会化、法治化、智能化、专业化水平,提高预测、预警、预防各类风险的能力。平安是老百姓解决温饱后的第一需求,是极重要的民生,也是最基本的发展环境;人民安居乐业,国家才能安定有序。

习近平总书记强调,要积极探索创新,通过多种形式延伸管理链条,提高服务水平,让千家万户切身感受到党和政府的温暖,加强社区治理体系建设,推动社会治理重心向基层下移,发挥社会组织作用,实现政府治理和社会调节、居民自治良性互动。"治理和管理一字之差,体现的是系统治理、依法治理、源头治理、综合施策。"①要发挥社会各方面作用,激发全社会活力,群众的事同群众多商量,大家的事人人参与。习近平指出:"基层是一切工作的落脚点,社会治理的重心必须落实到社区。"②在党的十九大报告中,他创造性地提出"加强社区治理体系建设,推动社会治理重心向基层下移,发挥社会组织作用,实现政府治理和社会调节、居民自治良性互动"③,"使基层有职有权有物,更好地为群众提供精准有效的服务和管理"④。

3. 坚持"以人民为中心"

人民性是马克思主义最鲜明的品格。习近平总书记多次强调:"我们党来自人民、植根人民、服务人民,党的根基在人民、血脉在人民、力量在人民。"⑤"人民不是抽象的符号,而是一个一个具体的人,有血有肉,有情感,有爱恨,有梦想,也有内心的冲突和挣扎。"⑥他指出:"要以广大人民利益为根本坐标,创新社会治理体

---

① 中共中央文献研究室.习近平关于社会主义社会建设论述摘编[M].北京:中央文献出版社,2017:127.
② 习近平在参加上海代表团审议时强调——保持锐意创新勇气蓬勃向上朝气 加强深化改革开放措施系统集成[N].人民日报,2016-03-06(1).
③ 习近平.决胜全面建设小康社会 夺取新时代中国特色社会主义伟大胜利——在中国共产党第十九次全国代表大会上的报告(2017年10月18日)[N].人民日报,2017-10-28(4).
④ 中共中央宣传部.习近平总书记系列重要讲话读本[M].北京:人民出版社,2016:225.
⑤ 习近平谈治国理政(第一卷)[M].北京:外文出版社,2018:367.
⑥ 习近平.在文艺工作座谈会上的讲话[Z].北京:人民出版社,2015:17.

制,改进社会治理方式,构建全民共建共享的社会治理格局。"①要"坚持眼睛向下、脚步向下,了解基层群众所思、所想、所盼,使改革更接地气"②。他强调"要在发挥好党委领导、政府主导作用的同时,引导社会成员增强主人翁精神,激发社会自治、自主、能动力量,大众的问题由大众来解决"③。习近平总书记强调,评价一个政治制度民主有效的一个重要标准,是"全体人民能否依法管理国家事务和社会事务、管理经济和文化事业,人民群众能否畅通表达利益要求,社会各方面能否有效参与国家政治生活"④。社会治理智能化要求充分运用互联网、大数据等先进技术创新社会治理方式,使治理过程更加科学、更加智慧。"要注重在科学化、精细化、智能化上下功夫……推动城市管理手段、管理模式、管理理念创新,让城市运转更聪明、更智慧。"⑤"要继续加强和创新社会治理,完善中国特色社会主义社会治理体系,努力建设更高水平的平安中国,进一步增强人民群众安全感。"⑥党的十九大报告指出,"打造共建共治共享的社会治理格局"⑦是加强社会治理创新的重要手段,是党和政府社会治理人民性的重要体现,是我国以人为本发展理念的重要体现。

4. 加强协商治理多层制度化建设

习近平总书记指出:我国协商治理政治的发展和改善,是中国特色社会主义民主政治的重要内容,也是国家治理体系和治理能力现代化建设的重要组成部分。促进中国特色社会主义协商治理发展,建立多层次的协商治理制度,完善多样化的协商治理机制是重要举措。协商治理活动的有效开展,协商机制灵活规范,协商制度的科学实用,都需要在实践中检验和发展。

---

① 习近平总书记系列重要讲话读本(2016年版)[Z].北京:人民出版社,2016:224.
② 习近平主持召开中央全面深化改革领导小组第二十一次会议 强调深入扎实抓好改革落实工作 盯着抓反复抓直到抓出成效[N].光明日报,2016-2-24.
③ 文件起草组.《中共中央关于制定国民经济和社会发展第十三个五年规划的建议》辅导读本[Z].北京:人民出版社,2015:80.
④ 习近平.习近平谈治国理政(第3卷)[M].北京:外文出版社,2020:122.
⑤ 习近平.在深圳经济特区建立40周年庆祝大会上的讲话[N].人民日报,2020-10-15.
⑥ 习近平.完善中国特色社会主义社会治理体系 努力建设更高水平的平安中国[N].人民日报,2016-10-13.
⑦ 习近平.决胜全面建成小康社会 夺取新时代中国特色社会主义伟大胜利——在中国共产党第十九次全国代表大会上的报告(2017年10月18日)[Z].北京:人民出版社,2017:49.

搞好协商治理多层次制度化建设,发挥多种形式的交流沟通,在平衡各方面利益基础上积极发挥作用,都反映了习近平总书记的协商治理思想。政党协商作为参政议政的重要平台,要坚持多党合作、平等协商、相互监督,更要使各民主党派积极发挥联系社会各阶层的有利条件。在政府协商中,加强政策协商中的科学性,积极吸引各方参与政府决策。政策决定之前要充分调研,广泛协商,决策中要理性平和,倾听不同意见,更要注重协商共识的落实与监督。在人大协商中,每年的"两会"都提出了许多来自乡村基层的议案,事关老百姓的切身利益和重大现实问题,这是人民当家作主、管理自己国家的政治大事,各个议案都要落实好。在基层协商中,要解决好多元社会中不同利益群体的意见偏好,处理好利益表达和协商共识的关系。在开放性的网络协商中,要发展多种形式的协商平台,注重人与人的平等关系,强调协商主体平等。充分发挥包括网络在内的媒体在组织决策中的作用,通过公共协商的开展,营造一个具有更自由、更广泛参与社会事务的形式。

5. 中国共产党是协商治理的领导核心

中国共产党是中国特色社会主义协商治理的领导者,也是中国特色社会主义协商治理中多元主体的平等参与者——这是习近平总书记关于协商治理重要论述的重要内容。中国共产党作为无产阶级的先锋队,在长期革命和斗争中代表着中国绝大多数人民的根本利益,党的号召得到了广大群众的积极响应。在中国共产党的领导下,人民群众加入进步团体,形成最广泛的革命统一战线。为了人民的解放事业,勇于牺牲个人利益,也形成了一系列中国化马克思主义理论。这完全证明只有中国共产党领导的协商治理才能确保革命和建设的胜利。在社会主义改革开放的伟大实践中,中国共产党根据国内外形势的变化、社会各领域利益的变化以及社会结构的新特点,进行了协商治理新的战略部署,实现了理性商量、平等讨论、共同参与,建立了多层次的协商治理,社会全体成员的意见在根本利益一致基础上达成共识,为实现中华民族伟大复兴的"中国梦"而共同奋斗。

6. 协商民主与选举民主相辅相成

《宪法》明确规定了公共协商中的民主权利和义务,这是法律赋予人民民主的最高形式。我们对选举民主高度重视,每人都有合法的投票权,投票给你信任的候选人。在组织选举过程中,有严格的选举程序和选举要求。重大事项的协商民主不仅使人民参与政策决策和监督,"更重要的是在决策前听取各方的意见和建议,把有重大争议问题在决策前解决,使政府决策更加科学合理"①,从而体现人民的决策权,发挥社会治理中协商和民主的作用。选举民主和协商民主在我国是并存、一致的。在决策和制定政策之前,充分讨论和论证,广泛汲取社会大众的意见和建议,这是决策前的协商民主,也是我国民主建设中特有的方法。这样,我们既有选举民主的票决形式,又有广泛的协商民主的理性参与和意见表达,实现了内容广泛、层次丰富、形式多样的人民民主。历史实践证明,确保人民当家作主,选举民主和协商民主的内在统一是最重要的途径。

7. 法治建设和协商治理有机统一

加强法治建设是协商治理有效开展的重要因素。习近平总书记非常重视法治建设,多次强调,"法律是治国之重器,良法是善治之前提"②,要求"加快保障和改善民生,推进社会治理体制创新法律制度建设"③,推动全社会树立法治意识,推进多层次多领域依法治理。习近平总书记就坚持和发展"枫桥经验"作出重要指示,强调50年前浙江枫桥干部群众创造了"依靠群众就地化解矛盾"的"枫桥经验",各级党委和政府要充分认识"枫桥经验"的重大意义,发扬优良作风,适应时代要求,创新群众工作方法,善于运用法治思维和法治方式解决涉及群众切身利益的矛盾和问题,把"枫桥经验"坚持好、发展好,把党的群众路线坚持好、贯彻好。加强流动人口服务管理,"更多运用市场化、法治化手段,促进人口有序流动"。习近平总书记多次提到法治建设与协商治理两者之间的关系。协商治理必须依法建立,科学的协商治理制度必须建立在法治基础之上。要制定协商程序,构建科学的协商治理体系,确保人民在日常民主生活中照章办事,做到有序可循。必须及时解决协商治理中的违法行为。在协商治理中,我们应该约束自己,理性协商,高效地完成协商工作。在政府谈判中制作协商项目清单并公开,避免了协商的随意性。

8. 加强协商治理队伍建设

---

① 付成宇. 习近平协商民主思想研究[D]. 河南财经政法大学,2016.
② 中共中央文献研究室. 十八大以来重要文献选编:中[M]. 北京:中央文献出版社,2016:160.
③ 中共中央文献研究室. 十八大以来重要文献选编:中[M]. 北京:中央文献出版社,2016:163.

习近平总书记强调:"加强和创新社会治理,关键在体制创新,核心是人,只有人与人和谐相处,社会才会安定有序。"①各级都要重视基层、关心基层、支持基层,加强带头人队伍建设,做好抓基层打基础工作,夯实党执政的组织基础,关键是要建设一支高素质基层党组织带头人队伍,逐步建立一支素质优良的专业化社区工作者队伍。习近平总书记的这些重要论述,阐明了社区工作者队伍建设的聚焦点、着力点和关键点,要求我们把队伍建设摆在乡村协商现代化的突出位置,努力打造一支政治觉悟高、专业素养好、服务能力强、居民群众满意的乡村协商治理现代化队伍,为乡村协商治理现代化提供有力的人才支撑和智力保障。

9.打造共建共治共享格局

2015年5月,习近平总书记在浙江省调研时指出:"社会建设要以共建共享为基本原则,在体制机制、制度政策上系统谋划,从保障和改善民生做起,坚持群众想什么、我们就干什么。"②习近平总书记着重指出:"要不断满足人民日益增长的美好生活需要,不断促进社会公平正义,形成有效的社会治理、良好的社会秩序,使人民获得感、幸福感、安全感更加充实、更有保障、更可持续。"③对于如何落实社会治理中的公平正义问题,习近平总书记提出"打造共建共治共享的社会治理格局",加强社区治理体系建设,推动社会治理重心向基层下移,发挥社会组织作用,实现政府治理。要"坚持人人尽责,人人享有……不断满足人民日益增长的美好生活需要,不断促进社会公平正义,形成有效的社会治理、良好的社会秩序,使人民获得感、幸福感、安全感更加充实、更有保障、更可持续"④。

党的二十大报告站在新起点、新高度,指出社会治理要"打造共建共治共享格局"。习近平总书记强调,深化基层社会治理创新应在党委核心领导、政府引领负责下,由政府、社会组织、公众组合形成的社会多元治理主体,共同建设、治理社会事务,共同享有社会改革成果。"打造人人有责、人人尽责的社会治理共

---

① 习近平.推进中国上海自由贸易试验区建设 加强和创新特大城市社会治理[N].人民日报,2014-03-06(1).

② 习近平在浙江调研时强调——干在实处 永无止境走在前列 要谋新篇[N].人民日报,2015-05-28(1).

③ 习近平.决胜全面建设小康社会 夺取新时代中国特色社会主义伟大胜利——在中国共产党第十九次全国代表大会上的报告(2017年10月18日)[N].人民日报,2017-10-28(4)

④ 习近平.决胜全面建设小康社会 夺取新时代中国特色社会主义伟大胜利——在中国共产党第十九次全国代表大会上的报告(2017年10月18日)[N].人民日报,2017-10-28(4)

同体。"①习近平总书记指出:"党的十八届五中全会提出的共享发展理念,其内涵是全民共享、全面共享、共建共享、渐进共享。"党的十八届五中全会提出,要推进社会治理精细化。习近平总书记指出,要善于运用"精细的标准提升社会治理效能"。形成多元共建共治格局。积极完善党委核心领导、政府引领负责的社会治理体制,充分发挥社会组织和公众提供社会服务的精准性和可调节性,适应社会发展,调整服务方向,提供精准服务,化解社会矛盾,最终形成政府、社会、公众协同共建共治格局。

以习近平同志为核心的党中央在大力倡导推进协商实践、协商理论、协商制度与协商文化"四位一体"的协同发展过程中,建构了中国特色社会主义协商治理思想体系,成为新时代全面推进中国特色社会主义民主政治发展与实现国家治理现代化的重要指导思想,为世界各国协商治理发展提供了全新选择,贡献了中国智慧和中国方案。习近平总书记关于协商治理的创新性论述,立足于我国民主政治发展实际,继承和发展了马克思主义经典作家关于国家民主治理的基本思想观点,秉持我党关于协商治理的基本主张,尤其是对十八大以来党领导协商治理实践经验进行了深刻总结,体现了以习近平同志为核心的党中央对协商治理的新思想、新观点和新看法,是引领新时代乡村协商治理现代化的强大思想武器。

(二)习近平总书记关于协商治理重要论述的鲜明特点

习近平总书记关于协商治理创新重要论述具有鲜明的问题导向、浓郁的政治底色、辩证的哲学思维、高远的战略视野、宽广的世界眼光、宏观的顶层设计和可操作性的实践品质。

1. 问题导向

习近平总书记关于协商治理的重要论述指明了新时代乡村振兴和中国式现代化的发展方向。新时代乡村治理现代化正处于中国式现代化发展的关键阶段,经济发展方式深度变革,体制机制改革艰难前行,如何为社会建设提供良好环境,成为需要把握的重要领域。从社会环境稳定改革发展,到推动解决新时代社会主要矛盾,回应人民呼声,解决人民关心的问题,乡村协商治理现代化是党提出关于

---

① 习近平.习近平谈治国理政:第3卷[M].北京:外文出版社,2020:353.

治国理政的新韬略。习近平总书记关于协商治理现代化重要论述正是党中央适应乡村社会发展建设新要求、站在时代最前沿的思想。

2. 人民底色

习近平总书记关于协商治理现代化重要论述作为习近平新时代中国特色社会主义思想的重要组成部分，具有习近平新时代中国特色社会主义思想的所有理论特征。习近平总书记关于协商治理现代化重要论述是马克思主义社会治理理论中国化的新发展，它贯穿着马克思主义群众观点和人民立场，体现着人民至上的政治立场和价值取向，充盈着亲民、爱民、忧民、为民的真挚情怀和务实作风，是站在中国最广大人民的立场上、为中国最广大人民服务的科学理论。习近平总书记关于乡村协商治理现代化重要论述正是基于新的历史条件下人民群众对美好生活有了更高期待，对物质文化生活与精神文化生活有了更高要求，以顺应民心而不断发展演进的，这集中体现了习近平总书记关于协商治理现代化重要论述以人民为中心的发展理念。

3. 实践品格

新时代乡村振兴面对以中国式现代化全面推进中华民族伟大复兴的重点难点问题，不仅有因经济发展造成的，也有因社会矛盾导致的。习近平总书记关于协商治理现代化重要论述的实践品格就在于解决乡村社会矛盾和问题，将其发展成系统、完整、科学的治理体系，不仅从源头预防社会问题的激化，而且有完备的应急措施，推动全面建成社会主义现代化迈过这道坎。习近平总书记关于协商治理重要论述引领乡村全面建成社会主义现代化，是乡村社会发展的内在要求，也是人民的心之所向，夯实了党执政的社会基础和民意基础。

4. 顶层理念

习近平总书记关于协商治理重要论述达到了实践上的顶层设计、理论上的高度自觉，让乡村社会治理成为标志性概念。这是富有时代气息的新理念、新思维。习近平总书记关于协商治理重要论述运用全面、联系的观点，从党和国家的高度出发为中国特色社会主义社会建设提供思想指导。

5. 世界眼光

面对世纪未有大变局，面对新冠疫情，中国方案与模式的有效推进提升了中国的综合国力。当前，世界各国综合国力软硬较量激烈，世界各国治理模式的制度各异,习近平总书记关于协商治理重要论述不仅有助于乡村协商治理现代化水平的提高,而且具有中国特色的基层治理模式在全球治理中占据重要地位,彰显中国制度自信,推动中国话语体系在全球治理中的进程,体现其科学性、全局性。

(三)习近平总书记关于协商治理重要论述的价值意蕴

习近平总书记关于协商治理重要论述发展了马克思主义社会治理理论,完善了中国特色社会主义社会治理体系,丰富了习近平新时代中国特色社会主义思想,优化了乡村协商治理现代化的实施方案和路径,推动国家治理体系和治理能力现代化建设,助力乡村振兴和中国式乡村现代化,助推中华民族伟大复兴"中国梦"的实现,彰显了协商治理的中国方案和中国模式,也指明了乡村协商治理现代化的中国道路。

1. 理论意义

(1)中国共产党关于基层社会治理理论的新发展

习近平总书记关于协商治理重要论述从理论到实践的发展过程,是一个日臻完善的过程,但基层协商治理的方向清晰,尤其是经过2020年新冠疫情治理的制度比较,就可以看到习近平总书记关于协商治理重要论述发展的清晰脉络和理论轨迹,更加充分地认识到习近平总书记关于协商治理重要论述的历史正确性和科学真理性。习近平总书记关于协商治理重要论述体现的是中国共产党和中国人民对乡村善治的心理要求,这表明中国共产党对中国特色社会主义的国家治理的认识与探索达到了一个新的发展层面。

(2)马克思主义协商治理理论的新发展

习近平总书记关于协商治理重要论述坚持马克思主义协商治理的人民立场,立足新世情、新国情、新党情、新民情的中国社会变化实际,面对以中国式现代化推进中华民族伟大复兴的社会治理新问题、新情况,结合中国共产党对协商治理的实践,深入研究中国传统协商治理的成功经验和优秀理论,提炼和总结出我国协商治理实践中的规律性成果,将其上升为一套系统、科学的治理学说,揭示了中国协商治理的新规律、新特点。习近平总书记关于协商治理重要论述是以习近平同志为核心的党中央针对我国社会主义社会发展建设实际所作出的新概括、新要求、新论断,是马克思主义协商治理中国化的最新成果。

(3)中国特色社会主义理论体系的新丰富

创新社会治理是时代和实践发展对党和国家工作的新要求。习近平总书记关于协商治理重要论述旨在构建全民共建共享的社会治理格局,这一思想将中国社会治理水平提高到一个新的高度。习近平总书记关于协商治理重要论述将协商治理赋予中国特色,坚持党委领导,将政府引导与社会组织、居民自治相结合,提高治理主体的管理及服务能力的论述,是对中国特色社会主义理论体系的新丰富。习近平总书记关于协商治理重要论述强调坚持党委领导,是坚定中国特色社会主义自信的表现。这种自信来源于实践,来源于人民,来源于真理,而习近平总书记关于协商治理重要论述正是源自中国共产党在社会治理上的实践,来自人民对美好生活的向往,来自中西社会治理理论的精髓。

2. 实践价值

(1)推进国家治理体系现代化

习近平总书记关于协商治理重要论述是从党和国家的角度出发,在中国经济社会发展新阶段总结我国社会建设经验,为适应新的社会建设要求探索出的重要理论成果。习近平总书记关于协商治理重要论述也是从我国社会建设中得出来的,是为推动解决中国当前社会矛盾提出来的。习近平总书记关于协商治理重要论述从体制入手,将管理学、行政学的理论与经验融入社会治理理论中,既要求治理精细化,又要求治理多元化,点面结合扩大治理范围、深入治理细节,将中国社会建设的水平从管理推进到治理的新高度,强化了法律、社会规范、道德、民主的综合作用,理顺了治理的主次顺序,将治理水平提高到一个新的高度。

(2)增强中国共产党的领导能力和社会治理水平

习近平总书记关于协商治理重要论述坚持和发展了中国特色社会主义。推进基层社会治理现代化不是单纯地将党和政府的权威统统丢掉,而是对其领导能力有了更高的要求。如何在基层协商治理主体多元的情况下,发挥好党的领导优势,是基层协商治理模式由管理走向治理提出的要求。习近平总书记关于协商治理重要论述就此提出政府应将治理顶层设计法治化、规范化,明确治理主体的职责、界限,明确放权部门和接权部门的职能,为社会治理现代化提供依据。

(3)夯实中国共产党执政的社会基础和民意基础

新形势下面对社会发展的新变化,习近平总书记关于协商治理重要论述顺应了社会的发展要求和人民的生活向往,有利于夯实党执政的社会基础和民意基础。深化基层社会治理创新的奋斗目标与全面建设社会主义现代化相一致。全面建设社会主义现代化、实现中华民族伟大复兴是中华民族追求的理想型社会模式,中华民族的发展史有着人民对理想社会的追求作为驱动力。全面建设社会主义现代化、实现中华民族伟大复兴的向往一直是百姓最朴素的愿望。而以习近平同志为核心的党中央推动协商治理创新,其目标就是要推进社会治理能力现代化,最终实现社会和谐稳定,同时推动全面建设社会主义现代化、实现中华民族伟大复兴目标的完成。

(4)促进基层治理现代化

习近平总书记关于协商治理重要论述有助于推动解决当前基层社会矛盾。当前我国经济社会发展不平衡的问题依然存在,不同区域发展差距和居民收入分配差距依然很大,社会建设领域的突出矛盾彰显政府管理缺位、越位现象。从总体部署和顶层设计出发,习近平总书记关于协商治理重要论述是为应对当前矛盾解决提出的,解决社会矛盾是对治理能力的考验及提升。

四、中华优秀传统协商治理文化

恩格斯说,原始社会氏族议事会就是一个民主的集合体,因为氏族的一切男女成员都可以将自己的偏好表达并汇集起来,大家是平等自由的,实际上构成一种"美妙的制度"。[①] 它没有受到任何外来或内部的暴力干涉。这与中国传统文化中的"和""公""民本思想"相一致。

(一)"和"思想

"和"寻求的是不同事物之间的平衡与融合,是我国儒家思想的核心,也是我国传统文化的精髓。中华民族生生不息,历经几千年,"和"的思想贯穿其中。春秋时期,齐国的晏婴形象地比喻道:"和如羹焉,水火醯醢盐梅以烹鱼肉,燀之以薪。宰夫和之,齐之以味,济其不及,以泄其过。君子食之,以平其心。"[②]

---

① 马克思恩格斯选集:第4卷[M].北京:人民出版社,1995:95.
② 左传·昭公二十年.

当然,"和"与"同"是一个既区别又联系的概念。它们之间的区别是:"和"并不意味着整齐划一、没有差别、完全一致,而是相区别而存在,因不同而共生;"同"是不同事物之间的一致性,是有差别的一致,是各具特色的统一,统一于共同体之中。《国语》说:"夫和实生物,同则不继。以他平他谓之和,故能丰长而物归之;若以同裨同,尽乃弃矣。"故此,"君子和而不同,小人同而不和"。由此可见,"和"思想强调社会中多元利益主体,价值取向各异,基本立场分立,偏好表达不同,但他们因理性而和谐,因互补而共处。这在一定程度上符合协商治理的基本精神,有助于乡村协商治理现代化实践的发展,也为乡村协商治理现代化理论的完善积累了丰厚的文化基础。

(二)"公"观念

中国传统文化强调群体观念,即"公"的观念。"公"代表公理、公正、集体或者共同,是与"私"相对的概念。儒学、道家、法家与墨家的主张各不相同,甚至对立,但在"公""私"观念和价值观上是一致的。孔子是儒家学派的奠基人,他坚持"君子喻于义,小人喻于利",并强调人应通过道德修炼逐渐成为一个大公无私的大圣人。

"大同社会"是我国的传统文人和千百年来人们追求的理想社会,是中国人的"理想国",这一理想国是以公平、公正、正义为指向的。《礼记·礼运》记载:"大道之行也,天下为公。选贤与能,讲信修睦。""公"在我国传统政治文化中占有重要地位,是中华民族传统美德的重要规范。历时千年的公田,近代洪秀全的"天朝田亩"、康有为的《大同书》、孙中山的"天下为公",中国共产党追求社会平等、人民解放、生产资料公有制、未来的共产主义的社会理想等,无不闪烁着"公"的光芒。当然,因受历史条件限制,中国传统文化中"公"的观念不可避免地包含一定的消极因素,忽视了对个人合法利益的肯定和保护。传统的"公"观念也常常被封建统治者用来作为维持统治的工具,既强调国家、社会、个人合一,形成公共理性和政治责任,又强调个人在公共面前舍弃私利、舍己为公的牺牲精神。从这个角度看,传统的"公"的理念与现代政治协商倡导的公共利益导向的理论是一致的。因此,传统文化中"公"的理念是我们探讨乡村协商治理现代化的理论渊源。

(三)民本思想

"民本思想"是我国传统政治文化的重要组成部分。在民本思想影响下,我国历代王朝的开明皇帝对臣民在社会治理中的参政议政作用都高度重视,也时常以"兼听则明"提醒自己。为鼓励臣民提出有关国事的正确意见和建议,许多朝代都设置言官(谏官)制度,让言官"不治而议"。这个制度虽然是为封建统治阶级服务,但其目的是为实现国家决策的科学性和官员行为的规范性,它是君主领导下的决策协商,也从一个侧面体现了协商治理的理性表达和偏好转换。从这个观点来看,古代的民本思想具有其固有的协商治理的价值属性。它包含了对民众政治参与和意见表达的深刻理解。而且,一定程度上与现代的协商治理在思想取向上是一致的,体现了我国传统政治文化中所包含的丰富的协商治理思想。

乡村协商治理现代化只有深深植根于本国政治文化沃土,才能不断发展、枝繁叶茂。[①] 中华民族在绵延数千年的历史进程中形成了"天下为公""兼容并蓄""求同存异"等优秀政治文化传统,为新时代中国特色社会主义乡村协商治理现代化提供了深厚文化土壤。

---

① 孙存良.协商民主:人类政治文明的中国智慧[N].人民日报,2019-09-20.

第二章 乡村协商治理现代化的现实境遇与问题成因

乡村协商治理现代化是中国式治理现代化的重要形式,它有利于增强乡村决策透明度和村民参与度,推进乡村决策科学化,增强乡村公共权力的合法性,促进农村社会政治稳定。理论界对乡村协商治理现代化的研究较为深入,但因缺乏宏观视野和问题意识,学术研究的现实感明显不足。深入分析乡村协商治理现代化的现实问题与成因,科学把握乡村协商治理现代化的历史境遇和现实问题是当前学术界亟待解决的理论和现实问题。

第一节 乡村协商治理现代化的历史境遇

历史境遇是 21 世纪乡村协商治理现代化生长的社会历史土壤。它是乡村协商治理现代化发展的既成现实和时空场域。乡村协商治理现代化只能在既有的现实环境中发展,既不可能任意选择,也不可能随意超越。按理论设计的环境去发展乡村协商治理现代化是不现实的,用西方协商治理理论来裁剪中国乡村社会也是不可取的。乡村协商治理现代化不仅是一种政制,还是一种观念、情感、民情。21世纪的乡村协商治理现代化植根于中国的乡土社会,发展于农民的追梦中,受制于现有的乡村政治、经济与文化。正确认识乡村协商治理的历史境遇是推进乡村协商治理现代化发展的前提。

一、国际局势的深刻变化与任重的"中国梦"

面对 2008 年以来的全球金融危机和新冠疫情,世界正在发生重大变化和深刻调整。近几年来,中美经济、军事实力的对比继续朝向有利于中国的方向发展,各自国内的政治生态也出现了明显变化。美国政治极化,即民主党和共和党的争论非常激烈,而且身份政治很突出;中美双方在社会制度、价值观念和国家利益方面的矛盾因此越来越突出。在本来就已碎片化、多元化的世界格局里,世界各地开始出现新的挑战,全球经济普遍下滑,甚至有进入衰退的危险。

和平与发展仍然是时代主题,追求和平、共同发展与相互合作是不可阻挡的历史趋势。各国人民都渴望共同发展,共创人类命运共同体。基于和平与发展的时代主题,国际局势正在发生深远而复杂的变化。全球多极化不可逆转,经济全球化正在加深,科技革命日益加速,全球和区域合作正在扩大,国家之间的相互依存日益紧密。国际力量的比较有助于维护世界和平,国际局势总体稳定。深刻理解和积极应对国际形势,有利于促进中国和平发展的战略态势,可以为中华民族伟大复兴创造良好的国际条件。同时,我们必须明确,世界仍然十分动荡,各种矛盾复杂多变,影响和平与发展的因素仍不稳定。世界多极化趋势不是平稳发展,在经济全球化的趋势中每个国家都存在不同的问题和风险。由边界和领土争端引起的民族和宗教冲突、区域冲突起伏不定,恐怖主义活动仍然猖獗,区域和国际安全形势不容乐观。在这个复杂多变的国际环境中,乡村振兴及社会治理现代化都显得尤其重要,全体中华儿女必须不断维护民族团结、社会稳定和国家富强,为中华民族伟大复兴的"中国梦"不懈奋斗!

"中国梦"是民族梦,也是每个农民的梦。面对复杂的国际国内形势,中国共产党带领全国人民,高举中国特色社会主义伟大旗帜,奋力实现"中国梦"。早在 2010 年中国经济总量就超越日本成为世界第二大经济体。2012 年中国经济总量首次超过美国一半。2013 年,我国的经济总量达 90 386.6 亿美元,人均国内生产总值 6 644.49 美元。2014 年中国经济增长 7.7%,中国经济总量首次跨过 10 万亿美元的历史门槛,与美国一起成为全球仅有的两个经济总量超越 10 万亿美元规模的经济体。2021 年中国经济总量达 17.72 万亿美元,达到当年美国经济总量 22.99 万亿美元的 77.10%。中国奇迹得益于包括乡村协商治理现代化在内的中国模式和中国道路。中国更加接近于中华民族伟大复兴的历史目标。与此相对，2008年爆发于美国的国际金融危机，使美国霸权地位开始动摇，整个西方国家陷入困境。"美国政府、公司和私人累计欠债额高达200多万亿美元"，"人均欠债70万美元。欧元区银行体系有3.2万亿美元的不良贷款。英国人均欠国债8.6万美元。2012年，日本的国债占GDP的比率高达232%"①。这表明美国梦、欧洲梦、日本梦很早就遭到前所未有的挑战。

21世纪我国经济社会发展呈现一系列新的阶段性特征，主要是：经济实力显著增强，生产力水平却总体不高；市场经济逐步完善，改革攻坚仍面临深层次矛盾；人民生活实现小康，收入分配差距拉大趋势尚未根本扭转；协调发展取得显著成绩，而农业基础薄弱、农村发展滞后的局面尚未根本改变；社会主义民主政治不断发展，政治体制改革仍需要继续深化；社会主义文化更加繁荣，人们思想活动的独立性、选择性、多变性、差异性明显增强；社会活力显著增加，社会建设和管理还面临诸多新课题；对外开放日益扩大，西方敌对势力却利用宗教、民族问题大做文章。因此，我们应清醒认识到，"中国梦"的实现任重道远，乡村的基础地位动摇不得。

二、社会治理现代化与分化的乡村阶层

社会治理理论是传统管理理论的重大突破，发端于国家和社会治理的全球性危机。这一治理危机表现在发达国家是无所不能的福利型政府衰落，而一些发展中国家则是社会撕裂，政府行政职能崩溃。如今，中国经济正在发生变化，社会结构已从工业社会转变为后工业社会。整个社会（包括文化价值体系）正在从传统社会向现代社会转变，社会认知的概念发生了巨大的变化。传统意义上的权力集中、全能政府和保姆式的管理已不能满足多样化的现实社会，社会经济制度的流变客观上对乡村治理模式变革提出了新的要求，乡村协商治理现代化日益显现出时代的迫切性和现实的紧要性。社会治理是政府与社会之间的融合互动，以及权与利之间的平衡妥协。政府管理者与社会大众等多元主体的互动和协作必须实

---

① 李慎明.科学社会主义理论与实践的现状、发展趋势及相关思考——学习习近平总书记相关重要讲话精神的体会[J].世界社会主义研究,2013(特刊1).

现公共利益,并利用主体的利益和需求作为制度变革的内在动力,促进国家、社会和民众共同参与社会决策全过程。作为政治过程的社会治理,是一个动态的行为决策系统,具有上下互动、权利平等和目标共同的特性。权力分散化和集中化的辩证运动是社会治理的核心要求。加强和创新社会治理需要注意社会和非政府因素的干预。"党委领导、政府负责、社会协同、公众参与"的提议是社会治理理念的初步展现。社会治理体系是社会调控的综合体系,涵盖经济、政治、文化、社会和环境。

新时代中国社会治理要高度重视党的领导与社会治理体系的关系。社会治理能力指的是制定和应用社会规则的能力综合,社会治理现代化强调的是社会治理体系现代化和社会治理能力现代化。双重现代化是社会治理的前提。社会治理体系的现代化包括建立科学取向的意识形态、科学多元化的组织结构、统一科学的法律法规、高素质和科学完整的管理人员,并最终形成相互联系、统一协调、完整稳定的社会治理结构。社会治理体系现代化意味着通过将法治要素全面渗透到治理体系中,使社会治理制度化、规范化、程序化,社会治理变得更加科学和民主。社会治理能力现代化意味着公共治理方法的全面现代化,其核心是拥有公权力和财权力的政府行政能力现代化以及拥有公民素质和协商能力的社会自治能力的现代化。

阶层分析是认识乡村社会结构、治理生态的基础。家庭联产承包责任制的实施和市场经济的快速发展,农村高度同质化、均等化的状态被打破,农民阶级发生了前所未有的分化。以土地的占有与耕种为基础,结合经济、权力、知识和社会关系等获得社会资源的方式,农民可划分为如下阶层:精英阶层、中上阶层、中间阶层、中下阶层、负弱阶层、灰色势力。精英阶层是指直接掌握乡村社会资源的人,包括行政精英、知识精英与经济精英,经济精英是独立的富人阶层,行政精英是乡村社会的组织者和管理者,知识精英的文化素质和政治素养比较高,有较强的正义感。富人阶层是农村经济实力最强的阶层,虽然人数少,但社会意义极大,他们是"富人治村"的得利者。乡村中上阶层主要是外出经商的成功者,他们经济资源较为丰厚,是农村中的"独行侠"。乡村中间阶层是农村的中等农户阶层,熟悉乡情,家族亲朋势力大,关心党的政策。中下阶层占总农户的50%左右,为生计奔波,对乡村治理事务没有时间关心。乡村贫弱阶层既缺少技能又缺少劳动力,是农村的边缘人口。灰色势力主要指农村中的"混混",以暴力或欺骗手段谋取利益,扰乱乡村正常秩序[①],人数不多,危害却极大,在强大的扫黑除恶中虽成死灰,也要防止复燃。因乡村阶层分化趋于加快,私有阶层明显扩大,中间阶层进一步壮大,个别乡村经济精英炫耀性消费,极个别行政精英以权谋私,某些宗族精英拉帮结派,尽管总量不大,但影响不小,若不妥善处理,将触发或加剧乡村阶层矛盾。个别基层政府对乡村阶层缺乏调控力度,灰色势力还有某种程度的坐大现象,亟待党和政府依法消除。

三、多元的乡政村治与 GDP 的行政逻辑

中国乡村体制是"乡政村治"。"乡政"是指乡级机构的功能运转主要体现在乡政权上,特别是体现在乡政府的职能上,从乡级政治事务、行政事务和经济事务的管理方面看,都突出一个"政"字。"村治"则是指村级组织对村域事务在自治基础上的具体管理。"乡政"代表国家权力,"具有系统而完整的组织机构,而且掌握着农村社会最主要的政治、经济和文化资源,控制和主导着农村的发展"[②]。乡村政治实体是乡村政治系统中最重要的因素,包括乡镇基层政权、农村基层党组织和村民自治组织等农村基本政治实体。乡镇基层政权是国家行政权力的末梢,是国家治理乡村的根基。我国法律规定,乡镇人民代表大会是乡镇的国家权力机关,有权通过适应于本乡镇范围内的决议。乡镇人民政府是乡镇人民代表大会的执行机关。农村基层党组织是指党的乡镇基层委员会和村党支部,职能是贯彻执行党的路线、方针和政策,是党联系农民的纽带,既是加强党在农村执政能力建设的基石,也是中国式现代化的乡村领导者。村民自治是村民自我管理、自我教育、自我服务的村民自治组织,其基本组织形式是村民委员会,主要内容是民主选举、民主决策、民主管理、民主监督。

乡政村治中有一个重要的群体,这个群体就是乡村强势群体。乡村强势群体包括由农村社会管理者和乡村集体企业管理者组成的社会强势群体、以私营企业主为主的经济强势群体、与宗族相关的人员组成的宗法强势群体,其中个别人会

---

① 陈柏峰、董磊明.乡村治理的软肋:灰色势力[J].经济社会体制比较,2009(4).
② 吴扬.中国乡村治理的现实定位与发展思考[J].毛泽东邓小平理论研究,2012(6).

利用手中资源，从特定利益出发，提出政治经济利益诉求。乡村强势群体间关系复杂，相互转化，是乡村协商治理现代化的特殊力量。权力话语的兴起，法治社会建设的进展，高度市场化的影响，政治性的减弱，官员不出事的逻辑，村庄边界的开放，收入来源的多样化，使乡村协商治理现代化的基础受到特有场域的限定。

改革开放以来的某段时期，随着新自由主义的泛滥，市场经济出现泛化倾向：GDP 增长的干部考核体系，分灶吃饭的财政体制，官商亲近的基层政经格局，生态受损的地方发展模式，损农政策的不断试错，激励了一些乡村基层政府发展本地经济的积极性，而农业的集体化虚弱使发展工业成为乡村政府推动经济发展的首要选择。中央高度重视这种现象，一直在纠正，曾经下大力气整改，直到新时代才有根本性改变。赵树凯认为，一个时期一些乡村基层政府的相关人员在经济发展过程中扮演着企业家的角色，乡村基层政府的个别机构成为从事多种经营的实业公司，个别官员像董事会成员一样追求经济利益，在招商引资、土地征用、房屋拆迁等方面的冲动尤其强烈。以追求经济增长为动力，GDP 成为某些乡村政府的营业额，财政收入成为某些乡村政府的利润[①]，游走于法律边界的行为成为极个别乡村基层官员的选择。他们既利用国家体制的资源，又逃避体制的约束。

乡村政府公司化倾向在促进地方经济发展的同时，也导致乡村社会发展滞后，公共物品短缺，政府信任流失，乡村社会紧张。面对社会冲突时，极个别乡村政府不但缺少处理动力，而且自身也成为冲突中的利益相关者。广东乌坎事件、山东平度事件、云南孟连事件、信阳"最可爱的拆迁队员"等涉农事件表明：极个别乡村政府官员没有成为农民权利的维护者，而成为涉事一方的利益攸关者；他们应是农民受威胁时的保护者，却成为侵农的帮手；他们不倚仗法律行事，对社会资源的支配来源于个别官员的任意决断；乡村基层政府的某些人员可以做任何它想做的事，而农民只能在得到它同意的情况下才可以做。尽管这是新时代之前乡村基层的极个别现象，党中央一直高度重视，并妥善处理，但影响甚大，亟待从根本上加以消除。解决这一问题的根本出路在于坚持习近平新时代中国特色社会主义思想，秉持以人民为中心的理念，通过乡村协商治理现代化，在党的领导下，将乡村政府的运行机制转变为以人民为核心，以公共服务为抓手，以乡村振兴为己

[①] 马雪彬，马春花. 地方政府公司化行为解析[J]. 经济与管理，2011(10).

任,以中国式现代化为导向,以民族复兴为目标。

四、矛盾的政治心理与杂糅的乡村文化

马克思主义认为,基于经济基础之上的社会心理、社会意识是观念上层建筑,观念上层建筑构成了社会的文化结构。农民的政治心理支配着农民的政治行为。当前,农民的政治心理主要有:宗族意识在乡村协商治理现代化中倾向于支持自家人,选举时同族商议、相互照应,"控股"选举,操纵结果,扭曲干部标准。农民的关系学是婚丧嫁娶的礼俗人情学,儿子娶媳、女儿出嫁、老人发丧、小孩满月往往是体现人情世故的重要时刻,也是他们建立人脉的重要时机。他们重礼俗,看人情,愿回报,轻德才标准,失监督罢免。"臣民"心理内生于农民的生产条件,易形成权力迷信和宿命论思想,他们对权力既疏远又崇拜,缺乏主体意识和独立意识,习惯于上级任命干部,缺少监督意识。小生产者心态的突出特点是独立性强、社会性差,对协商治理积极性不高,兴趣不大,选干部有时会专选差的,对选举不负责。"政治冷漠"是指个别村民在享有依法进行政治参与的权利时,主观上消极参与,行为上被动应付,主张远离政治。成因在于特权政治和臣民文化的作祟,消极作用表现在严重影响乡村协商治理现代化,消除路径在于强化党的领导,发展农村经济,普及法律知识,提高组织化水平,倡导核心价值观,完善制度建设。中国农民集千年国民性于一身,具有浓厚的乡土气息,是中国式现代化的依靠力量。中国的社会结构、政治制度、观念形态和运作方式不论如何发展,都离不开农民这条"根"。"中国社会的运动和趋势,都与这一社会阶层的意志和动向有直接或间接的关联。"[1]在现代化的浪潮中,乡村民主治理应是中国式现代化的社会基础,而农民政治素质的提高无疑极大影响中国式乡村现代化的发展进程。

"政治文化是一个民族在特定时期流行的一套政治态度、信仰和感情。"[2]农村主流政治文化是马克思主义意识形态的政治文化,乡村传统政治文化属于亚文化。乡村社会结构决定了乡村政治文化的二元状态,表现为诸多复杂而矛盾的现象。

---

[1] 曹泳鑫.试析当今农民的政治心理[J].理论与改革,1997(2).
[2] [美]加布里埃尔·A.阿尔蒙德,小宾厄姆·鲍威尔著,曹沛霖等译.比较政治学:体系、过程和政策[M].上海:上海译文出版社,1987:29.

一是平等原则与等级观念的冲突。政治平等是完善乡村协商治理现代化的内在动力。具有同等政治地位和政治权利的农民在参政议政、选举与被选举方面都拥有同样权利。但是社会经济地位的不平等使某些村民等级观念根深蒂固，某些乡村干部特权思想相当严重。

二是民主精神与人身依附观念的背反。民主精神是促进乡村协商治理现代化进步的有效手段。市场经济的发展使农民的主体意识日趋强烈，他们注重理性思考，关注国家政治生活，参与乡村政治活动。但是人身依附观念依然存在，"等靠要"思想在某些弱势人群身上表现出不同痕迹，部分乡村弱势群体期盼"救世主"出现。正如马克思指出的："他们不能代表自己，一定要别人来代表他们。他们的代表一定要同时是他们的主宰。"[①]

三是法治意识与人治观念的抵牾。法治是乡村协商治理现代化的重要依托。在法治社会中，权利与义务相统一。周而复始的农耕环境与现代理念的缺乏，导致许多农民对行为的评价仍然主要从情理、风俗、道德角度考虑，认为法律的权威仅表现为惩罚力量。

五、治理理念的创新与协商演进的逻辑

时移势易。随着乡村熟人社会转向半熟人社会，乡村协商治理现代化"呈现的是"一幅复杂和多样的图景"[②]。从帝制时期"权力宰割理性"的简约治理，到新中国成立后"当家做主"的政治治理，以及改革开放后"行政吸纳自治"的威权治理，基层社会变革的目标是把乡村社会纳入国家统一的管制体系中，也即费孝通所说的"规划的社会变迁"。但同时发现，简约治理的终结，全能治理的正当性质疑以及威权治理的政社互动失衡，表明国家行政权力与社会多元主体的此消彼长造成乡村社会的自治空间不断萎缩和主体性建构不断弱化，也成为乡村治理转型面临的深层次难题。一个时期乡村协商治理现代化面临治理理念"虚化"、乡村治理与社会结构"脱嵌"、乡村行政权力"势差"、治理效益损耗等问题。基于国家治理体系和治理能力现代化的时代追求，亟待拓宽乡村协商治理现代化的弹性空

---

① 马克思.资本论(第1卷)[M].北京:人民出版社,1964:830.
② 胡卫卫,杜焱强,于水.乡村柔性治理的三重维度:权力、话语与技术[J].学习与实践,2019(1).

间,并建构起以"人民为中心"的乡村协商治理现代化格局,这是乡村振兴中"治理有效"的基本要求,也是对目前国家治理的技术化倾向①及因之而产生的制度"内卷化"②困境的回应。

党的十八届三中全会提出"创新社会治理体制",坚持乡村协商治理现代化,以党委领导、政府主导、社会参与为基础,加快社会治理方式创新,加快构建以法律、道德规范调节为手段、以基层为导向的社会治理方式。党的建设制度是国家治理体系的基础,党的执政能力是国家治理能力的核心,国家治理体系和治理能力现代化内在地包含了党的制度建设和党的执政能力现代化。党领导和推动的伟大事业越是向纵深推进,越需要加强党的建设;党的建设越是向前推进,就越需要深化党的建设制度改革。创新乡村协商治理,是完善国家治理体系、解决治理能力"短板"和"瓶颈"的重要途径,是助推新型城镇化建设、维护群众利益的必然选择。随着改革的不断推进,社会自主空间日益扩大,社会主体自我意识逐渐觉醒,社会越来越趋向于按照社会的和经济的原则进行组织和运作。这样的发展趋势对乡村治理创新提出了新的要求。

目前个别地方还存在乡村治理体制内部职责关系不清,乡村治理体制内部决策、执行、监督职能没有理顺,政府职能出现"越位""错位"和"缺位"等现象。与此同时,乡村治理的利益调节机制、诉求表达机制、矛盾调解机制、权益保障机制和突发应对机制还有待进一步完善,有时难以有效协调各种利益关系和化解社会矛盾。基于此,应加快乡村协商治理现代化建设进程,有效协调群众利益诉求,及时化解利益冲突,增强社会发展活力的价值目标,实现乡村社会善治。

乡村治理问题具有世界性和历史性。历史意识并非只瞄向过去,历史恰恰是为了未来而回顾往事。千年来超稳定的封闭的"小亚细亚式"小农经济,是两千多年中国封建社会坚实的经济基础。抗日根据地的陕甘宁边区充满朝气的中国共产党实行"三三制"的政权组织形式。共产党员占 1/3,左派进步分子占 1/3,中间分子和其他人员占 1/3,而他们身后分别是无产阶级和贫农、小资产阶级、中等资

---

① 技术治理是指治理主体针对改革中所凸显的矛盾而应激性地采取诸如增设部门、拨付资金、完善程序等简单的方式,而疏于从整个治理系统来思考、决策的治理方式。

② "内卷化"是指在国家制度建设中,施策者不全盘考虑整个制度体系而针对临时问题应激性地设置部门,导致职能冲突、部门冗杂的现象。制度内卷化是治理技术化的直接后果。这种治理倾向与制度后果是伴随着我国社会发展状态、制度的演进而发生的。

产阶级和开明绅士。正是这种政治框架,让抗日阶层的利益得以调节与平衡,实现了全民族的大动员。

新中国成立以后,新政权在高度组织化的乡村生产关系改造过程中,进行了系统、全面的组织建构,成功实现了党务机构和行政机构在村落一级的实质性的延伸。人民公社是一个独特的乡村行政和社会单位。公社不仅是农村的基层单位、政治组织,而且还是乡村基本的经济组织。农民的生产、分配和消费都由公社负责,它有效解决了乡村治理的效能问题。

改革开放特别是市场经济的推行彻底改变了乡村传统经营体制,并为乡村带来了"农户主义"。基本特征是以农户家庭为权益中心,分割成一个个相互封闭孤立的最小化社会单元。这种体制机制崇尚单打独斗,不利于团结合作,致使国家观念渐行渐远,集体经济淡出乡村,极端利己主义与自由任性之风曾经甚嚣一时,谁也不靠谁和谁也奈何不了谁的人际关系一度成为农村社会结构中的特有现象。经济发展带来的利益关系包括农民之间、农民和农村干部之间,也包括村庄之间、村庄与乡镇之间,当然还有乡镇与县级及其与城市之间。这是一个复杂的市场化经济利益链条。这一利益链条曾引发乡村许多矛盾,其中的一些矛盾是因利益分立造成的。最典型的是土地征用和拆迁引起的利益冲突。这些矛盾影响整个村庄乃至整个乡村社会的稳定。因此,当考虑和解决由经济问题引起的乡村利益纠纷时,协商治理不仅协调了乡村各方利益,而且使乡村公共事务参与民主化。税费改革后,乡村两级组织的可控资源急剧减少,乡村公共事务的管理能力有所下降,迫切要求在乡村多元主体之间进行协商与合作。同时,小农的脆弱性和风险再次出现,使原子化的家庭难以独自完成乡村公共事务,乡村公共生活中农民多元主体之间的相互协商合作显得十分急需。

新时代的乡村协商治理现代化不可能脱钩于这些宏大的国际背景和这一代人的民族使命而置身事外,它本身就是党和政府应对各种困难和挑战的重要一环。在政治日益现代化的时代浪潮中,中国共产党始终是乡村协商治理现代化的定海神针。新时代乡村社会的特有历史境遇应是中国民主政治发展的历史前提,而农民政治素质和文化涵养的整体水准无疑极大地规制着国家治理现代化的历史进程与乡村协商治理现代化的未来成效。

第二节 乡村协商治理现代化的现实问题[①]

当前乡村协商治理现代化深入发展,浙江温岭"民主恳谈会"、河南邓州"四议两公开"、河北青县"村民代表会议制度"、吉林辉南"民主议事制度"、郑州中牟"家庭联户代表制"等都很有代表性,它们在乡村协商治理现代化实践中存在着不容忽视的现实问题。这些问题已成为乡村协商治理现代化的瓶颈与困境,严重制约着乡村协商治理现代化的全面推进。

一、主体问题:乡村空心和主体虚置

(一)乡村协商"空心化"

乡村协商"空心化"是指因市场经济的发展和流动人口的加剧,导致支撑乡村协商治理现代化的人才、资金、技术、知识和需求等资源大量流失,乡村协商治理可利用的手段严重匮乏,从而陷入协商困境。《中国农民工调研报告》表明,2010年全国流动人口中约有1.5亿人来自农村,省内流动人口中有54%来自农村,跨省流动人口中则有近82%来自农村(见表2-1)。国家统计局发布的《2012年国民经济和社会发展统计公报》显示,2012年全国流动人口约为2.36亿人,比上年末增加669万人。流动的农民工中16~30岁的占61%,31~40岁的占23%,41岁以上的占16%,农民工的平均年龄为28.6岁,他们是乡村社会发展的主力军。国家统计局的调查还显示:外出务工的人口中初中文化程度的占60%,小学文化程度的占17%,高中文化程度的占14%,中专文化程度以上的占7%,文盲的占2%。大规模的人口流动导致留守农村中的文化高素质农民急剧减少,青壮年农民十分缺乏,农村很难选出大家满意的高素质青壮年带头人,从而直接影响到乡村组织建设和社会主义新农村的开展。大规模的农村人口流动导致外出乡村"精英""不愿回村参加乡村协商事务、承担公共责任"[②],即使是被选上的一些村干部

[①] 张国献,李玉华.乡村协商民主的现实困境与化解路径[J].中州学刊,2014(3).张国献.论人口流动背景下的乡村协商治理[J].中州学刊,2016(2).

[②] 任中平.村民自治究竟应当向何处去?[J].理论与改革,2011(3).

也不安心本职工作,总想找机会外出打工挣钱。因掌握公共权力的村干部常年流动在外、"当家人"长期缺位,严重影响了乡村协商治理现代化的开展。乡村协商治理现代化因缺乏人才、知识、技术、资金等先进协商要素的注入,而很难维持基本的乡村治理,出现内卷化甚至退化现象。这一现象直到新时代中央采取相关政策,实施乡村振兴战略后才有所改观。

表2-1　　　　　　　　中国五次人口普查人口流动规模

时间	总流动人口(万)	农村流动人口(万)	农村流动人口占总流动人口比重(%)
第三次人口普查(1982—1987)	3 050	2 071	67.99
第四次人口普查(1985—1990)	3 410	2 134	62.59
1995年1%人口抽样调查(1990—1995)	3 320	——	——
第五次人口普查(1995—2000)	14 440	7 316	58.68
第六次人口普查(2000—2010)	22 143		

数据来源:中国1987年人口普查资料;中国1990年人口普查资料;中国2000年人口普查资料;中国2010年人口普查资料;1995年全国1%人口抽样调查资料。

(二)协商主体"虚置化"

党的二十大报告指出:"拓宽基层各类群体有序参与基层治理渠道,保障人民依法管理基层公共事务和公益事业。"[1]农村土地承包制度的完善为农村人口提供了满足其作为生产资料拥有者的心理需求和安全保证,但也在一定程度上压抑了农村人口放弃土地的欲望,这是形成流动人口离土离乡而又不愿改变农民身份的重要原因。农村人口流动有劳务型、经营服务型、公务型、文化型、社会型等,但主要是劳务型。国家统计局监测调查结果显示,2013年全国农民工总量达2.69亿人,比上年增加633万人,增长2.4%;其中外出农民工1.66亿人,比上年增加274

---

[1] 习近平.高举中国特色社会主义伟大旗帜 为全面建设社会主义现代化国家而团结奋斗——在中国共产党第二十次全国代表大会上的报告(2022年10月16日)[N].人民日报,2022-10-26.

万人,增长1.7%。两亿多农民工,主要以70后、80后、90后的中青年为主,可分为短工、季节工和长期工。长期工经过自己的努力,已经在城市找到了较为稳定的工作。"后农业税"时代的一个时期,乡镇政府、村级集体组织与农民群众之间的利益链条"风化",乡镇主要领导长年往来于县城和乡镇之间,也成了流动型"候鸟干部",乡镇政府机关每到周末和节假日常常上演"空城计",出现普遍性的"乡镇空巢化"现象。一段时间中,乡村协商治理现代化的运作一般是根据户籍来确定村民的协商资格和应享受的民主权利。大量有文化、高素质的青年农民长期在外打工,因时空阻隔和信息迟滞,他们大多数情况下不可能随时回原居住地行使民主协商权利,即使是协商乡村重大事项,许多外出农民也不愿意回乡参与协商(见表2—2)。很多情况下,外出农民工在乡村协商治理现代化中处于失语状态,绝大多数的村民协商代表都是"被推荐"的挂名参与者,留居农村的老弱妇孺成为事实上的代言人,因知识、能力限制,留守人员意见的"准确性"和"代表性"往往不足。

表2—2　　　　　外出务工人员回乡参与乡村协商治理现代化情况表

调查城市	调查时间	调查对象	参加乡村协商		没参加	
			人数	比例(%)	人数	比例(%)
郑州	2012	865	142	16.4	723	83.6
西安	2013	632	119	18.8	513	81.2

数据来源:作者于2013年7月、8月在郑州和西安两地的实地调查数据。

(三)农民工参与成本高

在现实社会中,农民的行动并不是盲目的,而是理性地追求利益最大化。农民外出的主要动机是挣钱,他们的外出本身就是利益比较的结果,即在城市可能获得更多的收益。就乡村协商治理现代化而言,一旦他们计算出选择在城市做工的经济收益大于回去参与协商所得的回报,他们必然放弃回原户籍地参加协商等政治活动。由于参与协商的私人性与协商对象的公共性之间的矛盾。村委会周围的群众自治组织是以公共产品的形象出现的,其所具有的公共性使农民参与协商的收益很难量化,但是外出农民为参与协商支付的成本却具有私人性和可计算性,他们对参与协商付出的经济感受是真实明确的。据本人的实地调查,农民工回乡参与一次民主协商活动的基本花费比较"昂贵",包括交通费和误工费等在内,34.23%的农民工需要花费800元以上,25.36%的农民工需要花费500—800元,这笔花费对于月收入主要集中在2 200—3 500元的农民工而言,无疑是一笔很大的开支,如果再加上回家一次探亲访友的费用,对于普通农民工来说是一个额外的沉重负担。因此,基于协商成本与收益的理性博弈,外出农民往往是放弃参与乡村协商。

二、协商短板:渠道堵塞和监督短缺

(一)协商渠道"堵塞化"

曾经的一个时期,乡镇部门时常对村委会进行干预和控制,从而造成乡村关系行政化和利益化,很难从行政支配型转向指导协助型。市场经济条件下的乡村关系,为追求共同利益,乡镇政府和村委会有时会达成某种合谋,成为经济利益共同体,个别地区曾出现基层政府公司化、个别公职人员贪腐化倾向,为出政绩,一味拆迁卖地,招商引资。因乡村人口流动加速,精英缺失,村委会成为农民表达自身利益的唯一组织依托。由于个别村委会的行政化倾向和政商结盟,反映农民利益、表达农民心声的正常渠道不畅,农民了解乡村事务、参与乡村协商治理的即时平台缺失,导致农民协商渠道"堵塞",利益表达受阻。当农民的合法权益受到侵害时,原子化的他们只能依靠自身的力量进行抗争。

(二)协商会议"形式化"

随着农民外出务工人数的增多,农村常住人口越来越少,各地政府实行了村组管理改革,"采取撤村并组,鼓励土地流转,实行农户集中居住,从而使许多行政村的规模扩大了几倍"[1],从而加大了村民协商会议、村民议事组织的难度,于是一些村组干部为图省事,采用"票箱协商",上门征求民意,这违背了平等自愿、理性

---

[1] 周春霞.农村空心化背景下乡村治理的困境与路径选择——以默顿的结构功能论为研究视角[J].南方农村,2012(3).

表达的协商原则,致使协商程序严重变味,协商议事流于形式。《村民委员会组织法》规定,村民大会的召开应当有本村18周岁以上的农民过半数参加或者有本村三分之二以上的户代表参加。在民工潮冲击下,这个条件很难满足。因此,村民协商会议"难以达到召开的法定人数;即使勉强凑齐"[1],参加会议的也仅是一些妇女与年迈的老人,这种情况与协商治理的要求相去甚远。这样一来,村民协商会议只能流于形式,协商会议是乡村协商治理现代化的关键环节,仅有形式的协商会议很难实现村民管理乡村事务的协商治理目的,更不能对村委会及村干部实施有效监督,结果是一些地方的村民协商变成"村委会协商",更有甚者成为少数经济精英与政治精英的合谋。这时,制度上的变革便只具有形式上的意义了。

(三)协商议程"隐蔽化"

协商议程是协商治理的逻辑起点。乡村决策者理应"秉持客观、公正、公开的价值取向"[2]来分析乡村问题,回应农民政策诉求。由于专家理性和农民参与的双重缺位,传统的乡村决策渐变为强势集团间神秘的讨价还价。美国学者拉雷·N.格斯顿认为:隐蔽议程是基于"权力流失在政府之外,或者流失在政府周围"[3],导致至关重要的乡村问题被私下控制这些事务的人排除在公共政策的过程之外,表现为乡村少数人的合谋与操纵,潜在地制约了乡村公共精神,威胁到乡村公共利益,导致那些理应进入乡村协商议程的公共问题被屏蔽,从而失去解决的可能或被延迟而错过最佳解决时机。制度的封闭性是乡村隐蔽议程产生的体制基础。作为个体的乡村工作人员与作为整体的乡村政府,因利益驱动掌控乡村协商。村民的参与度不足与功能缺陷潜在地助长了政策制定者与利益集团的密谋与操纵。乡村特殊利益者为了不因新的价值分配政策或方案的制定受损害,而使乡村当局有意忽视公共问题,强势的私人利益获得者操纵乡村政策议程,将私人的价值优先转化为乡村公共价值,以乡村公共政策为工具来谋求更大的私人利益。

---

[1] 任中平.村民自治究竟应当向何处去?[J].理论与改革,2011(3).
[2] 宁有才.协商民主与公共政策隐蔽议程治理[J].山东大学学报(哲学社会科学版),2013(4).
[3] [美]拉雷·N.格斯顿.公共政策的制定——程序和原理[M].重庆:重庆出版社,2001:72—74.

(四)协商监督"短缺化"

农民是乡村协商治理现代化的参与主体,也是乡村协商共识落实情况的监督主体。但是,乡村协商治理现代化主要靠村"两委"来运作,农村劳动力大规模流动也造成了乡村协商治理的监督困境。一个时期随着经济主义盛行,个别党员干部理想虚化、信念弱化,极个别乡村干部为人民服务意识淡薄,思想道德不高,行为习惯腐化,作风霸道,独断专行,违法乱纪,为所欲为。乡村群体事件不断冲击社会认知底线,是乡村协商治理现代化的主要威胁。由于外出农民与乡村社会的低关联度,村干部再难从村民中获得有力支持时,就会借重乡镇政府。一个时期个别乡镇干部在与村组干部博弈时,居高临下,政治资源、组织资源、经济手段应用得得心应手,"人民公社的制度记忆也为当前乡村关系提供了最为方便的传统资源"[1],村组干部失去了抗御乡镇过度抽取以保护村民合法权益的群体支持。外出打工的农民因缺乏一致行动的组织载体和制度平台,很难阻止个别乡村干部不合理甚至不合法的短期行为,他们的表现往往是消极抵制。在乡村空心化不断加剧的场域中,大量农村外出人员对于村庄事务以及自身利益的表达和维护是通过留守人员来实现的。而农村传播媒介的不发达、信息渠道的不畅通,加上留守人员自身人力资本的限制,不仅村民的基本知情权得不到保障,而且其切身利益也会受到侵害。外出农民工协商主体地位的缺失,从而使乡村协商治理现代化的监督功能严重"短缺"。"受传统权力政治的惯性的影响"[2],乡村决策监督主要限于党政内部监督,社会主体的有效监督效果不突出;乡村现有的制度内监督机制往往难以起到有效的监督作用,乡村制度外监督因信息不对称和交往不平等的限制往往更难发挥作用。

三、平等问题:能力不足与精英操控

(一)职业农民政治贫困

市场经济条件下,财富资源与行政以及社会影响力有时呈正相关。马克思指

---

[1] 高洪贵,朱宇.农村劳动力转移对我国农村基层民主的影响[J].行政论坛,2008(6).
[2] 吴春梅,翟军亮.协商民主与农村公共服务供给决策民主化[J].理论与改革,2011(4).

出,由于"经济地位不平等产生了社会阶级阶层差异"[①],这种差异直接导致政治社会中的权力不平等。在一个时期,乡村社会中贫弱阶层和边缘群体协商能力的缺失、微薄的收入、稀少的福利等成为体现社会财富占有不平等的重要方面。以财富的占有为主要标志的经济不平等直接导致了交往不平等。达尔曾提出政治体系中资源累积效应问题:"个人拥有的某一种资源越多,他拥有的其他资源也就越多。"[②]财富不平等是乡村社会不平等的重要基础。平等是协商治理的核心价值,包括机会平等和能力平等。在乡村协商治理现代化实践中,从事农业劳动的职业农民有时虽然被纳入乡村协商对话体系中,但职业农民因资源累积性贫困与协商能力贫乏,使得他们既缺乏认知自我政治权利、自我政治要求、他者政治主张和外在政治系统的理性知识,又没有对可供选择的对象作出判断的理性知识。他们无法同资源与能力具优势的乡村精英展开有效辩论、平等协商。职业农民的认知偏好不可能对他人或组织产生影响,从而导致乡村协商治理现代化的失灵和变异。虽然乡村协商治理现代化也"兼顾农村弱势者的利益诉求,但这种兼顾是有限度的"[③],与乡村弱势群体应获得的权益相比仍有较大的差距。因此,职业农民虽然平等地参与了乡村协商与对话,但不能充分表达自身诉求,享受政治权利,最终被协商共识公开排斥,只能将乡村强势阶层的决策视为同意,默默地接受对自身不利的协商结果。

(二)乡村精英强势操纵

因市场主导,西方国家的协商治理多为利益集团所控制。一个时期在我国乡村协商治理现代化实践中,也出现了精英倾向比较明显的现象。村民由于自身文化素质、交往能力、社会地位和信息占有量的不同,表现出的理解、沟通、表达能力也有差异。相对于职业农民的能力不足,以乡村干部、经济能人和家族长老等为代表的乡村精英具有不可多得的经济资源、政治资源、教育资源或社会资源,他们走南闯北,见多识广,了解政策,信息灵通,在乡村协商治理现代化中能够很好地表达自己的偏好,常常占据主导地位。有时因利益问题,他们采取"利诱"或"威

---

① 吕庆春,伍爱华.协商民主:创新中的运行困境[J].理论探讨,2009(4).
② [美]罗伯特·A.达尔.现代政治分析[M].王沪宁,陈峰译.上海:上海译文出版社,1987:96.
③ 吕庆春,伍爱华.协商民主:创新中的运行困境[J].理论探讨,2009(4).

胁"的方式使得处于劣势的农民扭曲自身意愿而妥协。在这种情况下,乡村协商有时变质为乡村精英获取自身利益的"白手套"。乡村协商往往是乡村干部主导,协商活动来自领导意志或政治压力,个别时期他们采取选择性回应或根本不回应的方式面对协商共识。进入协商论坛的管道往往被权力精英严密控制,受到政策影响的村民有时会被排斥在协商活动之外,基层干部对村民要求的协商活动的发动、办理和回应有消极应付、推诿扯皮的个案。职业农民能力不足与乡村精英强势操控违背了乡村协商主体平等原则,削弱了乡村协商治理现代化的实效性。

(三)乡村治理共同体缺乏

乡村治理共同体是指具有共同利益、公认机构和特定居住区域的人们所构成的社会集合体。它以家族、宗教、阶层和共同的社会经济利益为基础。在乡村社会存在着各种具有共同经济利益和行政权威机构的社会集合体,这些治理共同体构成了乡村社会生活有序性的结构基础。乡村治理共同体拥有共同认同和利益共识,在乡村社会转型、经济发展、观念流变中适应性很强。在乡村协商中,村民要承担乡村公共利益的责任,为乡村整体利益或更高的利益而节制甚至牺牲自我利益,这是践行乡村协商治理现代化理想的最重要条件。乡村治理共同体的每个成员都要受制于共同体的责任,对其利益负责。由于历史的、现实的、经济的、政治的、家族的、信仰的原因,某些乡村群体对更高的政治共同体没有这种责任感。有些长期受歧视和被压制的乡村边缘人或者根本利益不在乡村的人,他们与乡村多数成员有不同的认同感,往往只对自己直接所属的乡村群体负责,而不是对乡村共同体忠诚。乡村政治共同体的缺位使乡村协商缺乏公共利益的指导,协商参与者也缺乏乡村责任感,进而导致村民的向心力、凝聚力不足,很难取得建设性的乡村协商结果。

四、包容不足:程序排斥和群体极化

(一)乡村协商程序排斥

乡村协商程序的包容性即程序平等,主要是指在确定议程和其他决策阶段,村民平等参与相关协商与决策。程序平等是村民对公共决策具有平等的政治影响机会的先决条件。乡村协商主体不应局限于乡村干部、专家学者、经济精英和宗族长老,应包容外来人口和本村人口的历史差别、村干部与村民之间的行政差别、不同职业群体之间的等级差别、不同姓氏之间的力量差别。但是,现实的乡村协商时常出现行政主导协商议程、农民被动参与或象征性参与的情况。乡村精英凭借优势地位对乡村协商过程进行有利于他们利益的设置,从而直接或间接地操纵协商过程,乡村协商结果常常被乡村精英所掌控。农民因权力、资源、能力等方面的劣势,引致其参与供给决策的机会与信息交流和偏好表达机会的相对剥夺。农民相关能力的匮乏,使他们很难改变原有的对自身不公正的程序、规则,亦很难参与制订公共辩论与商讨发起活动的最低门槛、程序与规则,使规则、程序上的公开排斥引致结果意义上的共识包容性严重不足。

(二)"阿罗不可通约"

针对市场经济条件下的乡村阶层分化,麦金太尔曾指出,我们处在一个无法解决争执和无法摆脱困境的道德危机时代。社会选择理论奠基人阿罗认为:当备选对象在3个及其以上的情况下,构建理想的社会福利函数是不可能的。[①] 协商治理能够激发农民参与兴趣,在于他们因地域、文化和经历的相似性,很容易表现出认知和道德的一致性。如果乡村协商主体"在认知、价值和信念上的差异是普遍的、原则性的"[②],那么,即使最低限度共享理解的基础也可能无法获得。认知上的差异导致个体要拥有更多的道德性,去包容和灵活化解彼此间的差异,否则个体间的差异会更加冲突。乡村协商治理中的道德与理性的不可通约性表现在:市场经济导致乡村阶层分化,城镇化导致乡土文化式微,利益偏向导致乡村传统道德式微,价值多元导致乡村观念分立,在这种背景下的农民要想自己的行为既符合理性又符合道德,则难以抉择。正因为如此,村民们在世界观、人生观、价值观以及信念、认知与实践、规范原则上都存在普遍的差异。这些差异在不同阶层的村民之间因使用的概念框架差异产生一定程度的不可通约性,从而极大削弱了乡村公共对话和理性协商的效果。

---

① 阿罗.社会选择:个性与多准则[M].钱晓敏,孟岳良译.北京:首都经济贸易大学出版社,2000:55—70.

② 林萍.当代西方协商民主发展困境透视[J].潍坊教育学院学报,2008(3).

(三)协商群体理念分化

托克维尔认为,"身份越是平等,个人的力量就越要薄弱,人们就越容易随大流和越难独自支持被多数人所反对的意见"[①],很容易被激情或者权力所操纵。乡村群体包括家族群体、宗族群体、宗教群体、姻亲群体、干亲群体、干部群体、先富群体等利益群体。群体极化是指"协商群体的成员可以根据人们的预测朝着其成员在协商前表现出的倾向中更加极端的点移动"[②]。当某一群体中具有极端倾向的人越多时,群体协商就可能走向更加极端的结果。在乡村协商中,观点分歧较大甚至截然相反的两个群体,往往都朝着一个极端的方向分化,这时,群体间的分歧将更加严重,理性共识很难达成,乡村公共利益很难维护。乡村协商群体极化导致村民不愿意提出与所在群体正在形成的不同意见,乡村协商很大程度上被群体的一致性所压制,出现群体抑制;乡村协商群体极化使整个群体丧失了更多有用的信息,也使协商治理丧失了更为多样化的协商方案。

五、理性不足:理性碎片与共识局限

(一)乡村共同价值匮乏

共同价值原则和共同利益是乡村协商达成妥协的基础。协商治理以"我们每个人看作对自己幸福所不可缺少的公共利益"为出发点,但"在何谓公共利益这个问题上,永远无法形成广泛的共识。公共利益如同一个空盒,每个人都可以将自己的理解装入其中"[③]。"协商的主要挑战不是私人利益的竞争,而是利益和世界观的规范概念的多元化。"[④]它的薄弱将导致乡村协商缺乏有效沟通的利益和价值平台。

---

① [法]托克维尔. 论美国的民主[M]. 董果良译. 北京:商务印书馆,1988:644.
② [美]凯斯·R. 孙斯坦. 设计民主:论宪法的作用[M]. 金朝武,刘会春译. 北京:法律出版社,2006:15.
③ Deborah Stone, Policy Paradox. The Art Political Decision Making. W. W. Norton Company,2001, inc.
④ 詹姆斯·博曼,威廉·雷吉. 协商民主:论理性与政治[M]. 陈家刚等译. 北京:中央编译局出版社,2006:5.

当前,在中国的乡村社会中,传统与现代、新制度与旧制度、法制与潜规则相互耦合、碰撞、接替和冲突,传统的习惯、风俗、伦理、价值已发生了深刻变化,不同的社会环境和多重社会因素动态交织。当下职业农民的社会生活,依然是以家庭为单位自给自足,靠个人经验生活。人与人之间的交往大都是直接的、面对面的熟人交往。农村社会延续亲情伦理、差序格局、礼俗秩序。市场经济的植入、现代性的冲击、消费文化的侵蚀、人口流动的加快、传统价值的嬗变、熟人社会向半熟人社会甚至陌生人社会转向,经济利益已越来越成为支配人与人之间关系的重要因素。多元利益在乡村政治中被固定在乡村不同的社会阶层上,当利益冲突时,很难在共同利益基础上进行协商。居于强势阶层的乡村利益主体不断标榜自我利益的合理性,居于弱势地位的乡村群体则强调自我利益的不可缺失性,乡村民主协商因共同价值薄弱难以开展。

(二)村民理性碎片化

公共理性是乡村协商的基础性条件,它要求乡村协商机构和协商共识的辩护能够建立在乡村公共理性的基础之上并为所有乡村参与者所接受。[①] 罗尔斯把公共理性解释为"共同的善"。乡村协商治理"要求公民超越'市场'的私利而诉诸'论坛'的公利","只有当其改善政治决策尤其是实现共同目的时,源自公民立场的协商才可以是正当理解的",[②] 只有参与协商的主体都以"共识"为目标,以公共利益为导向,才会真诚地相互倾听和说服。公共理性是乡村公民的最大利益。但是在涉及村民直接利益和直接参与协商的情况下,公共理性的魅力可能永远不如世俗化的具体利益重要。由此,公共理性的实际意义因乡村协商主体身份不同而伸缩,在不同的参与空间和规模中被分别落实为乡村公共利益、团体利益和个人利益。这样,乡村公共理性就被解构了。"理想化的假设一遇到复杂的乡村现实,要么被肢解要么被套现"。[③] 或者干脆说,乡村公共理性的适用范围更多情况下只

---

① William Smith and James Brassett. Deliberation and Global Governance: Liberal, Cosmopolitan, and Critical Perspectives, Ethics & International Affairs, Volume 22.1(Spring2008),72.
② [美]詹姆斯·博曼,威廉·雷吉:协商民主.论理性与政治[M].陈家刚译.北京:中央编译出版社,2006:5.
③ 吴晓林,左高山.西方"协商民主"理论的三重困境——基于政治伦理的分析[J].人文杂志,2010(6).

有与宏观政策才能产生共谋;在微观层面,乡村"理性"在大多情况下失去了"公共"这个意蕴而趋于碎片化。

(三)偏好转换非理性

乡村协商是理性交换的对话过程,它基于开放且包容的对话中的意见交换,对话者们在其中提供理性、领会他人意见并相互给出回答。乡村协商治理现代化强调信息交流与偏好转换应当是理性的,批判性和反思性的乡村理性应以乡村公共审查为基础,确保"更好观点的力量"主导乡村决策过程与结果。乡村协商治理现代化实践中信息交流与偏好转换的非理性倾向主要是乡村制度化公共协商机制的不健全与实质不平等引致的消极影响,主要表现是:在乡村协商中,制度化的协商机制一度不健全;乡村协商平台时常欠缺;政府主导乡村协商;"信息黑洞效应"障碍传递效果。农民因社会权威等级、生产关系和制度分割中的底层地位引致社会对其言说的可信度和行为的有效度下降,在一定程度上失去了与其他决策参与主体平等对话与讨论的基础,协商总是具有精英主义倾向。协商过程中的转换非理性还表现为"瀑布"效应。在乡村协商治理现代化过程中,他者的言说和观点倾向往往会产生一种信息外部性(informational externality)[1],从而使其他协商主体受到其影响,产生信息瀑布。在熟人社会中乡村协商主体非常看重自己的名誉,常常隐藏或改变自己的观点,遵从多数成员的看法,这是名誉瀑布。在乡村协商治理现代化过程中,当参与者缺乏跟公共问题有关的信息时,就容易对别人提供的信息和观点产生依附心理。当需要很少理由被别人说服达到一定数量时,需要更多理由才能改变的乡村协商主体就会加入其中。[2] 这就是乡村协商治理现代化中的信息瀑布效应。瀑布效应导致乡村某一特定群体对公共问题产生异常一致甚至偏执的观点,且影响乡村协商的广度。

---

[1] 陆学艺,张厚义.农民的分化、问题及其对策[J].农业经济问题,1990(1).

[2] Andrew Caplin & John Leahy. Miracle on Sixth Avenue: Information Externalities and Search, 108 Econ (1998)60—61.

六、效率瓶颈:成本高企与运转低效

(一)协商会议成本过高

乡村协商成本包括人力、物力、财力等方面的费用。在西方,组织一场协商论坛所耗费的成本很高,如美国学者菲什金在美国的协商民意测验花费高达400万美元,每次民意测验都必须支付给参与者一定金额的补偿。[1] 在我国,完成一次协商恳谈会的费用少则几千,多则上万元,对于贫困地区来说,这个数目的花费会造成当地村民的沉重负担。这样,经济条件和富裕程度在某程度上就会对乡村协商进程产生实质上的影响。事实上,乡村"先富群体在协商会议上会为了他们的利益而斗争"[2]。具有讽刺意味的是,富人也可能成为乡村协商制度发展的阻碍因素。这与理想的乡村协商相背离。在理想的乡村协商情境下,交往理性应尽可能替代权力和财富的支配地位,抑或成为协商过程中的主体力量。如果协商是由新富阶层资助的,那么协商会偏向他们,就会达不到预期协商质量。[3] 也就是说,物质条件在一定程度上决定着协商进程和协商效果,影响着协商的广度和深度。

(二)强势群体漠视共识

乡村协商治理的多元参与主体,有时会展现这样的场景:派系林立,强弱不均,既有主导地位的权力机关,又有根深蒂固的家族势力,既有出类拔萃的经济精英,又有独霸一方的灰色力量。强势力量作为乡村社会占主导地位的利益群体,常常凭借超强的或经济或行政或社会或人口或暴力等优势,以协商议题掌控协商议程,以各种压力强势影响乡村协商信息的采用,以信息的不对称掌控乡村协商治理现代化中的话语权,从而排斥乡村"少数群体或弱势力量的协商参与及其利益表达,漠视体现它们利益或价值的公共政策"[4]。强势力量有时基于自己人数的优势倾向于多数裁决方式来制定非共识性决策,或基于自己对乡村权威的强势影

---

[1] Mark Granovetter. Threshold Models of Collective Behavior, 83 Am. J. Sociology 1420(1978); Malcolm Glad-well, The Tipping Point 5—22(Boston: Little, Brown, 2000). 58.
[2] 何包钢,陈承新. 中国协商民主制度[J]. 浙江大学学报(人文社会科学版),2005(3).
[3] 黄东益. 审慎思辨民调——研究方法的探讨与可行性评估[J]. 民主调查季刊,2000(1).
[4] 林艺东. 谁更为民主:协商民主抑或选举民主[J]. 人大研究,2008(9).

响主张冲突的权威裁决,从而达到利益的独占或非正义分配,最终抛弃乃至破坏乡村协商共识。

(三)责任缺失致协商失效

现实中的乡村协商实践时常会因公共责任感缺失面临协商失效的危险。乡村协商治理现代化要求农民基于对乡村共同体成员资格的认同和理性的参与而承担起协商的责任。但是现实中部分农民的参与责任却由于自利的考量和选举诱发的政治冷漠心理的蔓延受到较大的损害。在乡村公共事务的讨论中,由于关键人员的不参与导致乡村协商失效。而这种冷漠也侵蚀着村民对协商结果的认同感,弱化对协商共识的责任感,使依据协商共识而形成的乡村决策难以得到有效的贯彻。乡村冷漠背后其实是乡村主体基于参与成本的考虑而产生的搭便车心理,因而对协商信息有意遮蔽或故意夸大。在乡村协商过程中,部分村民常常发现他们的意见和建议很少或根本没有被纳入乡村协商议程,或者即使纳入乡村协商议程但对协商结果很难产生影响,这是强势力量对弱势群体的协商暴政,他们就会采取不合作态度,也不认同协商结果。乡村协商治理现代化难以保持有效性,甚至根本无法开展,根源在于协商条件不平等。

第三节 乡村协商治理现代化的问题成因

正确认识乡村协商治理存在的问题与成因是促进乡村协商治理现代化发展与完善的前提。乡村协商治理问题的根源在于中国乡村独特的历史因素、社会现实、经济水平、体制束缚、思想观念和文化基因。多维视角分析成因是科学破解乡村协商问题的基础。

一、社会转型与人口流动[①]

(一)转型的乡村社会

改革开放以来,农村经济社会迅速发展,农业、农村及农民自身都发生了巨

[①] 张国献.论人口流动背景下的乡村协商治理[J].中州学刊,2016(2).

而深刻的变化。我国已从农业社会转变为工业社会,部分地区已进入后工业社会,非农产业在国民经济中已占绝对地位,农村人口及农业劳动力大幅度减少,非农收入日益成为农民收入的主要来源。农村也从生存型社会向发展型社会转变,传统农业面临向现代农业的根本性转型。农民的生活水平已实现从温饱不足到总体小康的历史性跨越。如果说过去农民以解决生存为目标,那么现在"发展已经成为农民的奋斗方向"[①]。

新时代的农民更加强调个人职业、子女教育、生活品质、社会尊严等高品质追求,农民的利益诉求、政治参与、精神追求日益增长。市场经济从理念、行为模式到制度的发展,使原有的乡村格局被打破,联结人际关系的乡土人情日渐淡漠。原子化、均质化成为农民基本的生存状态。农村已从封闭社会转变为开放社会,职业转换频繁,人员流动加快,社会日益多样,诉求不断分化,理念表现多元。农民在获得自由、自主、自立的同时,孤立、无助、无力也相伴而生,农民的个人作用显得日益弱小,每个原子化的农民都丧失了依靠自身成就伟大事业的手段,怎样争取和维护自身的权益是每位农民必须面对而又存在着矛盾的基本问题。随着农村劳动力大规模转移,农民思想与活动的独立性、选择性、多变性、差异性明显增强,不断开放的农村已经变成社会现实。

(二)流动的乡村人口

美国学者科恩指出:"社会成员如不享有最低限度水平的物质福利,任何社会也不能指望长久维持自治。"[②]从农业国向工业国、不发达的农业社会向发达的工业社会的转型,加速了农村人口从农村向城镇以及从农业向工业和服务业的流动。人口流动的实质是劳动力的选择行为,人口流动的目的在于选择更好的职位,追求更高的收入。市场经济的发展解放了农业劳动生产力,农民获得了对自身劳动力的自由支配权;城市劳动就业制度的改革突破了劳动力配置的城乡分割模式,为农村人口的流入提供了制度方面的条件。政策和制度变革放开了农民到城镇务工的限制,降低了农村人口流动风险;沿海劳动密集型产业的飞速发展,产

---

① 项继权.当前农村发展的阶段性特征及政策选择[J].江西社会科学,2009(1).
② [美]科恩.论民主[M].聂崇信译.北京:商务印书馆,1994:110.

生了巨大和持久的劳动力需求;农业现代化提高了农业生产率,减少了对农业劳动力的需求。人口流动使农民收入获得增加,农民生活得以改善,也带动了农村二、三产业的发展,为乡村协商治理现代化发展奠定了坚实的经济基础。农民工在城市扩大视野、增长见识、掌握技术,"既挣了票子,又换了脑子",民主素质和协商能力都有所提高,参与意识也明显增强。乡村群体事件表明,在社会公正受损、行政合法流失、部门公权减弱、公民维权受阻的社会转型期,在网络媒体推波助澜,西方势力介入破坏,某些乡村群体性事件往往一般问题特殊化、经济问题行政化、国内问题国际化,已成为人口流动背景下乡村协商治理现代化的现实境遇。

二、差序格局与社会分层

(一)"伦理本位"下的差序格局

费孝通的《乡土中国》是研究中国乡村社会的经典之作,他对中国乡村社会认知的深刻性,学界极难超越。他认为,中国的"社会关系是逐渐从一个一个人推出去的,是私人联系的增加,社会范围是一根根私人联系所构成的网络"[①]。在这样的网络中,"我们的格局不是一捆一捆扎清楚的柴,而是好像把一块石头丢在水面上所发生的一圈圈推出去的波纹,每个人都是他社会影响所推出去的圈子的中心,被圈子的波纹所推及的就发生联系,每个人在某一时间某一地点所动用的圈子是不一定相同的"[②]。这种"差序化"社会关系揭示了中国人的血缘关系与地缘关系是不可分离的,揭示了中国社会是以血缘关系为纽带逐渐向外推移的人际关系的实质。"中国的社会格局是以血缘、亲缘和地缘为纽带,在西洋社会里争的是权利,而在我们却是攀关系、讲交情。"[③]家长权力与精英管理同时并存、差序格局与社会分层同时并存、礼治与法治并存,人们普遍"重关系而轻能力"[④]、重依附而轻自主、重灵活性而轻原则性、重统一思想而轻解放思想、重中庸保守而轻创新激进。中国乡村社会是典型的"人情社会""关系社会"。关系社会扭曲了乡村协商治理现代化应有的社会心理,

---

① 费孝通.乡土中国生育制度[M].北京:北京大学出版社,1998:30.
② 费孝通.乡土中国生育制度[M].北京:北京大学出版社,1998:26.
③ 费孝通.乡土中国生育制度[M].北京:北京大学出版社,1998:27.
④ 巩建华,曹树明.差序格局的文化影响与关系社会的破坏作用——兼论西方公共治理理论在中国实施的困境[J].江淮论坛,2007(4).

异化了协商治理的主体功能,破坏了协商治理的正常机制。

(二)乡村社会分层

家庭联产承包责任制的推行、非农产业的发展、农村劳动力的转移、城乡户籍制度的松动、土地流转的加快,农民由原来清一色的农业劳动者分化为职业不同、贫富分化的阶层。农民已分化为农业劳动者、农民工、雇工、农民知识分子、个体劳动者和个体工商户、私营企业主、乡镇企业管理者、农村管理者等阶层。农村社会的异质性转变,利益主体多元化、利益取向多极化、利益差别显性化、利益矛盾集中化,形成了极其复杂的利益新格局。常年外出务工经商的农民的利益诉求难以畅通,下层弱势农民的利益实现时常困难,来自上层的农民难以代表多数人的利益,乡村富人从政具有天然的正确性,乡村精英时常悬浮于农村很难受到约束,灰色势力如若复燃就会凭借暴力攫取利益,此种现实破坏了乡村协商治理现代化的平等性和包容性。

(三)宗族制约

历史上,我国是一个以农业为主的乡土国家,有着以家为核心的社会关系网络以及乡村治理结构。家族力量一直是中国乡村社会的基本特质。乡村社会中家族权力与精英管理叠加交织、差序格局与社会分层同时并存、礼治与法治并行不悖,人们普遍重人情轻法理、重血缘轻能力、重圈内轻圈外、重权力轻权利,家族势力曾得到国家政权的认同并凝聚成乡村治理的重要力量。新中国建立以后,中国共产党坚持全心全意为人民服务的宗旨,通过阶级划分和人民当家作主的政治革命使乡村宗法宗族势力大大削弱。近年来,受各种经济利益的影响,以血缘、身份、家族、宗族乃至宗教为特征的宗族力量异常活跃,因社会矛盾滋生不断得以强化。乡村中的大姓宗族因人多势众常常垄断农村基层权力,进而垄断着农村经济社会事务,打破了农村权力结构的平衡,侵蚀了乡村协商治理现代化的社会基础和文化理念。我国农村宗亲观念根深蒂固,宗族文化源远流长,宗族势力不断生长,给乡村协商治理现代化带来诸多困难。

三、附属行政化与体制张力[1]

(一)附属行政化倾向

城乡二元结构使农村经济滞后,人才流失,发展缓慢,制约着乡村协商治理现代化的发展。随着人民公社体制解体、村民自治推行,农村权力结构由原来集权的自上而下的一元化权力结构,转化成基层政府权力与村庄自治权力并存的"乡政村治"格局。一个时期受新自由主义影响,"附属行政化""过度自治化"曾引致乡(镇)与村(庄)关系的紊乱。农业税取消后,"乡镇财政预算外资金收入大幅度减少,乡镇财政原有平衡机制被打破"[2],"缴上去,拨下来"的乡镇财政体制很大程度上制约了乡镇的财权,从而限制了乡镇的深层次发展。原有机制失去了经济基础,基于自身利益,乡镇政府采取"选择性政策执行的模式",自利性明显增强,职能结构出现失衡。伴随"压力型体制"的惯性,在乡财县管的财政体制下,自主性阙如的乡镇财政直接制约了乡镇政府的实际"作为"。"由于传统的行政命令模式和干部选拔考核机制占据主导地位,上级政府习惯于沿用行政命令的手段"[3],把经济发展、社会稳定、城镇建设等经济社会指标量化,将干部的任用、升迁与上级布置的任务挂钩,从而使乡镇政府将完成上级政府指派的任务和考核指标确定为头等大事。

(二)协商主体博弈

当下中国农村的社会状况是,乡镇政府权力与村庄自治权力、村民民主权利在市场内及市场外相互作用,其作用的过程和结果逐渐演绎成一个以获取更多社会资源为动力,并将这一资源用于再流转和交换的交织画面。村委会及其成员为了获得自身利益最大化,挖空心思地从乡镇政府那里争取资源和权力;乡镇政府为了使基层工作开展包括政绩获得最大化,就会在保持社会稳定的前提下,半推半就地为村委会"开绿灯"。同时村委会在自身运作中也会不断积累自己的资源,

---

[1] 张国献.社会主义乡村协商治理:现实逻辑、制度导向与实践旨趣[J].理论探讨,2017(1).
[2] 鲍国政.税费改革与我国乡镇政权角色分化[D].复旦大学博士论文,2011.
[3] 汪玮.转型期中国乡镇民主治理研究[D].中共中央党校博士论文,2011.

与乡镇政府搞好关系,通过"交换"来巩固自己的权力,从而获得更多的行政资源。村民为了权益不受更多的损害,常常迎合或默许村委会的行动,否则可能被"穿小鞋",甚至利益受损而过不上"好日子"。

(三)基层行政逐利

分税制改革后,乡村基层政府开始成为相对独立的行为主体和利益主体,"追求自己利益的行为也变得越来越自觉"[①]。在巨大的政绩诱惑和经济利益的刺激下,某些地方公共权力与商业权力以微妙的方式结合起来,利益结构的变迁极大地挤压了乡村协商治理的空间。压力型体制导致乡村部分权力部门忽视农民的利益诉求。目前干部选拔普遍是任用制,一些乡镇干部自然选择对上负责的行为模式,往往以"公共利益"的名义任意侵蚀乡村社会的利益。长期以来少数乡村基层政府部门形成的干预基层自治、把持基层公共工程建设的惯性思维严重阻碍了乡村协商治理现代化的展开。协商的最重要前提是平等,从当前的乡村协商主体的能力和资源占有量来看,乡镇政府部门往往有着压倒性的优势。但是这种优势的弊端在于:其独断乡村公共事务决策压制了村民的参与积极性,不利于建立稳固的乡村协商结构;对乡村公共资源的压倒性决策产生了分配不均,在乡村公共资源的获得路径上容易导致乡村的关系文化和寻租文化,进而恶化乡村基层政府部门与民众的关系;独断容易产生腐败和公共财政资金使用的低效。

四、经济压力与协商文化孱弱

(一)乡村经济压力

在乡村协商治理实践中,随着市场化经济体制改革的完成,乡镇政府对社会经济的直接控制不断弱化,转而制定责任目标,并督促下级政府完成。于是,自上而下的经济目标被层层加码,最终将负担通过乡村政府转嫁到最底层的农民身上。在发展乡村经济的压力下,个别乡村基层政府误认为他们的主要任务就是争资金、跑项目、征地拆迁搞建设。个别行政人员错误认为,让村民参与协商是不必

---

① 王学军.建设社会主义新农村与健全农民利益表达机制[J].四川行政学院学报,2006(5).

要的,甚至有碍于经济指标的完成。市场经济条件下村民考虑的是利益,看重的是经济,关心的是效益,因经济压力,农民对协商治理也往往无暇顾及,更无心参与。

(二)贫富差距加大

贫富差距是中国乡村经济社会发展不平衡应避免的现象,分配不公是乡村社会矛盾的总根源,弱势群体激增是乡村社会增长不包容的总特征。长期以来,包括农民工在内的劳动报酬在初次分配中的比重不仅远远低于发达国家,而且也低于一般发展中国家。

进入21世纪,一直被经济高速增长所掩盖的乡村贫富差距、城乡差距一再成为社会热点,以至于出现乡村群体性事件,事件背后还有敌对势力的推波助澜。集体经济虚化、乡村公共政策缺失和法律法规不健全,使得乡村社会正义受损、机会不均已成为城乡收入分配不公的重要根源。体制漏洞和市场本性为乡村权力寻租行为留下空间,乡村弱势群体被边缘化,强势阶层日益活跃;乡村精英阶层往往注重既得利益,不断制造与大众的分立;发展成果期待实现包括农民在内的人人共享,城镇化的代价要避免被一部分农民无情承担;农民幸福指数下降,乡村橄榄型社会亟待建立;乡村某些富人因网络仇富情绪而深感不安,部分乡村大众因收入提升较慢而憔悴。

新时代之前的这些现象尽管是局部问题,但影响较远。乡村贫富差距因新时代党中央领导人民的脱贫攻坚战取得历史性成果得到前所未有的改变,全面建成小康社会和民族复兴的伟大梦想为乡村协商治理现代化提供了良好的社会基础和美好的发展前景。

(三)协商文化贫弱

协商文化包括以协商为魂的制度文化、行为文化、精神文化。它强调和谐与妥协,注重个体理性和集体理性的调和,注重个体私利与公共利益间的统一,重视村民协商中彼此话语间的转换与包容,有利于促进乡村协商治理的生活化、习惯化。由于乡村人口的大量外出,留守人员受传统儒家中庸文化的影响,大多数人表现为以臣附型政治文化为主、以参与型政治文化和地区型政治文化为辅的亚文化结构状态,留守农民中顺从者占绝大多数,参政者和政盲者为少数。因政府文化建设角色缺位和乡村文化人才流失,基于深刻的历史记忆、城乡二元体制和市场经济浪潮冲击的乡村协商文化十分贫弱。在当代中国乡村,"宗族作为一种组织,作为一种制度已不复存在,作为一种表征符号,作为一种观念,还将继续影响着农民的社会生活"[①],宗族文化及其相应的情感依然维持着乡村社会的运行。受传统乡情、思想、文化等诸多因素的影响,我国乡村社会的协商文化并不浓厚,民主传统也不足。乡村精英面对纠纷有时会选择零和博弈而不是和谐共赢,与此相对应,弱势农民面对纠纷时会选择暴力而不是协商。在许多地区,村民的等级观念根深蒂固,平等意识相对淡薄,真正的民主思想、包容心态、协商理念、妥协精神、理性共识并未在乡村精英的心目中扎根,这是滋生乡村协商治理问题的重要根源。

五、制度不全与自组织微弱

(一)协商制度不全

中国的乡村从来不缺协商,缺少的是制度。协商治理早在尧舜时代就有政治实践。乡村协商治理制度化建设相对滞后,协商制度和协商程序的不足是乡村协商治理中的平等问题、包容问题的制约因素。乡村协商治理现代化虽有浙江温岭"民主恳谈会"、河南邓州"四议两公开"、安徽安庆"党员代表议事会"制度、郑州中牟"联户代表制"等模式,但尝试有限,理论建设薄弱,时代共识不足,制度建设滞后。乡村协商制度和协商机制建设内含着平等和正义的要求,而平等和正义在现实乡村治理中往往时而耦合,时而冲突,规则化的兼容难度很大,亟待理论探索和实践检验。中国区域特色明显,东西部经济差距较大,南北方思想观念不同,科学的协商制度和可操作性的协商程序相对不足,这不仅影响乡村协商主体参与的广度和深度,更无法形成具有广泛代表性和高度认可性的乡村理性共识,从而直接削弱村民对乡村协商治理现代化的效能和正义的信任,制约乡村协商治理现代化的发展和协商功能的发挥。

[①] 张乐天.告别理想人民公社制度研究[M].上海:上海东方出版中心,1998:400.

(二)行政主导局限

乡村协商治理过分依赖乡村精英。基层政府是乡村协商治理的制定者和实施者,从协商制度的制定与完善到协商议题的选择与设计,从协商经费的筹措与投入协商共识的转化与落实等,每一项工作的开展都离不开乡村基层政府的积极作为。行政主导型的制度变迁是中国乡村"强政府—弱社会"的产物,也是乡村协商治理的固有不足。行政主导在乡村协商治理现代化推行过程中提高了制度绩效,这是乡村协商治理现代化迅速发展的最重要动力。诺斯指出,"国家的存在是经济增长的关键","又是人为经济衰退的根源"。[①] 乡村协商治理现代化的发展也存在类似的悖论:如果一味靠部分官员强力推进而缺乏完善的制度,往往出现人走政息、难以发展的困局。因此,乡村协商治理的制度化、程序化、规范化和法制化建设显得十分迫切。

(三)农民自组织羸弱

组织化是指组织内部成员都有一定的权、责、利,具备特定的角色并由此能够有机运作,它包括过程的组织化和结果的组织化。我国大多数利益群体都有自己的组织,如工会、妇联、青联、作协、工商联等,唯独占全国人口绝大多数的农民没有自己的组织。虽然说党和政府是各阶层人民利益的忠实代表,但他们只能"站在全社会的角度上协调各种利益关系,不可能完全代表农民的具体利益"。[②] 协商资源包括财富、人数、文化水平、威望、职位、社会关系网络以及谈话技巧等,市场经济条件下的原子化农民恰恰缺失这些组织资源。农民在社会地位、经济收入、利益保护、社会竞争、就业技能和社会保障等方面因自组织缺失常常处于劣势地位,更缺乏依托组织而获取的社会资源和群体利益。因此在党的领导下,使农民再组织化,紧密团结在党的周围很是必要。

(四)农民协商意识不足

千百年来,我国农民深受儒家"忠孝"思想的影响,具有很强的"臣民意识",它

[①] 诺斯. 经济史中的结构与变迁[M]. 上海:上海三联书店,1991:20.
[②] 戴激涛. 对我国乡村协商民主实践的宪法学解读[J]. 江汉大学学报(社会科学版),2008(2).

的突出特点就是服从性,"强调遵从、依顺,形成了逆来顺受的习惯"[①]。同时由于农民群体大多数受教育程度较低,文化素质不高,居住分散,信息来源与交流不多,对法律知识了解较少,这些因素使很多农民缺乏自觉性和主动性的协商意识和协商技巧。在乡村协商治理中他们处于弱势,缺乏必需的自主性。这些因素的存在制约了公民权利、国民待遇在农民身上的兑现。不少农民缺乏现代性的公民意识、开放意识、参与意识和自主意识,农民的利益问题往往得不到应有的重视和解决。当部分农民的正当权益受到侵害或者威胁时,农民不愿协商,不敢协商,消极协商,或者采取过激行为。这种现象的存在和发展不利于发展乡村协商治理现代化,有害于政府权威和社会稳定。

---

① 刘松枝.构建农民利益表达机制 促进社会稳定有序发展[J].哈尔滨市委党校学报,2010(2).

第三章 乡村协商治理现代化的地方实践与创新经验

习近平总书记指出:"基层历来是民主政治的发源地和试验田。民主精神的培育、民主素质的锻炼、民主实践的操作,都是在基层产生、在基层发展、在基层得到检验的。"[1]近年来,乡村协商治理现代化不断发展,积累了独特的协商治理经验,为乡村协商治理现代化提供了新模式。

第一节 乡村协商治理现代化的邓州模式[2]

邓州模式即"四议两公开"工作法,也称"4+2"工作法,是2004年河南邓州在乡土实践的基础上概括提出的,2009年河南省委在全省农村推广实施,随后中央领导先后作出重要指示,高度评价邓州模式的创新经验。2011年,中央一号文件将邓州模式作为基层民主典范在全国推广。胡锦涛曾对此指出:"要在总结各地实践经验的基础上,进一步完善符合中国国情的农村基层治理机制。"[3]习近平总书记曾给予高度肯定,认为邓州模式是基层民主建设的制度创新之举,是党领导的村级民主自治机制的有效实践形式。国内学术界对此反响很大,研究热情不断高涨,研究成果比较丰富,研究范围不断拓展,一度成为学术界研究的理论与现实

---

[1] 鲍洪俊.习近平:基层民主越健全,社会越和谐.人民日报,2006-9-25.
[2] 李玉华,张国献."四议两公开"工作法的研究谱系:现实境遇、理论旨趣与实践创新[J].学习论坛,2014(10).
[3] 罗盘,董宏君.胡锦涛总书记作出重要指示 强调进一步完善符合中国国情的农村基层治理机制[N].人民日报,2009-11-11.

热点问题。

一、邓州模式的现实与背景

正确认识邓州模式的现实境遇,是深入研究这一问题的切入点,有助于正确认识邓州模式的理论旨趣和现实指向,科学建构有针对性的完善路径。

(一)乡村治理新变化

家庭联产承包责任制的推进,市场经济的建立,农村所有制结构的变迁,产业结构的调整,社会阶层的演变,利益格局的变动,生产方式的演进,农民角色的转换,使乡村治理环境出现了深刻变化。然而,一个时期农村民主政治发展滞后,村民自治缺乏系统性程序规范;农民民主参与保障不力,民主监督难以真正实现。尤其是随着市场化改革的深入,农民民主法治意识的增强与村级干部长期唱"独角戏"的矛盾日益突出;村干部工作方法简单;村级债务沉重,村集体经济薄弱,公益事业难以办理。农业税取消后,中央政府的威信急剧升高,基层政府的信誉因贯彻不到位而逐渐下降,两者合法性此消彼长,乡村政治因治理主体缺乏产生了以"治理缺位"为轴心的治理性危机。税费改革后,乡村社会干群矛盾突出,阶层分化加剧,治理困境凸显,社会共识减少,公共建设缺位,群体性事件时有发生。基于此,2004年邓州模式诞生。

(二)农村党建新挑战

党群关系如何,关系党的事业兴衰和党的生死存亡。改革开放以来,生产方式由计划到市场转变,生活方式由封闭到开放转向,治理模式由人治到法治转换,思维模式由传统到现代转型,给党的农村工作带来新挑战。农村党的建设面临新挑战,包括农民成为自主生产经营的主体,迫切需要改进乡村领导方式、创新乡村工作机制;村集体掌控的经济资源减少,农村党员群众民主意识增强、利益诉求增多。邓州模式是加强党的农村基层组织建设的需要,是增强农村"两委"班子合力的需要,是扩大农村基层民主的需要,是密切干群关系、构建和谐农村的需要。

农村党群干群关系紧张在于:一些干部与群众疏远;少数党员干部腐化变质;少

数干部盲目照抄照搬西方的"精英管理"模式,否定党的群众路线;参政议政渠道不畅。[①] 基于此,邓州总结农村的创造性经验提出和推行邓州模式。张新光认为,邓州模式的发源地是邓州燕店村,推行邓州模式的策源地在市委组织部,时任市委书记刘朝瑞是"总设计师"。[②]

(三)协商治理大趋势

党的领导是中国农村基层组织建设与发展的关键,加强制度和法治建设是农村基层建设的有力保障。将权力下放给农民,调动农民的积极性,是农村基层建设的动力。农村的社会稳定、政治发展有赖于协商治理的扩大和制度化建设。邓州模式正是顺应乡村协商治理现代化建设的大趋势。村级治理面临公众参与困境,即从参与途径看,利益表达和参与机制流于形式;从参与主体看,多元治理主体无序和不规则参与;从参与事项看,"一事一议"制度难以为继。中华人民共和国的一切权力属于人民,要坚持党的领导和民主集中制的组织原则,实现人民当家作主。"四议两公开"制度适应了21世纪中国农村经济、社会发展的需要,切合了乡村治理的政治生态,具有创新性、科学性和实效性,符合我国宪法规定,符合社会主义法治国家的基本要求。协商治理深深植根于中国传统文化,来源于人民民主,既同中国国情相适应,又有广泛的现实基础,一定会随着中国民主政治的推进而不断发展。

二、邓州模式的内涵与外延

"四议两公开"即村级事务都必须按照党支部提议、"两委"会商议、党员大会审议、村民会议决议的程序决策,并做到"决议公开、结果公开"。关于邓州模式的内涵、外延及特点,理论界仁者见仁、智者见智。

(一)方法制度说

毛泽东认为,民主是一个方法。社会主义民主制度实现了人民当家作主这一

[①] 赵士红,杨伟民."四议两公开"工作法架起党群干群连心桥[J].学习论坛,2010(1).
[②] 张新光.中国农村基层民主治理的拓展性创新[J].安徽商贸职业技术学院学报,2010(2).

民主的根本要求,保证了人民享有管理国家和经济文化事业、社会事务的权利。邓州模式既是一种乡村协商治理制度又是一种乡村协商治理方法。邓州模式坚持了党的领导、程序化的制度设计、严密的配套机制,建立了一个从输入到输出再到反馈的完整的村庄治理民主政治系统。邓州模式有完备的配套制度,包括党内情况通报和反馈制度、党员联户与党员活动日制度、村民代表推选与联系制度等。"四议两公开"制度以村支部、村委会、党员大会、村民代表会议、村民大会为相互支撑的五个主体,以"提议—商议—审议—议决—议决结果公开—执行效果公开"为紧密联系的六个环节,主体突出,环环相扣,构建了一套切实可行的程序和制度。邓州模式本身是一个有机的整体,实现了坚持党的领导和乡村协商治理的统一。

案例 3—1

四川省高县庆符镇率先推行"四议两公开两员一监督"工作办法

——《村主任》2010(Z1)

(二)民主决策说

乔恩·埃尔斯特(Jon Elster)指出,协商治理包含两部分:一是所有受到决策影响的公民或其代表,都能参与集体决定,这是协商治理的"民主"部分;二是集体决定,即抱持理性与无私态度的参与者经由论理的方式来形成,这是协商治理的"审议"部分。[①] 邓州模式抓住了民主决策这一核心,从程序入手,制定了村内重大

---

① Jon Elster. Introduction. Deliberative Democracy,New York:Cambridge University Press,1998,p. 8.

事项须经四道会议决议、实行两个公开的具体途径。其实质是通过构建乡村"五级民主决策机制",充分发挥村级民主自治机制的效能,推进新农村建设和幸福乡村构建。刘朝瑞认为,邓州模式通俗地说就是:"支部提议好,体现党领导;'两委'商议到,决策科学了;党员审议清,完善要补充;代表决议行,公正又透明;事事公布到,群众不会闹;'四议两公开',和谐真法宝!"也可以表达为:"领头雁,导航向;群英会,共磋商;先锋队,细把关;主力军,拿主张;人人心中亮堂堂,件件办到心坎上。"①

案例 3—2

河南省荥阳市广武镇举办"4+2"工作法培训班 架起群众"连心网"

——《村主任》2010(Z1)

(三)协商党建说

邓州模式在内容上明确了农村议事决策程序,范围上涵盖了乡村各项工作,实践上体现了科学化、制度化、规范化的要求,效果上达到了加强党的领导与充分发扬民主的有机统一,破解了农村党组织遇到的新课题。② 邓州模式突出了村党支部在整个村级决策中的领导和组织作用,本质是党的领导,核心是民主决策,重点是民主参与,关键是确保村级事务决策、管理和监督的健康运行,目的是保障农民的知情权、决策权和监督权。

---

① 刘朝瑞.积极探索党组织领导下的村民自治新机制[J].中州学刊,2009(6).
② 河南省委.河南省邓州市农村党支部、村委会"4+2"工作法探析[N].中国乡村建设,2010-3-15.

案例 3—3

河南省南阳市宛城区新华街道小西关社区在换届选举运用"四议两公开"工作法，就社区三年工作规划的可行性召开居民代表会，进行讨论、表决。

——《村主任》2010(Z1)

（四）人民主权说

毛泽东在为《政治周报》撰写的发刊词中写道：革命的真正目的是"为了使中华民族得到解放，为了实现人民的统治，为了使人民得到经济的幸福"[1]。邓州模式实施的过程不仅是利益相关主体参与公共决策的过程，也是利益相关主体进行商讨、达成共识的合作活动。村党组织是组织者，村委会是执行主体，村民代表居于主体地位。各相关主体积极参与，各司其职，相互监督，沟通协商，都成为不可或缺的有影响的重要力量。邓凡、张莹认为，"四议两公开"制度的议事主体是村民，议事内容是村级重大事项，议事方式与流程科学合理，坚持了党的领导，落实了民主管理、民主决策，完善了民主监督，实践了人民当家作主，体现了人民主权。[2] 邓州模式的基本理念是农民群众自己的事情让农民群众自己议、自己定、自己干、自己管，将人民主权贯彻到基层，核心是民主，关键是公开，重点是参与，主导是村党支部。[3]

---

[1] 斯图尔特·R.施拉姆.毛泽东的思想[M].田松年等译.北京：中国人民大学出版社，2005：35.
[2] 邓凡，张莹."四议两公开"制度的宪法学解读[J].法制与经济，2010(2).
[3] 顾燕峰.河南邓州基层党组织"4+2"工作法及其启示[J].上海党史与党建，2010(7).

案例 3—4

河南省郑州市管城区毕河村运用"4+2"工作法成功拍卖村组集体资产

——《村主任》2010(Z1)

(五)协商治理说

哈贝马斯指出:"商议性政治的程序构成了民主过程的核心"。[①] 乡村实践经验总结的"四议两公开",从性质看是社会主义新型民主,从成效看推进了乡村社会的民主化进程,从参与程度看是乡村协商治理现代化的表现形式和创新型实践。它的全面参与性是乡村社会的真民主。邓州模式具有合法性、科学性、民主性、实践性(或可操作性),它坚持以人为本、程序严格、凝聚民意,具有乡村协商治理现代化的时代性、适用性和系统性,巩固了党在农村工作中的领导核心,实现了党的领导与村民自治机制的统一,保障了党员的民主权利,保证了民主决策和公开监督,是乡村协商治理现代化的北方典范。

三、邓州模式的地位与实效

邓州模式的提出,无疑是一个乡村协商治理现代化的理论突破与实践创新,对基层协商治理、乡村治理、新农村建设都将产生长久而深远的影响。近几年的

---

① [德]哈贝马斯. 在事实与规范之间[M]. 童世骏译. 北京:三联书店,2003:36.

中央一号文件都一直大力提倡、积极推广。

(一)乡村协商治理理论的新发展

"四议两公开"坚持了以人为本,统筹兼顾,全面、协调可持续的科学发展观,注重理性协商和公共利益,无疑是协商治理理论的具体化,是中国协商治理建设的发展与创新,"它以浓厚的乡土气息和基层实践开启了中国乡村协商治理现代化建设的新篇章,是马克思主义民主治理理论在我国农村的新运用新发展"[1],是党的创新理论在农村的具体实践。"四议两公开"是协商治理技术的进步,是协商治理在农村的新实践形式,体现了人民主权原则和协商治理原则。它通过赋予全体村民决议权的协商制度设计,有效克服了精英民主下代议制模式的弊病,在农村率先推进共产主义理想中的人民民主。"四议两公开"蕴含着淳朴的协商治理价值理念,在交流沟通和协商治理的氛围中充分体现了人民民主应有的科学价值,散发出协商治理浓烈的时代气息,并耦合了党的群众路线中的民主理念。

(二)基层协商治理实践的新创举

协商治理建设是乡村政治发展的方向。"四议两公开"是乡村协商治理制度建设的伟大创举,它的实施使乡村协商治理找到了新思路,干部作风实现了根本转变。[2] 尹书博认为,"四议两公开"拓展了广大党员群众参政议政的渠道,扩大了农村基层协商治理,[3]有效践行了乡村协商治理现代化制度,重构了乡村社会的信任基础,为村民提供了充分的利益表达渠道。邓州模式通过规范乡村协商治理现代化议事程序,实现了乡村协商治理现代化的规范化,增强了村民的民主意识、参与意识和协商意识。

案例 3—5

河南省遂平县常庄乡东北部的小清河流域,河道逐年变窄变浅,汛期河水倒灌农田,导致流域内 9000 余亩农田减收、绝收。小清河流域治理因涉及村组多,

---

[1] 李安增,武艳."四议两公开"工作法:我国农村基层民主机制的重要创新[J].理论学刊,2011(10).
[2] 梁周敏,侯远长."四议两公开"是基层民主制度建设的伟大创举[J].学习论坛,2010(1).
[3] 尹书博."四议两公开"工作法是发展农村基层民主的有效途径[J].学习论坛,2010(1).

利益错综复杂,致使好事难办、久拖未决。2009年,常庄乡政府打破常规的单村"四议两公开"工作法,组织相关村组干部共同深入农户,征求治理意见,协商治理方案,成效非常明显。借5村之力集中建设,小清河治理工程在五个村的共同努力下很快顺利完工。

——曹树林.四议两公开社会更和谐[N].人民日报,2009－12－12(002).

(三)乡村协商治理现代化的新机制

乡村治理从来不缺乏理论,它期待的是机制创新。邓州模式作为乡村协商治理现代化机制创新的典范,完善了党的领导、"两委"协调、党内协商治理、群众自治和民主监督。在基层协商治理领域创新执政党决策体制和监督体制,有效降低了代理人和被代理人之间因信息不对称而产生的高昂监督成本。破解了乡镇政府的权力越位、村"两委"的权力抢位,以权利制约权力,以权力制约权力,以责任制约权力,以监督制约权力,是防范村民自治权异化的重大机制创新。邓州模式开辟了以协商程序保证协商制度执行的新路,合理运用了人民群众的力量,通过构建村社内部"五级民主决策机制",重塑了乡村秩序维持者的常规性力量,有效化解了21世纪乡村治理面临的深层危机。

案例3－6

河南省安阳县西邢济村2008年在农村低保确认工作中,因对低保标准理解分歧,一度激化干群矛盾。鉴于此,2009年该村运用"四议两公开"工作法,让群众广泛参与,对照标准摆条件,大家评议定结果,协商过程全公开,全程监督不例外。评出的29户39人低保对象,没有一例有异议,杜绝了上访告状,达到了贫困对象满意、广大群众满意、党员干部满意的良好效果。

——董一鸣,邓光选.破解农村发展难题的"金钥匙"[N].光明日报,2009－12－12(003).

(四)乡村协商党建的新途径

农村党建是21世纪的重要任务。邓州模式尊重每个党员的民主权利,破解了基层协商党建的新困境,疏通了基层党员参政议政的正确渠道,提高了农村基层党组织驾驭全局的能力,夯实了党的执政基础,密切了党群关系,是实践党内协商治理的有效形式。尹书博认为,邓州模式巩固了村级党组织的领导核心地位,增强了村级党组织的创造力、凝聚力、战斗力;将基层党组织的领导机制和村民自治机制紧密地结合起来,加强了村级组织配套建设,形成了强大的工作合力[①],架起了党群干群连心桥。邓州模式是农村基层党组织建设的新突破,拓展了广大党员群众参政议事的渠道。

(五)新农村建设的新举措

幸福农村和农民幸福需要新思维、新举措。邓州模式突出了农民的协商主体地位,从制度上保障了农民当家作主权利的落实,真正实现了民权民定、还权于民,充分调动了广大农民建设社会主义新农村的积极性和主动性,为新家园建设提供了强大的动力和支撑。它有效化解了当时新农村建设中经济发展、社会稳定、基础建设、公共产品供给面临的诸多问题,激发了农村活力,创新了农村发展的途径。它的进一步推广将给乡村协商治理现代化建设注入新鲜活力,带来新气息,对构建社会主义和谐社会、全面建成小康社会产生巨大的促进作用。刘朝瑞认为,邓州模式提高了广大党员和群众建设新农村的积极性,推动了经济社会又好又快发展。[②]

案例3—7

甘肃省武威市把"四议两公开"工作法与本地工作实际相结合,建立了党员领导干部推行"四议两公开"工作法联系点制度,加强督促指导,及时反馈信息,确保工作顺利,收到前所未有的良好效果。

[①] 尹书博. "四议两公开"工作法是发展农村基层民主的有效途径[J]. 学习论坛,2010(1).
[②] 刘朝瑞. 积极探索党组织领导下的村民自治新机制[J]. 中州学刊,2009(6).

——郭久辉,沈洋等.全国各地农村在学习实践活动中大力推广"四议两公开"工作法[N].人民日报,2009-12-13(003).

(六)乡村公众参与的新渠道

公众参与是社会发展的大趋势。邓州模式为破解村级治理中公民参与的困境提供了诸多有益的乡土经验和地方性知识,为村民参与村级事务决策提供了程序上的制度安排,使利益相关主体对议案进行公开讨论和协商,变"单向的干部对群众的说教"为"双向互动的干部与群众的对话",有利于缩小或改变利益相关主体因不同诉求而产生的利益偏好。邓州模式立场坚定、设计科学、程序合理,它充分体现了党的领导、民主协商、监督制约、公开透明的协商治理原则,拓展了村民参与的渠道,增强了乡村协商治理现代化的合法性和可操作性,保障了村民的参与权和监督权,让谜一般的权力在阳光下运行。

案例3—8

河南省登封市宣化镇钟楼村党支部、村委会早几年就想创建玫瑰种植园,但群众对土地流转存有疑虑,很难实行。2009年6月,村"两委"通过"四议两公开"工作法,党员大会、村民代表大会顺利表决通过提议,多年的愿望很快变成现实。村干部感慨地说:"过去干部光杆跳舞,有理也说不清;现在有权大家当,群众说一句,顶上干部解释十句。"

——董一鸣,邓光选.破解农村发展难题的"金钥匙"[N].光明日报,2009-12-12(003).

当然,邓州模式在实施过程中也存在一些问题,如农民协商主体的保障、参与能力不足、持续性参与、农民参与理性、推行中的退化或异化、协商程序不规范等都会影响邓州模式的效果,亟待深化研究、破解规范。

四、邓州模式的协商治理特征

邓州模式的实践性、基层性、治理性、主导性和创新性彰显着乡村协商治理现代化的中国模式、中国道路,具有与西方协商治理不同的中国特质、中国精神。

(一)实践性

西方协商治理理论兴起的直接动因是弥补选举民主的缺陷,仅仅局限在理论研究的层面,没有形成完善的乡村协商治理现代化运行机制,只是一种民主理想。邓州模式是实践经验的总结,具有显著的针对性、突出的现实性、很强的实践性和良好的实效性。它推动了农民直接参与乡村政治,促进了乡村事务决策的科学化和民主化。邓州模式具有的实践性是指其符合中国特色民主政治的发展规律,植根于马克思主义农民民主理论,与党的宗旨和群众路线相适应,"初步解决了农村党群、干群、群群关系的和谐问题以及农村基层群众民主权利难以保障,农村基层组织职能定位不准,农村基层干部工作方法简单"、[①]农村公益事业无法推动等实际问题。凡是涉及农民切实利益的问题,如土地征用、房屋拆迁、新农村建设、农村公共产品供给等,都能通过"四议两公开"达成妥协或共识,促进乡村现实问题的有效解决。

案例 3—9

2009 年 5 月至 2009 年 12 月的半年多时间里,河南省运用"四议两公开"工作法,共解决涉及土地、宅基地、低保对象确定、道路修建、林木纠纷等热点难点问题 12 万多件,赴省上访量下降了 14.8%,11 000 多个行政村选准了特色产业,1 万多个农业专业合作社相继成立,85% 以上的农民群众对村级经济社会发展表示满意。

——董一鸣,邓光选.破解农村发展难题的"金钥匙"[N].
光明日报,2009—12—12(003).

(二)基层性

邓州模式的协商主体是农民,让农民自己处理涉及自身的乡村问题,充分发

[①] 刘明定,康长春."四议两公开"工作法研究[J].华北水利水电学院学报(哲学社会科学版),2010(1).

挥他们的才智。当农民面对问题和困难时,就能更好地理解政府为乡村社会所付出的不懈努力,就能更加理性地解决现实问题。邓州模式注重参与乡村协商主体的地位平等,限制强势集团,如果主体间地位不平等,就违背了乡村协商治理现代化的本质要求。邓州模式确保协商主体交流的行为自由和言论自由,允许他们畅谈自己的真实想法和现实要求,无论是赞成意见还是反对意见都让他们充分表达,畅所欲言。这样才能听到村民的真实心声,才能解决乡村现实中的实质问题。邓州模式维护农民的利益,协商的目的是更好地保护村民的合法权益而不是伤害他们的正当权益,"这样的出发点得到了乡村民众的真正拥护和真心欢迎"[①]。

案例 3—10

全线总长 76.82 公里的南水北调中线工程河南焦作段,跨越 3 县 4 区,涉及 29 529 人。工程进度紧,工作难度大,群众意见多,补偿方案分歧大。各村通过"四议两公开"工作法,定方案、议方案、修方案、定方案,确保了搬迁工作的顺利推进。

——曹树林.四议两公开社会更和谐[N].人民日报,2009—12—12(002).

(三)主导性

坚持党对乡村协商治理现代化的主导权,是邓州模式沿着正确方向发展的重要保证。在中国乡村社会这样复杂的境遇中实现基层政治现代化,通过乡村协商治理现代化把多元乡村"社会阶层的政治资源、利益诉求进行有机整合"[②],重新获取乡村农民的有力支持和衷心拥护,没有中国共产党的坚强领导,是不可能实现的。中国共产党作为执政党是人民民主专政的领导核心,也是中国特色社会主义民主政治的最主要特征。邓州模式提高了基层党组织的执政能力,树立了基层党组织的执政形象,将乡村不同社会阶层的政治意愿和利益诉求吸收并同化于乡村政治体系中,使执政党能够有效地把握乡村社会发展和变化的方向,提高了基层

---

① 唐绍洪,刘屹.在基层治理中实现社会秩序"动态稳定"的协商民主路径[J].社会主义研究,2009(1).

② 高勇泽.中国协商民主理论研究[D].辽宁师范大学博士论文,2010.

党组织在乡村社会的凝聚力,发挥了基层党组织的民主执政功能,保证了转型期多元乡村社会的持续、稳定、和谐发展。中国共产党代表最广大人民群众的根本利益,能够在乡村协商中反映多数、尊重少数,协调不同阶层的利益和诉求。因此,邓州模式的乡村协商治理现代化,是在国家政治体制的框架内基层党组织领导的乡村协商治理现代化,是坚持中国共产党的思想领导、政治领导和组织领导的乡村协商治理现代化。

案例 3—11

江西省委积极推广"四议两公开"工作法,切实解决农村基层组织建设存在的问题,并根据 21 世纪完善"四议两公开"的长效机制。通过"党领导的村级民主自治机制工作经验交流会",集思广益,创新党领导的村级民主自治制度,促进江西乡村和谐发展。

——郭久辉,沈洋等.全国各地农村在学习实践活动中大力推广"四议两公开"工作法.人民日报,2009—12—13(003).

(四)治理性

治理是指政府机关、社会组织和个人共同管理公共事务的诸多方式的总和,是一个"使相互冲突或不同利益者得以调和,并且采取联合行动的持续过程"[1]。乡村善治与乡村协商治理现代化的合法性、公开性、共识性、包容性和责任性具有内在一致性。邓州模式包含着乡村基层政府与农民、基层政府与乡村社会、基层民众间的协商性、合作性和共识性。邓州模式是乡村协商治理现代化模式的实践创新,提高了乡村协商治理现代化的质量和效率。邓州模式具有鲜明的治理性特征,在乡村治理实践中不但没有绕过乡村治理,而且在乡村实践中彰显出乡村治理的强大功能,高度重视协商方式的实际运用,提升了基层政府乡村治理能力现代化的水平。邓州模式的实践目标是实现乡村善治,倡导在乡村治理中开展协商、讨论和对话,培养农民有序参与政治的意识和能力,促进乡村政府与农民、国

---

[1] 王丽,张志泽.治理视野下的政府思想政治工作价值取向[J].中共四川省委省级机关党校学报,2004(2).

家与乡村社会在乡村治理中的协调和互动,促进乡村善治的实现。

案例3—12

在加强村级组织建设规范化工作中,山东省临沂市创新"四议两公开"工作法,建立了乡村决策"两公开一追究"制度,即决议公开、结果公开和决策责任追究。以解决实际问题为突破口,效果十分明显。

——郭久辉,沈洋等.全国各地农村在学习实践活动中大力推广"四议两公开"工作法[N].人民日报,2009—12—13(003).

乡村协商治理现代化的邓州模式具有鲜明的乡土特色,即实践性、主导性、决策性、治理性和创新性等。乡村协商治理现代化,必须坚持中国特色社会主义民主政治,必须深深植根于中国乡村现实,走本土化、特色化的乡村协商治理现代化道路。

五、邓州模式的路径借鉴

推广乡村协商治理现代化的邓州模式,扩大公众参与渠道,发展基层协商治理,实现人民当家作主,是中国特色社会主义民主政治的实践创新,也是乡村协商治理现代化的北方模式发展的要求。

(一)提高协商认识

观念创新是实践创新的先导。"四议两公开"制度要永葆生命力,必须坚持马克思主义唯物史观,克服"制度万能论";坚持党的群众路线,克服"精英主义论"。要广泛宣传,强化教育,提高干部群众的认知水平和应用能力。必须加强对基层党员干部的培训,锻炼党性,提高领导素养;必须适应社会主义新农村建设的需要,培养新型农民;必须千方百计壮大集体经济,为农村经济、社会发展和乡村协商治理现代化提供可靠物质保障。乡村协商治理现代化要有探索创新的勇气和激情,转变领导方式和工作方法,要充分激发和调动党员群众的参与热情,重视程序和制度建设,加强基层党务干部的能力建设。刘朝瑞认为,推进邓州模式,既要防"独断"又要防"分散";既要把好代表素质关和分布关,又必须注重保护少数人的利益。[①]

(二)完善协商机制

机制构建是政策落实的有效途径。促进乡村协商治理现代化,必须以村党组织为核心,以广大村民为主体,以完善制度为保障,以群众满意为目标。既要科学管理,严格规范,又要加强监控,严格奖惩。完善程序性制度是乡村协商治理现代化有效性的基础;多方联动机制是实施乡村协商治理现代化的关键;政府引导是乡村协商治理现代化制度创新的保证。既要依靠法治进一步总结经验,推动乡村协商治理现代化实现形式由基层创新走向体制建构,权力结构调整和公共服务改革要同时进行;必须建立快速有效反馈机制,确保村民知情权,丰富协商治理的社会监督机制。

(三)健全协商制度

制度建设是乡村协商治理现代化的重要保障。习近平总书记指出:"健全共建共治共享的社会治理制度,提升社会治理效能。"[②]河南省委认为,在河南推行邓州模式效果很好,意义重大,要健全协商治理制度,完善协商治理机制,真抓实干,注重实效。完善乡村协商治理现代化制度,要着重建立健全党员联系群众制度、村民代表联系户制度、民主监督制度、责任追究制度等,[③]以制度建设和程序规范保证工作实效。郭献功认为,进一步推广邓州模式,重点是加强组织建设,提供强有力的支撑。应做好以下四项工作:

一是要抓好党支部书记这个"核心";

二是要抓好村"两委"成员这个"关键";

三是要抓好党员队伍这个"骨干";

四是要确保群众代表这个"主体"正确行使权力。[④]

[①] 刘朝瑞.积极探索党组织领导下的村民自治新机制[J].中州学刊,2009(6).
[②] 习近平.高举中国特色社会主义伟大旗帜 为全面建设社会主义现代化国家而团结奋斗——在中国共产党第二十次全国代表大会上的报告(2022年10月16日)[N].人民日报,2022—10—26.
[③] 河南省委.河南省邓州市农村党支部、村委会"4+2"工作法探析[N].中国乡村建设,2010—3—15.
[④] 河南省委.河南省邓州市农村党支部、村委会"4+2"工作法探析[N].中国乡村建设,2010—3—15.

(四)坚持协商原则

推广邓州模式应当坚持科学的协商原则。"程序"习惯是乡村协商治理现代化的前提,加大监督和惩处力度是乡村协商治理现代化的必要条件,提高村干部、党员和村民代表的素质是乡村协商治理现代化的关键。要把发挥基层党组织领导核心作用与乡村协商治理现代化结合起来,把提高民主意识与增强法制观念结合起来,把扩大基层民主与提高议事能力结合起来,把推广工作法与完善配套制度结合起来,把大力推广与创新完美结合起来。梁周敏、侯远长认为,发展乡村协商治理现代化要选择一个好支书,建设一个好支部,锻炼一支好队伍;要理清思路,抓住机会,选准代表,充分协商,宣传发动;要把发挥村党支部的领导核心作用与村民自治结合起来,把提高参政议事能力与扩大基层民主结合起来,把邓州模式与发展经济、脱贫致富结合起来。①

邓州模式的产生和推广是个逐步深化的过程,对邓州模式的理解和研究应结合其产生的时代条件和现实环境,本书基于历史唯物主义观点对其产生的现实与背景进行了全景式揭示,后来者不要抽象地放在新时代加以臆测和评判。邓州模式涉及村民自治、协商治理、基层政治的发展完善,还涉及法治与人治、党的领导与人民民主、乡土文化与政治生态、利益表达与机制构建、制度变革与程序规范、社会变迁与阶层分化、冲突博弈与权力制衡、经济发展与法治建设等方面。这就要求研究者综合运用政治学、法学、社会学、经济学、管理学、历史学、文化学等多学科进行深入研究。

第二节　市域乡村协商治理现代化的上海经验②

国家治理体系的基础是乡村基层治理,市域乡村治理是维护国家长治久安的基石。在全面建设社会主义现代化的新时代,习近平总书记寄希望于上海:"努力

---

① 斯图尔特·R.施拉姆.毛泽东的思想[M].田松年等译.北京:中国人民大学出版社,2005:35.
② 张国献,李燕.市域基层协商治理现代化何以可能?——以特大城市上海为例[J].理论探讨,2021(4).

走出一条符合特大城市特点和规律的社会治理新路子。"[①]近年来,上海市积极推进市域乡村协商治理现代化,加快市域乡村协商治理现代化进程,促进市域乡村协商治理制度化、科学化、规范化,注重乡村社会治理服务质量,整合乡村社会治理资源,提供更加精准的服务,尤其是在加强乡村社会建设、创新乡村协商治理方面,成效显著,经验宝贵。同时,上海市域乡村协商治理现代化也面临新形势和新挑战。

一、市域乡村协商治理现代化的上海场域

市域乡村协商治理现代化是以设区的市为基本治理单位,以乡村治理为重点,以协商治理为理念,由市级层面设计、区级层面主导、乡镇层面实践,通过上下融合、城乡联动、综合实施达致乡村社会善治。上海市域乡村协商治理现代化体现的是国家对推进上海治理现代化的总体要求在基层乡村的落实。新时代的上海高层次人才荟萃,社会充满活力,科技创业涌现,技术创新不断,人才流动频繁,社会关怀溢出,信息科技广泛应用于乡村治理,乡村协商治理现代化积极推进。同时,后疫情时代的上海进入经济增速新常态,域外流动人口大量聚集不断增添新的社会发展动力,深度老龄化又使社会负担加重,新开放格局下国外思潮频频涌入,互联网时代下的"去中心化"深刻影响上海乡村协商治理现代化。

(一)响应度低的流动人口

外来流动人口既是上海社会经济发展不可或缺的重要资源,也是上海乡村生命力活跃的表征。流动人口有利于改善上海人口年龄结构,促进乡村服务业发展和异地人才文化交流,但流动人口工作和居住场所的变动不居、乡村协商治理响应度低等也给上海乡村协商治理提出新挑战。受传统观念影响,上海部分乡村地区的流动人口治理方式还明显带有浓厚的管理色彩,仍然存在"重行政干预、轻民众参与,重强制手段、轻引导机制,重上级命令、轻基层协商,重对领导负责、轻对基层负责"等倾向。某些行政职能部门在行使管理权时往往采取"头痛医头、脚痛

[①] 本刊编辑部.推进中国上海自贸试验区建设 加强和创新特大城市社会治理[J].上海人大月刊,2014(4).

医脚"的被动方式,临时组织资源,突击进行整治,缺乏对流动人口的智慧治理手段,特别是一些远郊地区的日常管理还存在以收费代替治理,实施所谓的"以收助管""以罚促管"。流动人口则对突击整治采取"游击战术",导致双方关系对立,从而降低了乡村协商治理的响应程度,加大了流动人口社会治理的难度。

(二)关系疏离的陌生人社会

在全面建设社会主义现代化的新时代,上海社会转型兼具传统与现代的双重属性,包括从组织管理到社会治理的社会化转型和从传统乡村社会到现代乡村社会的现代化转型。原有的单位人集体化向现有的社会人原子化转变,扁平化时代联结乡村社会的血缘、地缘、业缘等纽带松弛,市场化下的个体与社会、个体与组织、个体与个体之间的联系越来越松散,社会关系越来越疏离,新时代的上海城乡结构发生了根本性的变化,中心城市的边界不断蔓延,城市的区与区之间日益融合,大型社区的数量不断增加,乡村社区的治理形式日益丰富。随着人口大规模迁移,熟人社会变得支离破碎,人与人之间的关系斑驳陆离。新时代的乡村拆迁和住房建设的货币化改革,使村民能够在全市范围内自由购买住房,传统乡村自建住房在房产私有和自由买卖时代日益萎缩。现代化大型乡村社区的居住人口来自不同地区、不同行业甚至不同城市,彼此熟悉而又陌生;老旧乡村社区居住着越来越多的租房客,原有村民更愿意搬到新建社区以改善居住条件,导致社区人口越来越复杂多样。由于过去长期鼓励房地产开发,部分村民拥有多套房产,"人户分离问题"[①]越来越突出,从而造成居民间的"熟悉的陌生人"现象。单元家庭的日益缩小化趋势与个人空间日益增大趋势,也增加了居民间的陌生感。在"拼盘式"的后现代社会,以往依靠科层体制、科学管理、正式规则等塑造起来的同质性被打破,人们虽然仍需"自我组织起来",但必须保持各自独立的完整性,必须为"各自的独特风格、观点和生活方式提供空间",进而转向依靠对话和协商来确立价值观、信仰和伦理准则,从而确保我们生活的世界秩序井然、富有意义。

(三)网络业态的社会组织

随着信息化发展,手机日益普及,自媒体愈发盛行,网络成为人们的日常生活

---

① 何海兵.上海创新社会治理加强基层建设的新探索[J].党政论坛,2016(7).

工具。信息制造和传播的成本低廉、快速便捷,为乡村网络协商治理提供了条件。公民的利益表达和权力主张意识不断觉醒,结社活动和抱团意识高度发达。"新型社会组织在社会利益表达、社会动员和权利维护"[1]等方面的作用不可小觑,往往表现为与政府公共部门不同的意见(立场)。上海作为我国特大城市,居民的网络使用率急速上升。

截至 2019 年底,上海的网民数量超过 1 000 万,这意味着基层公众利用互联网"结社"和社会动员的能力大幅提高。中国网络舆情分析报告(2019)显示,上海网民年龄结构日益还原中国总人口的年龄结构,网络舆情阶层分化明显,相同群体意见趋同,过去是官民关系、贫富差距、医疗问题成为焦点,现在是权益纠纷、生态保护、恶性事件等社会矛盾成为网议爆点。

新时代的上海乡村社会,自组织力提升迅速,网民社区异常活跃,讨论主题涵盖广泛。要想适应新时代的上海乡村治理生态、创新充满活力的市域乡村协商治理机制,就需要超越长期固化的自上而下的行政管理机制。经济社会发展属于同一阶段的欧美,都市社会运动往往发生在特大都市,如巴黎、纽约,引发的议题往往是环境保护、交通价格、医疗卫生等公共事务,这些社会燃点常常通过快速便捷的网络来动员。

(四)阶层族群的理念分割

在互联网趋势下,科技革命使以手机为载体的智能化媒介终端在日常生活中广泛使用,5G 等媒介技术的应用给不同阶层间的信息传播、社交活动、消费方式等带来积聚性的变革与影响,传统的阶层权威传播中心日益消解,更多的原子化个体成为信息传播源,使分散的个体化理念因为阶层和族群的不同而趋于积聚,移动和去中心化的微传播、微社交、微消费、微空间等推动着上海阶层的生活方式与族群文化的传播形态的变迁。上海社会阶层结构已完成从"金字塔形"向"橄榄形"的转变过程,高文化素质人口的比例较高,低科学文化素养人口比例较低,中等收入群体因为市场和社保的叠加作用往往变动较大。这种阶层结构在互联网条件下也不利于社会稳定,因为移动媒体技术很容易引起阶层间的网络意见集

---

[1] 李友梅.我国特大城市基层社会治理创新分析[J].中共中央党校学报,2016(2).

聚。所有制多样化和经济市场化改革客观上形成了贫富差距和阶层分化,原来扁平化的社会阶层已分化为观念不同的利益群体,金字塔形的社会阶层使不同利益群体之间的社会诉求很难聚合。"贫富差距的扩大是伴随着贫困人口的减少"[①],"弱势群体往往成为社会不稳定的导火索,因为他们的利益诉求容易被忽视,在沟通不畅的情况下很容易以社会事件的方式来非理性地加以表达"[②]。由于传统的社会诉求表达渠道和个人利益协调机能僵化,不同社会阶层和群体的意见在互联网上往往出现极化。与其他城市相比,特大城市上海的人口群体"具有明显的多样性特征"[③],地域的覆盖性、民族的包容性、种族的多样性一个都不少。虽然群体间的交往、交流、交融可以展现不同地域文化的多姿多彩,有利于乡村社会的和谐稳定,但是因为文化差异、信仰特征、认知误读等问题,不同群体间也容易发生误会、矛盾甚至冲突,如果处理不当,很可能危害乡村社会秩序。

(五)职能同构的科层压力

特大城市上海的乡村协商治理创新面临职能同构的科层压力问题,这一问题不仅具有共情的时代性,还具有国际化的前瞻性。上海乡村社会治理模式侧重于人口实际居住的属地管理,利用充沛的行政资源和富裕的经济基础,实现规模庞大、包含流动人口的公共服务精细化管理,并且覆盖乡村社会的方方面面。它的内在动力源于政府组织体系的"职能同构"和自上而下"层层加码"的"科层压力体系"[④]。优点是行政执行力极强,资源整合能力很强;缺点则在于行政成本和社会成本高昂,可持续性在很大程度上受制于资源供给。乡村治理中的行政事权和自由裁量权随着体制改革和职权下放不断增强,且具有自主性,赋予乡村行政人员因事、因地、因环境不同而灵活处理的权限。这样产生的问题是:人为地切断了资源在不同地区间的横向流动和配置,技术性地切划了各类基本公共产品,使其仅可作为局域性的地方公共资源,阻碍了乡村公共产品的跨区域流动。强调"技术治理"和单一目标的项目化运作,仅仅在表层解决了乡村协商治理问题,乡村协商

---

① 李立男.中国居民收入差距现状的国际比较研究[J].海派经济学,2020(1).
② 程美东.社会治理视角下的当前中国弱势群体问题[J].海派经济学,2020(2).
③ 李友梅.我国特大城市基层社会治理创新分析[J].中共中央党校学报,2016(2).
④ 李友梅.我国特大城市基层社会治理创新分析[J].中共中央党校学报,2016(2).

治理深层次问题一直缺乏整体性的应对方案;项目型乡村治理的对象是特定单位和特定事务,其优点是对象明确、目标具体,困境则在于社会治理的整体性被打破后项目碎片化导致乡村之间的协调与项目间的融合困难加大。乡村的社会动员往往表现为"工具理性",乡村行政人员总是基于技术主义组织民众、动员社区,但对于乡村社会主体发展的关注不足,致使乡村自组织弱化、社区自治活力不足、自我协调和修复能力偏弱。

(六)智慧社会的数据治理

乡村治理正面临以人工智能、5G/6G、大数据、物联网、区块链、新材料等为技术突破口的第四次工业革命。它把数字技术、物理技术、生物技术等有机融合在一起,其发展速度之快、范围之广、程度之深前所未有。人类社会正在迈入"智慧社会",乡村治理日益数据化,人们的生活习惯、经济规则、乡村治理等将出现颠覆式的变化。大数据正在改变传统的上海乡村生活方式,成为现代乡村治理变革的主要推动力量。科技创新突飞猛进,技术产业化迅猛发展,信息产业的蓬勃发展带动了传统产业的内生性巨变。新产品层出不穷,高科技产品在社会生产中占的比重日益提高,发达国家凭借垄断国际迭代核心技术,劫掠全球超额的剩余价值。物联网的领先站位,大数据云计算的生活嵌入,纳米材料、清洁能源、生物工程、空天一体等高新技术的生产和普及,引发了生产方式裂变和生活方式颠覆。数据经济的生产与再生产,智力资本的嵌入与扩张,生产技术的智能化走向,乡村社会治理的大数据融合,生活偏好的数据化展现,碎片化阅读的精准推送,意见表达的数字模板,乡村舆情的超时空涌动,所有这些已成为上海乡村协商治理的资源前提和重要依托。

总之,上海市域乡村协商治理现代化是以上海区域为空间范围,以党委、政府、群团组织、经济组织、社会组织、自治组织、公民为社会治理主体,以党建、法律、道德、科技、民规民约为社会治理手段,以协商民主为治理机制,以乡村治理体系和治理能力现代化为重点内容,打造乡村协商治理共同体,提升"动态治理的能力和水平"[①]。

---

① 余钊飞.新时代"枫桥经验"与市域社会治理现代化[N].绍兴日报,2018-11-11.

二、市域乡村协商治理现代化的上海模式

市域乡村协商治理现代化的核心是人,重心在城乡融合社区,关键在体制机制创新。上海市域乡村协商治理创新既有镇级马陆"三元共治"模式和合庆村民"1+1+X"工作法,更有特大城市流动人口治理的高桥"老乡管老乡"协商模式。这些模式创新正是恰当处理治理体系和治理能力、治理层级和治理重心的内在关系。

(一)顶层设计系统科学

习近平总书记在上海考察时提出:上海要不断提高城市治理现代化水平[①]。上海市委市政府积极落实习近平总书记指示,首先抓顶层设计,在乡村治理的体系化和系统性上下功夫,以乡村协商治理体系的现代化奠基上海乡村协商治理能力的现代化。2014年,上海市委市政府积极启动"创新社会治理、加强基层建设"的市委重点研究课题,目的是系统研究上海市乡村治理的组织架构和管理机制构建问题。时任中共上海市委书记韩正专门召开调研会和座谈会,出台《中共上海市委关于进一步创新社会治理加强基层建设的意见》专门文件,文件贯穿习近平总书记提出的社会治理"核心是人、重心在城乡社区、关键是体制创新"的思想[②]。上海市委的顶层设计大力推进了上海乡村协商治理现代化的历史进程,使上海市域乡村协商治理现代化有了统一的规范标准和实施细则,为上海乡村协商治理现代化的推进和全面展开提供了蓝图。顶层设计以改变过去传统的乡村管理架构、建立现代化的乡村治理体系和治理能力为切入点,重点解决城乡社区的公共资源、公共服务和社区自治问题以及"基层各支队伍和各类力量存在的突出矛盾"[③],尽可能提升乡村党组织的民主协商能力、依法办事能力、服务群众能力、组织共治能力、信息化运用能力,促进上海乡村社会治理现代化,为我国特大城市乡村协商治理现代化走出了一条立足中国国情、切合本地实情、遵循治理规律的新时代

---

① 深入学习贯彻党的十九届四中全会精神 提高社会主义现代化国际大都市治理能力和水平[N].人民日报,2019-11-4.
② 贯彻落实习近平总书记重要讲话精神[N].人民日报,2015-03-06.
③ 上海市委2014头号课题:创新社会治理加强基层建设[J].领导决策信息,2014(9).

路径。

(二)社区委员会共建模式

新时代市域乡村协商治理的重点是促进区级治理功能向街道和乡村社区转移。在市级的顶层设计下,区级机构整体规划乡村协商治理,发挥主导落实、协调各方的职能。在乡村协商治理创新中,"两级政府三级管理"是上海市域乡村协商治理的体制特色。就乡村协商治理而言,街道和居委会两大组织把功能做实,切实发挥作用至关重要。在过去的乡村协商治理实践中,由于这两个层级的治理地位和治理作用不同,且职责不清、关系不顺,时常出现矛盾和冲突。农村社区居委会的工作常常是被动完成街道办的"考试作业",自身业务由"课堂作业"变成"课外作业",社区自治流于形式,"行政压倒自治"[①]成为市域乡村协商治理中一个解不开的结。基于此,上海浦东新区为缓和街居矛盾,激活农村社区活力,做实农村社区业务,提升治理绩效,通过明晰街道和社区职责重构组织结构,积极探索社区委员会共建模式。这一模式的亮点是把非政府机构序列的社区委员会共治组织进行组织重构,成员包括政府职能部门负责人、辖区单位负责人、乡村社区居民代表等。居民代表比例为常住人口总数的千分之二。居民代表的选举程序是:由民主推荐产生的正式候选人在社区代表会议上进行差额选举,出线人成为社区委员会委员,并选举产生主任委员和副主任委员。社区委员会分工明确,由办公室和四个专业委员会组成。专业委员会属于事务机构,包括行政事务专业委员会、社会事务专业委员会、村(居)委事务专业委员会以及党群工作指导委员会,它们围绕"管理、服务、协商、监督"积极开展社区自治和公共服务工作。社区委员会共建模式体现了民主协商和乡村自治的有效融合,调动了社区治理主体的积极性,增进了乡村协商治理的有效性。

(三)"三元复合"共治模式

市域治理是国家治理的支柱,乡村治理是市域治理的基石。上海充分发挥市一级党委、政府的顶层设计作用,通过市—区(县、市)—乡镇的高效联动多主体合

---

① 陈鹏.上海浦东新区探索社区委员会模式提升社会治理绩效[J].中国行政管理,2014(10).

作,"在市域范围内构建共建共治共享的基层协商治理格局"[1]。上海嘉定区马陆镇以党的建设为龙头,以共建共治共享平台为依托,创新乡村协商治理模式,拓宽民众理性参与社区治理的渠道,增进"行政、共治、自治"三元复合机能,建构"和谐、互补、高效"的新型乡村协商治理合作关系。嘉定区马陆镇以上海乡村治理改革的"镇管乡村社区"为契机,以乡村党组织为社区领导核心,以驻区单位、社会组织、社区居民为乡村治理主体,充分发挥治理主体参与乡村社区事务的积极性,引导乡村社区共商共建,共同参与协商治理,建构政府、社会、民众齐抓共管的乡村"社区共治与居委自治"新格局。"三元复合"模式依托协商机制创新,为共治和自治发展提供了多样的平台渠道。为充分发挥党建在乡村社区共治和自治中的引领作用,嘉定马陆镇各乡村社区党组织建立了面向辖区单位的联系服务制度,主动对接各驻区单位,建立互信互助互动的良好关系。"三元复合"共治模式是新时代上海乡村协商治理的创新,这一模式的治理格局包括社区居委会自治、专业委员会自治、小区业主自治、志愿者网格自治等,它是多主体共存的立体乡村协商治理模式,有效促进了乡村民众积极参与治理,共享自治成果。社区专门委员会、社区议事日、居委微信群等是社区征求民意、理性讨论、共同决策的渠道依靠,这些渠道有的是网络平台,有的是乡村组织,有的是特定议程和会议。社区代表大会整合技术人才,社区元老与管理人员共商共治,形成乡村政府、驻区单位、社会组织与居民个人之间的良性互动,营造"生活环境联建、社会治安联防、公益事业联办、科教文化联谊"[2]的氛围,实现了乡村社会共商共建共享共赢。嘉定区马陆镇的"三元复合共治模式"通过治理主体的科学搭配、有效融合,极大地促进了协商治理和乡村自治所要求的民主选举、民主决策、民主管理、民主监督的有效落实。

(四)"1+1+X"共商模式

"协商治理强调多元主体在平等、自由和理性基础上通过协商方式达成共识"[3]。都市乡村治理的时代性和区域性、主体性和主导性、民主性和复杂性是新

---

[1] 余钊飞.新时代"枫桥经验"与市域社会治理现代化[N].人民法院报,2019-11-22.
[2] 张敬芬.创新自治共治机制 推进基层社会治理——上海嘉定马陆镇的实践与思考[J].上海党史与党建,2017(11).
[3] 张国献.社会主义乡村协商治理:现实逻辑、制度导向与实践旨趣[J].理论探讨,2017(1).

时代上海面临的重大问题。乡村行政是国家治理回应公众需求的基本载体。上海浦东新区合庆镇积极探索乡村治理新路径,依据本地实际和乡村治理文化传统,通过实地调研和深度访谈,镇党委于 2010 年率先试行"1+1+X"的居民自治工作法。第一个"1"是指乡村党组织在社会治理中的坚强领导和核心地位;第二个"1"是指全体村(居)民参与制定的《村(居)民自治章程》,这是协商治理的议事规则;"X"是指根据自治章程制定的、涉及村(居)务管理以及村(居)民切身利益等方面沟通的程序规定。"1+1+X"的居民自治工作法在过去十年的乡村协商治理实践中不断完善和充实,已成为合庆镇乡村协商治理的成熟机制,协商治理也发展为浦东新区推进乡村治理创新的一种新常态。这一工作法充分尊重"有法依法、无法依规,无法无规、村(居)民自治"的乡村乡土观念,完善村(居)民自治的协商程序,充实乡村协商治理内容,将乡村协商治理与村民自治有效融合,积极推进乡村协商治理法治化、智能化。在"1+1+X"的居民自治工作法中,"将乡村协商治理引入村民自治,并作为推进乡村协商治理法治化的重要手段"[1],在国家治理体系中具有承上启下的枢纽作用。[2] 合庆镇通过搭建多种形式的自治协商议事平台,诸如议事厅、议事会、新村民管委会等,变乡村治理的"为民做主"为"让民做主",形成了乡村群众广泛参与的有效途径和重要载体,充分体现了乡村政权稳定性和社会治理有效性的内在统一。

(五)"老乡管老乡"维权模式

治理区域积聚的庞大流动人口是包括上海在内的特大城市共同面临的一个重大社会治理难点问题。市域乡村治理具有较为完备的社会治理体系,是将风险化解在萌芽阶段最有效的途径。[3] 浦东新区高桥镇是一个港口重镇,地理位置重要,外来流动人口众多,尤其是来自山东省临沂市平邑县的流动人口长期在此集中居住,他们乡情观念浓厚,彼此联系密切。由于地区经济发展,权利意识觉醒,群体性、突发性、易激化性问题显现,高桥镇党委高度重视这一问题,积极引入协

---

[1] 上海浦东新区区委党校课题组,执笔邱素琴,刘剑华.基层党组织政治引领作用研究(上)[N].组织人事报,2016—9—27.
[2] 顾元.市域社会治理的传统中国经验与启示[J].中共中央党校(国家行政学院)学报,2020(4).
[3] 陈一新.新时代市域社会治理理念体系能力现代化[J].社会治理,2018(8).

商治理理念,主动联合流动人口流出地政府共同设立"高桥镇(平邑县)人民调解委员会",通过完善平邑居沪人员的乡村治理机构,开启了上海市乡村协商治理的"老乡管老乡"模式。这一模式契合了社会治理"共建共治共享"的时代理念,社会治理效果明显,乡村协商共治成效突出。卢梭指出:"法律只不过是社会结合的条件。服从法律的人民就应当是法律的创作者,规定社会条件的只能是那些组成社会的人们。"[①]从这个意义上说,"老乡管老乡"的乡村协商治理模式以乡村协商治理推进乡村社会治理创新,既符合乡村协商治理创新的法治原则,又体现了社会治理创新的协商精神,展现了上海乡村协商治理创新"以人民为中心"的执政理念。市域治理在上海乡村协商治理创新中的表现具有多样性。特大城市上海在乡村协商治理现代化的进程中,一直在探索如何处理好乡村协商治理多样性与规范性内在统一的关系、乡村协商治理历史传承性与现代性之间的关系、乡村协商治理法治理性和行政强势之间的关系、乡村协商治理资源有限性和社区自治愿望迫切性的关系。探索如何在坚持一般规律的同时,同乡村协商治理的多样化、地域性特征结合起来,以保持特大城市乡村协商治理的主动性、自主性不受侵蚀。如此,上海乡村协商治理创新才形成了这些独具特色的实践模式。

(六)宝山楼组微治理

随着乡村社区楼宇化,楼组成为居民户内家庭生活向户外社会交往的延伸空间,成为乡村社区治理最微观的单元。宝山区将楼组自治作为撬动全区乡村社会治理的支点,坚持统一规划、突出重点、需求导向、居民参与、典型引路、逐步推广的原则,采取党建引领、政府"搭台"、居民"唱戏"、第三方指导的模式,大力培育"活力楼组",创新社会动员方式,培养居民公共精神,探索出社区治理新路径和新内涵。将"整体推进"与"突出重点"相结合,科学规划"活力楼组"培育的实施路径;将"规范培育"与"因地制宜"相结合,系统建立培育标准。将"楼组建设"与"挖掘达人"相结合,深入引导居民参与。将"示范引领"与"宣传推广"相结合,持续扩大社会效应。"活力楼组"发挥党建引领作用,夯实党执政的微观基础,为楼组建设提供必要支撑。挖掘社区志愿力量,形成可持续人力资源,提升了社区志愿者

---

① [法]卢梭.社会契约论[M].何兆武译.北京:商务印书馆,1980:52.

在社区治理方面的意识和能力。推动楼组议事协商,激发社区自治活力,发挥了楼组在第五层级管理中的基础作用,延伸和扩展了居委会的功能,从而破解社区治理顽症,树立居民文明新风尚。

(七)淮阴街道大众论坛

淮阴街道"大众论坛"具有党建引领的特点。这个小区是高档商品住宅与本土化社区共同形成的社区,属于同一个居委会,社区内部矛盾非常深。居委会比较了解情况,长期以来没有办法解决。契机是2014年文明社区建设,刚好换了一个新书记。新书记来了以后发现社区两个部分之间的矛盾如果不解决,文明社区建设不可能完成。这时候淮阴居委的村民小区部分人声鼎沸,浓烟四起,原来是小区里有人给去世的亲人做道场,小区商品房部分的群众说这样做破坏了小区的绿色,还有火险隐患。村民小区的人说,这属于我们的宗教信仰,应该得到基本权益保障。社区书记通过组织论坛发动大家进行讨论。书记还邀请了街道和市里的与宗教相关的委办局同志参与。通过辩论沟通,论坛发挥了辐射作用,双方居民的态度出现了变化,商品房社区的居民认为,他们这样做虽然不对,但也理解传统做法。社区里面尤其是做道场的这些家族逐渐意识到,文明生活需要考虑社区的公共环境,尤其需要考虑安全隐患。通过沟通,双方达成一致性意见,都觉得应该共同拥护整个社区的公共生活,需要文明的生活方式。这个案例给我们提供了重要启示:社区论坛能够产生公共性,尤其是社区整体自治和共治的公共性经验,一方面是赋予公共话语权,另一方面组织大众论坛让公众有参与感,有自身参与决策的经验。同时我们也看到,这个书记通过组织这样的论坛形成了一定的社会网络,相互之间原来的隔阂开始逐渐消除。在论坛有序的组织中,乡村党组织做了精心的策划和安排,这对整个社区形成良性的公共生活、保持社区的有序和活力具有重要的作用。

三、市域乡村协商治理现代化的上海经验

上海市域乡村协商治理是借助政府、市场、社会、民众等多元化力量,通过平等协商、理性规制、偏好转换、共同互动等方式,整合乡村治理资源、提升乡村治理质量、解决特大城市治理难题的乡村治理创新。它既有"治理"的本质特征,也有

"协商"的特色内涵。

(一)强化党建引领,转变政府职能

中国共产党是乡村协商治理的领导力量,党的领导是新时代乡村协商治理现代化的灵魂。党的二十大报告指出:"严密的组织体系是党的优势所在、力量所在。"[①]打造共建共治共享的乡村协商治理格局,要求完善党委领导、政府负责、公众参与、技术支撑、法治保障的乡村协商治理体制。只有坚持党的领导核心地位,依靠党委坚强领导,新时代乡村协商治理现代化才能注入活的灵魂。坚持党的领导,党建引领,突出政治保障,加强组织建设,履行乡村党组织的政治责任,以乡村党建为抓手,不断提升党在乡村治理中的政治领导力、思想领导力、组织领导力。上海市委市政府应发挥总揽全局、协调各方的领导核心作用,加强对乡村协商治理的组织领导,"坚持政治领导、组织引领、能力引领、机制引领,统筹各方资源力量"[②],将乡村协商治理融入乡村经济社会发展全过程,把社会风险防控贯穿乡村规划、决策、执行、监管各领域各环节。

创新乡村党组织设置方式和工作机制。在乡村探索建立社区党委、片区党支部、网格党小组等,拓展乡村党组织覆盖面,创新党建引领新路径。将党的领导原则贯穿于乡村协商治理的全过程、全领域、全方位,培育社区党组织带头人,打造乡村党组织的政治性和先进性,发挥乡村党员先锋模范作用,解决乡村党组织的虚拟化、边缘化、柔弱化和分散化等问题。推动党的组织有效嵌入各类乡村组织,以乡村党组织建设带动其他乡村组织建设,以更广泛、更有效的组织动员深化乡村协商治理创新。

与西方国家不同,中国的乡村建设实际上就是不断转变政府职能、扩大乡村协商治理的过程。乡村协商治理创新要"掌握好社会控制客观规律、把握准社会控制价值尺度、用科学的方法来推进、以科学的制度做保障"[③]。坚持推进政府职能转变,构建符合现代市场经济体制要求的协商型政府,为协商主体参与提供最

---

① 习近平.高举中国特色社会主义伟大旗帜 为全面建设社会主义现代化国家而团结奋斗——在中国共产党第二十次全国代表大会上的报告(2022年10月16日)[N].人民日报,2022-10-26.
② 周文翠、陈自才.社会治理制度效能提升的三个着力点[J].理论探讨,2020(4).
③ 魏磊.深化社会控制科学化研究[J].理论学刊,2017(2).

有利的环境和条件,构建强政府、强社会格局,既是成功推进乡村协商治理现代化、提升乡村协商治理水平的重中之重,也是上海乡村协商治理现代化的重要经验。特别是在转移政府职能和推进行政体制改革方面,乡村治理职能变换与街居治理理念的衔接极大地激活了乡村协商治理涉及的多种关系,上下级被动僵化的"我要你干""我决你干"演化成双向互动的"你我共事""共同商议",乡村社区相互关系的变化推动党的组织有效嵌入各类乡村组织,以乡村党组织建设带动其他乡村组织建设,更广泛、更有效动员各方力量参与乡村协商治理[1],实现了乡村治理中的"资源配置优化、政府治理效能提升"[2]。协商型乡村治理应充分调动治理主体的积极性,遇事协商,共商共建,通过理性协商、偏好转换、相互包容,有效解决诸如征地拆迁等矛盾,实现政府效能和居民满意度的双提升。

(二)倡导协商民主,促进选举民主

民主的实质是人民主权,基本特征是人民当家作主。协商民主和选举民主相辅相成,共同推动乡村治理创新发展。选举民主也称为票决民主或表决民主,对建立和发展现代政治制度至关重要。马克思指出,建立在选举民主基础上的政治解放使"人们所排斥的那种国家制度即专制权力所依靠的旧社会解体""政治革命打倒了这种专制权力,把国家事务提升为人们事务,把政治国家确定为普遍事务"[3]。协商民主并没有代替选举民主。"选举民主的核心是选举,每个公民都拥有选择权,体现的精神是平等的个人能够作出理性的选择,所有选择的总和就是公共的意志"[4]。协商治理的精髓是协商,而非暴力,也非人数的多寡和势力的强弱。它强调多元社会中的协商主体不论意见相近或利益分立,其参加讨论和协商的机会是均等的,地位是平等的,每个个体的利益都不容侵犯,理性的个人和组织都可以通过协商达成共识并采取共同行动。这反映了新时代人民民主的精髓,彰显了社会发展的进步性。选举民主尊重公民的选择权,协商治理保障的是公民个

---

[1] 杨安.党的领导:推进新时代市域社会治理现代化的灵魂[N].民主与法制时报,2019-8-1.
[2] 张振洋.破解科层制困境:党建引领城市基层社会治理研究——以上海市城市基层党建实践为例[J].内蒙古社会科学,2020(3).
[3] [美]阿罗.社会选择:个性与多准则[M].钱晓敏,孟岳良译.北京:首都经济贸易大学出版社,2000:55-70.
[4] 杨雪冬.协商民主不会代替投票民主[J].领导科学,2013(24).

人与组织的平等参与和话语权。

乡村协商治理应该建立在选举民主的基础上,没有完善和发达的选举民主,就没有真正的具有中国特色的社会主义协商治理。在选举民主制度中,民众投票权的实施将促使乡村干部倾听民众的意见、回应民众的呼声、尊重民众的利益。

具有中国特色的社会主义乡村协商民主绝不否认选举民主,而是在民主投票过程中引入协商精神,缓和选举民主的对立性,提升选举结果的包容性,并在尊重所有人的投票权的同时,尊重每个参与者在协商过程中的利益偏好,避免政治冷漠和多数人暴政。新时代乡村治理只有实现选举民主与协商民主的共生共存,才能实现乡村社会的有效治理。乡村协商治理中选举民主和协商民主相结合,既是中国特色社会主义民主政治的时代特征,也是新时代国家治理体系和治理能力现代化的重要抓手。选举民主与协商民主相结合,完善了乡村基本民主制度,改善了乡村基本民主形式,拓宽了乡村基本民主渠道,促进了乡村民主政治健康发展,体现了中国特色社会主义政治道路自信。

(三)培育社会力量,推进协商法治化

我国将进入高收入社会。历史上从未有过社会主义市场经济国家进入高收入国家行列后提供有效的乡村治理经验让我们借鉴。进入高收入阶段,人民对乡村治理的诉求广泛而多元。应从政府扶持、专业机构孵化、公益项目催化等多途径培育乡村社会组织,逐步构建上游有基金会,中游有支持型、枢纽型、示范型乡村社会组织,下游有丰富多样的乡村社区和操作型、实务型社会组织的生态链。应积极探索公益项目"供需对接一站式服务"的乡村协商平台建设,加强乡村社会组织规范化建设。推进乡村协商治理法治化,即构建形成系统完备、科学规范的乡村协商治理法治体系,使循法而行成为广大干部和群体的价值准则和自觉行动。加快构建乡村协商治理法治保障体系,在法治轨道上调节社会关系,规范乡村行为,为实现国家治理体系和治理能力现代化打下坚实基础。构建科学完备的乡村协商治理法治规则保障体系,坚持"不抵触、有特色、可操作"原则,充分发挥市域立法的实施性、补充性、探索性功能,围绕乡村管理、生态环境、社会民生等重点领域积极开展自主性、创制性立法,把解决乡村协商治理难题纳入法治轨道。

(四)创新协商模式,完善乡村共治

"人民当家作主是新时代中国共产党人带领中国人民攻坚克难的重要制度基础,是实现国家治理现代化的重要依托。"[①]市域乡村协商治理必须坚持党的领导,以乡村党组织为社区核心,以政府组织驻区企业、事业单位、社会组织、社区居民等为协商治理主体,基于共同利益,通过偏好表达、理性协商,共同解决公共服务问题,优化公共秩序,推动乡村善治。

乡村社区的共商共治作为新时代乡村协商治理模式有很大的发展前景。它强调以人为本,基于以人民为中心的执政理念和乡村自治的民主原则,围绕社区居民共同关注的公共事务共同参与、共商解决,有效整合公共资源和提高乡村公共资源的利用效能。它强调多方治理、协同共治,乡村协商主体共同参与,各司所长,理性沟通,协同共治,通过利益协调满足协商主体的需求意向,最大限度地达成协商共治。新时代的乡村协商治理应建设便捷的协商平台,包括区域化党建平台、社区委员会平台、网格化管理平台等,构建街道党工委领导、街道办事处主导、驻区单位和社会组织协同、居民参与的多元主体共治的社会治理格局。打造共建共治共享的乡村协商治理格局,应立足"共享"的乡村发展目标和价值依循,着眼于"共建共治"的实现路径,本着政府主导和政社合作原则,充分发挥党的建设对乡村各项工作的统领作用,激发乡村力量积极参与乡村协商治理现代化建设,打造全民共享发展成果的乡村协商治理体系。

(五)推进数字治理,提高协商能力

习近平总书记指出:"要提高城市治理水平,推动治理手段、治理模式、治理理念创新,加快建设智慧城市。"[②]数字时代的乡村治理新要求是要用数字治理社会,要对数字化技术本身进行规整,还要借用数字技术发展推进整体治理变革。上海市域乡村协商治理智能化,是将大数据、云计算、人工智能等现代智慧技术融入市域乡村协商治理的全过程,打造出集约高效、精确精细的市域乡村协商治理体系。

---

① 王永贵,钱东晓. 人民当家做主制度体系创新的逻辑理路探析——基于国家治理现代化的三重维度[J]. 理论探讨,2020(4).

② 习近平. 在浦东开发开放30周年庆祝大会上的讲话[N]. 人民日报,2020-11-13.

推进城市乡村协商治理现代化应主动适应科技革命大趋势,既善于运用现代科技最新成果破解乡村协商治理难题,又善于防范、应对其给乡村安全和社会稳定带来的风险挑战,把乡村协商治理提高到新水平。应更加注重乡村协商治理信息数据的共享共用,提高运用大数据辅助乡村决策的能力,更加注重运用信息技术为个体提供个性化、便捷化的协商渠道,有效提升乡村协商治理智能化水平。通过为乡村协商治理安上"最强大脑",打破信息孤岛的壁垒,实现数据共享。通过去中心、扁平化、信息共享、共享经济等新组织方式和发展模式,为破解乡村协商治理现代化的痛点、难点和堵点提供基于数据驱动的数字化、智能化、精细化解决方案。充分发挥信息技术、"互联网+"对乡村协商治理的支撑作用,提高乡村协商治理能力,带动乡村治理的创新发展。

(六)厚植协商文化,推动法德融合

"社会主义核心价值观对乡村协商治理现代化具有重要的导向价值、凝聚价值、协调价值和教育价值。"[①]协商文化建设的关键是推动乡村社会树立协商意识,培育协商信仰。推动协商意识融入血脉、成为信仰,要抓住领导干部这个"关键少数",扩大协商治理教育覆盖范围,让协商治理成为全体乡村居民的共同遵循和自觉行动。促进协商文化渗透农村社区治理,浸润社区人心,立足地区风俗,弘扬文明风尚,借助互联网技术展现更多喜闻乐见的协商文化作品,通过丰富多彩的文艺活动升华乡村协商故事,播撒协商理念,厚植协商习俗,自觉培育协商习惯。创新协商文化融入乡村社会生活的新机制、新形式,依靠社区工作平台建构广大群众积极参与的协商文化阵地,培育协商文化的群众基础和文化土壤。积极建构"层级全覆盖,媒体全联动"的社会主义协商文化传播模式,让乡村群众在喜闻乐见中接受熏陶教育。

德法共治是具有中国特色的乡村社会管理模式,核心价值指向稳定和有序,法律和道德对于乡村协商治理如鸟之两翼、车之两轮,相辅相成、缺一不可。社会公德、职业道德、家庭美德、个人品德的核心理念是社会主义核心价值观的重要体现,也是乡村协商治理的德治主旨。把社会主义核心价值观融入乡村,融入社区,

---

① 孙健.地方政府治理现代化的价值定位与路向选择[J].行政论坛,2020(5).

融入乡村立法、社区执法、乡村司法、大众普法的诸多方面,强化乡村法治的道德意蕴。德治是法治的境界,法治是德治的底线,以德治涵养法治,以法治保障德治。市域乡村协商治理应紧紧围绕国家治理体系和治理能力现代化,牢牢把握共建共治共享原则,坚持以人民为中心的发展思想,以防范化解乡村协商治理难题为突破口,以开展乡村协商治理试点为抓手,探索具有中国特色、市域特点、时代特征的乡村协商治理新模式,切实提高乡村协商治理精细化、法治化、智能化水平,努力建设人人尽责、人人享有的协商治理共同体,推动平安乡村建设迈上新台阶。

总之,市域乡村协商治理现代化应紧紧围绕坚持和完善中国特色社会主义制度,推进国家治理体系和治理能力现代化的总目标,牢牢把握坚持和完善共建共治共享的乡村协商治理制度的总要求,坚持以人民为中心的发展思想,以防范化解乡村协商治理难题为突破口,以开展乡村协商治理试点为抓手,探索具有中国特色、市域特点、时代特征的乡村协商治理新模式,不断完善党委领导、政府负责、民主协商、社会协同、公众参与、法治保障、科技支撑的乡村协商治理体系,切实提高乡村协商治理的系统化、社会化、精细化、法治化、智能化水平,努力建设"人人有责、人人尽责,人人享有"①的乡村协商治理共同体,推动平安乡村建设迈上新台阶。

第三节　乡村协商治理现代化的技术创新②

在党的二十大报告中,习近平总书记明确指出:"协商民主是实践全过程人民民主的重要形式。"③协商治理作为马克思主义中国化进程中的重大理论创新,丰富和发展了中国特色社会主义的民主政治理论。大数据通过用数据说话、用数据决策推进国家治理现代化,不仅给乡村协商治理现代化带来治理理念的根本性变化,还推动了乡村治理技术前所未有的突破性变革。深入研究新时代乡村协商治

---

① 本报评论员.以市域为抓手推进社会治理现代化.法治日报,2019－12－4.
② 张国献,李燕.乡村全过程人民民主的技术约束与智慧路径[J].理论探讨,2023(3).
③ 习近平.高举中国特色社会主义伟大旗帜 为全面建设社会主义现代化国家而团结奋斗——在中国共产党第二十次全国代表大会上的报告(2022年10月16日)[N].人民日报,2022－10－26.

理现代化的技术场域、现实问题和智慧路径具有重要的理论与现实意义。

一、乡村协商治理现代化的技术场域

技术场域是协商治理现代化生长于新时代乡村社会的技术前提,是乡村协商治理现代化的技术土壤。乡村协商治理现代化的认知前提和优化路径,只能在也必须在既有的现实技术环境中进行。大数据使各级政府能够更快捷、更便利、更精准地指导乡村协商治理现代化实践、优化乡村治理过程,从而真正实现乡村协商治理现代化,有效化解乡村协商治理现代化面临的现实问题。

(一)科技发展成为乡村协商治理现代化的资源前提

当今世界,迭代核心技术嵌入乡村治理,大大提高了乡村协商治理现代化的效度。互联网物联网的领先站位,大数据云计算的生活嵌入,引发了乡村治理方式变革。伴随着治理技术革命的突飞猛进,人们高度重视高新技术和关键技术在乡村协商治理现代化中的应用与创新。

新时代是乡村进入数字社会、科技先导型治理和智慧民主的时代。新技术革命正在改变着传统的乡村治理模式,成为乡村协商治理现代化的主要推动力量。近年来,传统乡村的社会结构、人口结构、阶层结构等发生了重大而深刻的变化,尤其是随着数字技术的突飞猛进,乡村治理技术数字化迅猛发展,我国信息产业迭代升级,撬动了传统乡村治理手段与方式的内生性巨变。乡村协商治理现代化创新模式层出不穷,智能化技术在乡村协商治理现代化中发挥的作用日益显著。数字乡村的兴起与发展、智力资本的嵌入与扩张、民主技术的智能化走向等已成为乡村协商治理现代化的技术场域。乡村治理的大数据融合、意见表达的数字模板、乡村舆情的超时空涌动是乡村协商治理现代化的重要依托。生活偏好的数据化展现、微时代的微平台微空间日益弥散、价值引领与群众监督的字节跳动也成为新时代乡村协商治理现代化的资源前提。综合国力竞争和社会治理现代化将更加倚重科技进步、知识创新和社会治理。亟待通过大数据创新乡村治理,推进乡村协商治理现代化。

(二)人口流动造成乡村协商治理现代化的场域空置

乡村人口流动是农民融入工业化、城镇化和城市文明的重要途径,它带有空间转移和地位转变的双重动因。改革开放以来,我国流动人口规模经历了快速增长,2015年达2.47亿人,其后开始缓慢下降。2022年,全国流动人口又攀升到3.85亿人,农民工总量达2.9亿人,外出农民工1.7亿人,本地农民工1.2亿人。[1]"城乡流动"依然是人口流动的主要形态,乡村人口流动的实质是农村劳动力在市场经济中的自主选择与趋利行为。

新时代高质量发展带动的乡村人口流动是当前乡村协商治理现代化实践的现实境遇。农民工与市民之间的交往是基于交换规则的市场行为,是缺乏深度交流的工具性交往,农民工与市民时常停留于"没有互动的共存"状态,乡村流动人口是一个孤立化的相互隔离的封闭性的社会群体,他们在"回不去的农村"与"留不下的城市"[2]之间如"候鸟"一样徘徊。伴随智能技术的深度应用,乡村流动人口"就业极化"[3],处于技能分配底层的就业人数相对于技能分配顶端的就业人数持续下降。急速流动的乡村人口使乡村社会不再是静态的乡土社会,相对独立的"世外桃源"洋溢着市场经济的利益腥膻,传统乡村社会的封闭性和稳定性为市场经济的流动性和交易性所颠覆,开放、平等、民主、自由等鲜活而充满变革性的时代价值被注入注重血缘、亲缘、地缘与业缘的乡村社会中,变动成为乡村社会转型的重要变革性力量和未知因子。千百年来农耕生产方式所生发的乡土文化正经历着深刻而剧烈的历史变迁,它带来的治理困境(即"功利下沉、信任流失")是乡村协商治理现代化要破解的深层现实问题。

(三)智能数据成就乡村协商治理现代化的技术支撑

信息技术是乡村协商治理现代化的重要支撑。新一轮科技革命孕育兴起,世界已进入新一轮科技创新周期,乡村协商治理现代化正面临人工智能、大数据、区

---

[1] 中华人民共和国2021年国民经济和社会发展统计公报[EB/OL].国家统计局网站,2022-02-27. http://www.stats.gov.cn/tjsj/zxfb/202202/t20220227_1827960.ht-ml.
[2] 张国献.论人口流动背景下的乡村协商治理[J].中州学刊,2016(2).
[3] 郭娆锋,吴宏儒.人工智能对劳动力市场的影响研究进展[J].海派经济学,2020(4).

块链等引领的乡村治理革命。人工智能成功跨越"不能用、不好用"的拐点，进入"很好用"的爆发式增长黄金期，成为新时代乡村协商治理现代化实践创新的"超级支撑"。新技术引发新业态并进而提出新的民主需求，是伴随区块链技术发展及社会治理应用过程中出现的新议题。

作为一项颠覆性技术，区块链"具有共识性、可信性、共享性和自发性"[①]等特点。区块链本身的复杂性对乡村协商治理现代化提出新挑战。"记录""交易""组织"构成了区块链分析乡村协商治理现代化问题的技术逻辑，针对激励条件、约束条件的选择则成为协商治理设计的重要考量。从"互联网+"转向"区块链+"，乡村协商治理现代化的技术不断迭代升级。从"信息互联"迈向"价值互联"，强化了乡村协商治理现代化的期许。人类社会已迈入智慧社会，乡村协商治理日益数据化，人工智能推动的协商治理创新要求民主全链条更加完善、民主议题更全覆盖。从社会治理创新和提高乡村协商治理现代化水平的角度来看，大数据技术可用于收集关于乡村协商治理现代化的各种最新的海量数据，实时进行数据更新，对潜在问题进行分类、组织、分析和预测，有利于提高乡村党组织和基层政府客观、准确、及时作出决策的能力，从容应对乡村治理中的紧急情况，满足村民的利益诉求，提高乡村协商治理现代化中服务村民的精准化和个性化水平。

二、乡村协商治理现代化的技术约束

习近平总书记在党的二十大报告中明确指出："推进协商民主广泛多层制度化发展。"[②]大数据云计算可使乡村协商治理现代化中乡村主体突破猜想的不确定性，使村党支部提议更有前瞻性，民主过程更有时效性，民主结果和执行力更有高效性，乡村协商治理更加精细化和精准化，为乡村协商治理现代化提供具体模式和政策建议。与此同时，乡村协商治理现代化也面临诸多技术难题。

(一)数字约束：数字鸿沟与技术主义

乡村协商治理现代化中的数字鸿沟是指在乡村协商治理中民主数字富有的

[①] 韩志明.从"互联网+"到"区块链+"：技术驱动社会治理的信息逻辑[J].行政论坛，2020(4).
[②] 习近平.高举中国特色社会主义伟大旗帜 为全面建设社会主义现代化国家而团结奋斗——在中国共产党第二十次全国代表大会上的报告(2022年10月16日)[N].人民日报，2022-10-26.

乡村主体与民主数字短缺的乡村主体之间的巨大差异,它是乡村主体对数字化民主认知、掌控和运用能力上的差距。数字鸿沟意味着乡村协商治理现代化发展中的主体能力贫困,侵蚀了乡村协商治理现代化的合法性。"数据资源已经成为社会治理的基础性资源,数字化技术正在推动社会治理体系的变革。"[1]"数字化生存"是智能时代乡村主体的基本生活方式和民主场景,民主数字化创新了乡村协商治理现代化的时空场景。数字化为文化水平不高、政治意愿不强、原子化状态生活的农民提供了聚合行动力量的介质,也为现有利益格局中原本处于权力远端、游离于故乡之外且长期失语的农民工提供了表达利益诉求的工具和非制度化参与的民主平台。因此,政府应勇于承担缩小和消弭城乡"数字鸿沟"的社会责任。

数字时代的乡村协商治理现代化实践中,技术主义倾向时常凸显。在乡村治理的协商中,数据技术的进路表现为刚性机制,协商治理实质的人民性时常被遮蔽,民主链条中的人文关怀亟须回归。智慧民主的核心应是"技术"与"民主"的双向赋能,目的是实现人民当家作主,但在当前的乡村协商治理现代化中,后端的云部署往往成为重点,而村民的民主诉求成为辅助部分,技术手段与民主诉求未能很好地融为一体,民主效能不尽如人意。"算法至上"的技术主义往往注重逻辑的自洽,在乡村协商全过程中过于追求算法的客观性、现实性,把协商主体的"人"沦为数据的工具,这与协商治理中人民当家作主的本质产生冲突。数据技术毕竟是协商治理的实现工具,不能把工具理性延伸为权力控制。如果智能化的乡村协商治理现代化过于侧重权力管控而非民主参与,网络民主的目的在于强化权力意志而非提升民主效能,那么乡村协商治理技术就难免会出现手段与目的互换、权力与权利的倒置。凭借数据技术建构的乡村熟人信任网络,会使乡村治理主体过分依赖数据交流与技术性沟通,使乡村主体间的社会性交流消解,使乡村协商主体的主体性地位和活力减弱。乡村协商治理数据技术越发展,协商主体对数据技术的依赖性越强,数据技术很容易削减乡村协商主体的决策和执行的自主性,从而形成"靠数据说话"的技术思维惯性,将乡村协商治理现代化的权力完全由"人"交付给"技术",背离了协商治理的主旨。

---

[1] 江维国,胡敏,李立清.数字化技术促进乡村治理体系现代化建设研究[J].电子政务,2021(7).

(二)工具约束:数据短板与"数据烟囱"

在历史的各个阶段,乡村协商理念和协商实践都取决于当代的治理技术和社会资源。乡村协商治理现代化是由制度、程序、分析以及逻辑构成的治理体系,能够实现对乡村个体的引领、激励、制约。"区块链是一种颠覆性技术革新"[①],从技术底层解决了传统互联网面临的"数据孤岛""数据确权"和信任构建问题,重塑了大数据时代的治理结构。落后的乡村协商技术限制了村民的治理参与,它表征于制度技术碎片化和民主参与技术的代差。制度技术碎片化体现在乡村协商治理制度缺乏约束力和激励机制;民主参与技术代差主要体现在新时代乡村协商治理现代化实践中一些地方仍然停滞在五大民主链条缺环,自由平和的民主讨论困难重重,与新时代的治理要求存在迭代差距。因时空阻隔、技术落后、参会者素质局限,乡村会议整体参与率不高,公平性和有效性一直存疑,有时乡村协商治理现代化往往因技术滞后难以取得有效进展。

乡村协商治理中的"数据烟囱"表征为数据条块分割、内外部数据壁垒坚固、数据获取樊篱围堵,它带来治理成本的增加、信息化的作用无法充分体现等问题,是阻碍乡村协商治理现代化实效性的重要因素。乡村协商治理中的数据亟待融合,"数据烟囱"亟待改变。

近些年,乡村协商治理现代化水平不断提升,网络平台日益完善,但因技术因素与行政区划所限,乡村民主的数据共享问题依然是协商治理发展的难点和堵点。乡村治理数字化伴随着国家治理现代化快速发展有了长足进步,但也存在"纵强横弱"问题,乡村协商治理现代化涉及方方面面,各种信息系统因部门区隔互不融通,数据标准各自设限,平台之间的信息因利益冲突互不开放,共建共享的目标亟待推进,治理数据亟待融合。因经济利益的局限性,乡村数据技术与国家治理现代化的要求间存在代差,协商治理的数字化覆盖和数字化程度的提升空间很大,治理效能不彰问题亟待解决。基于权力控制的考量,一些乡村干部对民主过程中的数字化建设龃龉颇多,曾出现以双重台账规避数字化监管,以虚假链条或环节应付村民的民主参与和民主监督等情况。有些地方的智能化数据采集手

[①] 赵金旭、孟天广.技术赋能:区块链如何重塑治理结构与模式[J].当代世界与社会主义,2019(3).

段落伍于时代,拍照留存、手工填报、电话问询等方式仍很普遍,技术手段滞后导致的乡村协商治理现代化的程序缺环、过程不全等问题亟待消除。

(三)嵌入困境:数据挑战与思维局限

大数据时代的乡村技术治理"更多的是现代技术信息、组织体制、内部组织文化等非信息技术因素的介入"[①]。行政、理性和技术构成了乡村协商治理现代化的内在逻辑,国家在场的行政维度表征为"权力逻辑",农民在场的理性维度表征为"话语逻辑",工具在场的技术维度表征为"时代逻辑"。让乡村成员发挥主人翁作用,积极参与乡村事务,在乡村协商治理现代化中拥有确定问题、争论证据和形成议程的同等机会,自由、平等和理性地参与乡村协商治理,确保民主结果落地生根,是乡村协商治理现代化建设的当务之急。乡村协商治理存在数据挑战,"数据与人"的互洽、"多元共治"的和谐、"价值归宿"的指向等亟待理顺。乡村协商治理现代化的嵌入困境,包括数据思维的建构、多元合作的共治、信息安全的确保等亟待完善。应对数据挑战必须解决乡村协商治理现代化实践中存在的数据意识缺乏、数据人才短缺、信息安全凸显等问题,积极化解嵌入困境则须解决数字鸿沟、数据崇拜、信息孤岛、权力寻租等现实难题。

乡村协商治理实践中,很多地方仅是把数据技术作为一种民主技巧和治理手段,数字化的治理平台只是治理过程的技术外化、空间拓展和权力延伸,意图通过信息采集、技术监控实现社会控制,达到缩短过程、减少程序、节约时间的行政目的。这种思维仍然滞留在传统社会的单一物理空间,还没有进入新时代信息社会的物理(现实)—电子(虚拟)双重空间。对乡村协商治理现代化的新方式、新途径和新策略的吸纳、融合和运用很不适应,尤其是对村民的网络表达、虚拟空间监督、网络民主参与等重视不够。

新时代乡村协商治理现代化应立足双重空间,运用民主思维,及时把网络民意、网络监督和网络参与吸纳到民主过程中。在数字时代的乡村协商治理现代化实践中,乡村数字化建设发展迅速,海量信息高度集中,巨量数据涉及乡村公共生活和个人生活的方方面面,包括身份信息、指纹信息甚至人脸识别信息等个人隐

---

① 沈费伟,陈晓玲.技术如何重构乡村——乡村技术治理的实现路径考察[J].学术界,2021(2).

私信息,数据库的建立与共享使得每个人的详细数据都暴露在网络中,"每个人的隐私信息在数据技术面前成为公开的秘密"①。有学者提出数据遗忘理论,目的就是隐私保护和信息安全,构建新时代乡村协商治理现代化中应有的数据信息保护思维。

(四)治理局限:人才缺口与制度滞后

乡村数字人才建设迫切而任重,数字人才规模亟待扩充,数字人才结构亟待优化。网络平台是乡村协商治理现代化的重要依托,监测和维护人员不仅需要具备相应的网络技术,还要按照行政层级依规而行。现实中这部分人员往往是临时雇佣的编外人员,很少具有保障和运营平台的技术能力与权限。

近年来乡村行政人员学历不断提升,新任"村官"有年轻化表征,但其工作能力尤其是数字技术和数据应用能力与网络平台的要求还有差距。他们习惯于传统的服务职能,在线下的纠纷调解、政策执行中游刃有余,但是在线上的智能服务方面却缺乏互联网思维,往往因数字技术缺乏而陷入被动。这源于基层政府在公务员培训时缺失网络协商理论与实务的内容,更缺失数字治理思想和智能治理技术的训练。另外,乡村协商治理数字化人才增量的吸纳能力严重不足。因基层事务往往细小烦琐、荣誉感缺乏,加之就业环境简陋、待遇微薄、上升空间狭窄,技术型人才的招聘入职和扎根基层呈现"双难"。事实上,乡村协商治理现代化实施中一直面临数字治理技术人员匮乏、复合型专业能力不足等人才难题,抑制数字技术与乡村民主的互嵌发展。

协商治理是人类政治文明的新形态。制度化的智能建设是提升乡村协商治理现代化效能的关键。目前,关于乡村治理、村民自治和智慧治理等方面的政策文件频频出台,相关制度的顶层设计也不断完善,实践效果有目共睹,但是关于协商治理尤其是乡村协商治理现代化的相关制度建设仍然滞后,乡村协商治理现代化的制度规范更显不足。受行政区划影响,各地乡村协商治理现代化依托的网络平台或系统各自为政,规则和参数互不融通,信息采集和数据存储各自独立,重复

---

① 黄在忠.智能互联与数据记忆——论一种技术拜物教的产生[J].吉首大学学报:社会科学版,2021(5).

建设问题非常突出,导致本就紧张的乡村经费资源愈发不足,且治理效能不彰。究其根源在于乡村协商治理现代化的制度建设滞后,顶层设计不足,制度间不自洽,存在结构性矛盾。各地协商程序设计在覆盖面和关节点上差异显著,更高层面的设计和规划一直缺位。协商制度碎片化现象加剧了数据共享的难度,协商数据的滞后性有使协商过程空转的风险,乡村信息的动态更新有待机制建构的完善。

三、乡村协商治理现代化的技术路径

乡村协商治理现代化的技术路径在于通过技术变革实现乡村协商治理现代化的变革,"是一种将技术主导转向政府主导的多元社会治理的复合性、整体性治理思路"[1],其目的在于建构具有包容性、整合性以及可持续性的乡村协商治理现代化。

(一)范式转变与政策设计的治理更新

乡村"技术治理"可以理解为基于技术进步使乡村现代化能力由低向高发展的过程。大数据技术、人工智能"带来的变革性影响不仅意味着需要对现有制度或政策进行调整,其更意味着要打破现有制度或政策框架"[2]。"实现乡村协商治理数据化,应界定乡村协商治理大数据的科学内涵、时代特点、治理功能和价值指向"[3],梳理大数据与乡村协商治理现代化的强关系,剖析大数据对乡村民主现代化的重要价值,并深入分析基于大数据的乡村协商治理现代化的现状和特点,即乡村民主更加公开细化、大数据促进社会公平公正、政府绩效管理"被量化"。乡村协商治理数据化应厘清大数据与乡村协商治理现代化的关系以及大数据对协商效能提升的重要性,进一步丰富和完善大数据理论的内涵。应构建基于大数据背景的乡村协商治理现代化的政策体系,践行并深化乡村协商治理现代化理论、协商治理理论、市民社会理论、社会治理理论等。应深入研究大数据带来的新技

---

[1] 张成岗,阿柔娜.智慧治理的内涵及其发展趋势[J].国家治理,2021(9).
[2] 禹信,崔之元.人工智能与公共管理研究:技术可能性、议题重构和治理创新[J].中国行政管理,2020(3).
[3] 李燕.乡村全过程人民民主的智慧化路径解析[J].领导科学,2023(4).

术、新理念以及国内各地在协商治理方面的探索,丰富以地方政府为主导的协商治理理论。推动大数据场域中乡村协商治理现代化范式的转变,包括协商治理行动的"技术—预测"前瞻性策略、乡村协商治理精细化的"技术—服务"应然导向、乡村协商治理价值偏好的"技术—协作"整体性趋向,从而体现大数据对乡村协商治理现代化的现实价值,为巨量人口流动的乡村协商治理现代化提供技术支撑,为乡村协商治理法治化提供现实依据,为乡村数据民主提供科技方法,为乡村源头治理提供民主平台。

大数据与乡村协商治理现代化具有正相关性。通过国内各乡村间同类大数据的实时动态比对,可准确把握民主议题的乡村偏好,从而完善乡村民主机制,使乡村协商治理现代化不断走向精细化。基于乡村大数据民主议题整合,可做到信息透明、平台开放,使乡村协商治理现代化走向协作共享。通过充分挖掘和有效利用互联网提供的海量舆情信息,可实现全新的乡村舆情治理方式、方法和路径,拓宽社会民主治理的范围。实现乡村协商治理数据化,应基于实地调研,立足新时代中国国情,从地方政府、民间组织、政府政策、社会主体、社会资本等方面进行政策设计。政策建议应包括乡村组织创新、民主制度创新、治理平台建设、技术人才培养、辩证思维培育等,并正确处理数据决策与传统决策之间的内在关系。应加快乡村协商治理的顶层设计,加快不同乡村主体的数据开放,解决好大数据的信息风险问题。应树立数据思维,推动乡村协商主体多元化;开展乡村数据分析,创新乡村协商治理现代化实践,实现乡村决策科学化;规范乡村数据隐私,完善全过程民主机制,推动乡村协商治理理性化;应对数据冲击,转变治理结构,实现乡村协商治理现代化。

(二)数字生存与网络协商的治理完善

乡村数字鸿沟的削减有赖于智能化乡村建设。

首先,政府应采取切实可行的措施完善数字乡村设施,"积极建立集农村宽带、互联网、5G等在内的数字化基础设施"[①],夯实乡村协商治理现代化基础。加

[①] 文丰安.数字技术赋能乡村建设现代化:重要性、梗阻及发展进路[J].湖北大学学报:哲学社会科学版,2022(5).

大对信息贫穷乡村的资金支持力度，加快数字乡村的智慧升级，提高数字化政务水平，推进乡村数字化普及和应用进程。

其次，推进竞争政策和普遍服务政策。竞争政策是通过允许更多优秀企业参与到乡村数字化建设领域，通过同行业有序竞争选择质优价廉的服务，降低乡村网络设施建设的采购和使用成本。继续改革电信管理体制，让市场在乡村电信服务中发挥基础性作用，提升乡村数字化工程普及率。普遍服务政策旨在促进落后乡村的数字化设施建设，在一定的透明度和公平条件下，企业以适当方式承担相应的义务。"村村通"工程是政府启动普遍服务政策和运营模式的典型案例，由政府相关部门和电信管理企业共同推进数字乡村工程建设。

最后，强化农民数字化智能培训，保障农民数字化参政议政的权利。各级政府应高度重视乡村数字化建设，建立多种多样的农技数字化服务中心，开展"乡村数字化教育工程"等。通过大力推进乡村网络知识培训，提升农民网络协商能力，使农民无论在本村或者远在千里都能廉价便捷地接触和学习数字化技术，从而提高乡村网络信息资源的利用效能，促进乡村协商治理现代化。

大数据打破了协商治理的时空阻隔，一部智能手机就能完成烦琐的乡村协商治理活动。截至2021年底，中国网民规模为9.89亿人，移动互联网用户总数超过16亿；5G网络用户数超过1.6亿，约占全球5G总用户数的89%。[1] 在新增网民中，农民工占相当数量。协商治理不仅是民主选举的自由表达，更意味着民主参与、民主监督和民主协商，大数据的广泛普及与大众化运用为村民远程参与乡村事务增添了新的时代因素。它不仅为"激进"农民提供了超常规的民主工具，也为保守农民构建起亲情互动和民主参与的便捷手段。即时性、虚拟性尤其是互联性的数字化网络对于原子状态的农民具有内在黏合力，智能手机普及使得农民中的网民数量逐年攀升，这一切促使农民参与乡村协商治理现代化的热情和能力高涨，为乡村协商治理现代化奠定了良好的技术基础。

(三) 网络平台与网络素养的建设提升

信息技术催生了一个全新时代。乡村协商治理现代化借助于网络实现了超

---

[1] 中国互联网发展报告 2021[EB/OL]. https：//baijiahao. baidu. com/s? id=17051891693591132668&wfr=spider&for=pc.

时空的民主表达与信息共享,时空分离凿通了乡村协商治理与在场情境的关节点,去空间化和无界化为乡村群体理性表达提供了载体,也展现出协商治理无限延伸和不断拓展的乡村场域。"政党赢得政权、巩固政权的最根本的因素就是要赢得人民群众广泛的认同。"[1]网络治理关系乡村基层党组织的政治引领能力,必须把它作为一项民心工程和政治工程稳步推进。要积极推进乡村政府门户网站建设,扎扎实实做好乡村电子政务,增加乡村信息工程投资,保障网站运作资金。提高乡村网站的技术性能指标,成立网站维护团队,确保网络安全和持续运营。提高乡村网站的实用性和吸引力,增强村民参与乡村网络民主的意向。整合乡村协商治理的数据资源,推动数据信息资源无障碍共享。提高乡村工作人员开展乡村网络协商的政治意识和业务能力,确保乡村协商治理相关信息的可靠性和权威性。

数字时代乡村协商治理现代化要用"数字治理乡村,要对数字化技术本身进行规整,还要借用数字技术发展推进整体治理变革"[2]。

首先,应组建一支保障乡村协商治理现代化安全有序运行的技术队伍。加大对大数据人才的招聘力度,加大人才下乡的政策力度,推动技术人才回流乡村。建立科学的数据技术人才激励机制,在乡村干部中普及大数据知识,在干部培训中增加大数据情景模拟课程,提升乡村干部运用大数据分析问题、精准决策、智慧治理的能力,为乡村协商治理现代化提供智力支持。

其次,线上线下协同,提升农民的民主素养,提升乡村协商治理现代化效能,让农民在实践中累积民主经验,切身体会政治参与、理性表达的现实价值。在农民和农民工聚集的地区,政府和企业应提供免费上网场所,定期提供网络培训服务和免费在线服务,培训他们使用在线语言,填补农民网络民主能力鸿沟。

最后,设置相关议题,"激发农民参与网络协商的动机"[3],"平台议题的设置与公民诉求的匹配程度决定了公众参与的获得感"[4],如建立农民工网络专属频道,

---

[1] 任爱芬,魏磊.改革开放以来中国共产党群众组织力建设的基本经验及其启示[J].南京政治学院学报,2018(5).
[2] 张国献,李燕.市域基层协商治理现代化何以可能?——以特大城市上海为例[J].理论探讨,2021(4).
[3] 胡庆亮.新生代农民工网络政治参与的困境与出路——以深圳龙岗为例[J].广州社会主义学院学报,2011(3).
[4] 韩瑞波.技术治理驱动的数字乡村建设及其有效性分析[J].内蒙古社会科学,2021(3).

免费发布就业、子女教育、权益维护、技能培训等相关信息。

(四)网络民主与人技共治的措施创新

在大数据时代,网络民主是协商治理的常态。长期以来,人们总认为农民的民主素养不足,农民往往在乡村协商治理现代化的网络形态中被边缘化,在乡村民主协商、民主管理等乡村公共事务参与中角色微小。部分农民尤其是留守妇女、老人往往是基于"臣民"心态被动参与,或碍于全过程、全链条的程序烦琐,疏于发挥主人翁作用。现代民主精神是村民参与乡村协商治理网络形态的基本素养,它使农民能够理性表达自己的合法权益,基于合理合法的途径解决利益冲突,达致乡村善治。乡村网络民主可确保所有农民真正参与到乡村事务中,农民通过网络在交流中加深理解、在对话中表达立场、在无限的时空中交换意见,不受时空阻隔发言,完全可以知无不言、言无不尽,外在地表达出他们想什么、要做什么。村民智能化技术提升,既包括民主数字化的知识和技术,更应注重其作为乡村民主主体的政治需求。乡村协商治理网络形态的持久发展必将改造新时代农民的数字能力和民主素养,提高农民的数字民主认知,促进乡村协商治理现代化的实践创新,从而造就一批懂技术、能参与、有格局、愿担当的现代化农民。而大批数字化农民的涌现,又会成为乡村协商治理现代化的主导力量,为乡村振兴战略落实造就现代化的生力军。

乡村协商治理现代化以"完善的制度安排与广泛的民主实践""提高了国家治理效能"[1]。构建人技共治的乡村协商治理的现代化制度迫在眉睫。在乡村协商治理现代化中,以"人民为中心"是根本,数据技术是手段。构建"人技共生"的协商治理生态,要科学界定数据技术的工具性,把以"人民为中心"的执政信念渗透到乡村协商治理制度体系中,充分体现"人技共治"民主理念,实现技术文化与乡村文化的内洽,提升乡村协商治理现代化的人文关怀,推动和谐融洽的乡村民主稳定有序发展。

在乡村场域中,协商治理借助多元乡村主体与民主技术的融合,推进了价值同构的乡村秩序重建。应在乡村协商治理现代化实践中激发乡村民主主体的参

---

[1] 贾中海,曹向阳. 全过程人民民主:中国特色社会主义民主新形态[J]. 理论探讨,2022(5).

与兴趣,通过数据技术的无界性延展乡村民主治理的时空场域,打造具有浓郁乡土气息和现代民主精神的共建共治共享的协商治理乡村共同体。为规避技术主义,应完善乡村协商治理现代化的数据复核制度,使民主的人文情怀与技术智能理性深度融合,在提升数据技术的智能性的同时,消解技术霸权和信息形式主义。完善乡村协商治理现代化资源数字化的规则和流程,强化法治权威,细化惩处机制,严惩篡改数据的违法行为,建构乡村协商治理现代化数据运用机制,堵住数据泄露的制度和处罚的漏洞,加强乡村数据信息管理者和使用者的保密教育,从源头上规范乡村协商治理现代化的数据保存和使用问题。

协商治理智能化正在成为新时代中国乡村最具特色的一种治理形态。乡村协商治理现代化谋求的是乡村善治,以其直接性、便捷性、廉价性的优势,有效消除了乡村传统政治参与的时空困境,推进了乡村数字民主的发展。

第四章　协商治理现代化的案例分析和经验启迪

乡村协商治理现代化的经验借鉴既有国内经验借鉴的案例，涉及政治中心北京东城区的网格治理模式，改革前沿深圳盐田区"议行分设"模式，还有风景秀丽的杭州西湖协商共治样本。人民政协协商科学化的样本分析，包括现实问题、问题成因和优化路径。国外模式的分析包括政府主导新加坡模式、美国社区治理、英国公民参与、丹麦公民会议等。

第一节　基层社会治理现代化的城市实践

乡村协商治理现代化应多维揭示。第一个维度是全球化维度，把乡村协商治理现代化放在全球化的历史境遇中研究，注重考察全球化背景下乡村协商治理现代化的困境生成和化解出路。第二个维度是现代化维度，从人的现代化、观念的现代化、方式的现代化，思考乡村协商治理现代化问题。第三个维度是时代化维度，十八大以来中国特色社会主义进入新时代，乡村协商治理现代化也进入新时代，全面从严治党、加强党的政治建设、扫黑除恶、加强意识形态建设、乡村振兴战略等都是乡村协商治理现代化的理念和落实的任务。

一、基层治理创新的城区模式

特大城市北京、深圳和杭州牢记习近平总书记关于基层社会治理的重要论述，坚持系统治理、依法治理、综合治理、源头治理，以网格化管理、社会化服务为方向,更多运用信息化手段,更多依靠法治化保障,着力推进基层社会精细化管理、精准化服务,不断进行社会治理创新,探索出了基层协商治理现代化的网格管理的东城模式、"议行分设"的盐田经验和协商共治的"西湖样本"。

(一)网格管理的东城模式

我国的城市化网格管理模式最先开始于北京市东城区。东城区的占地面积达41.84平方公里,由原崇文区及东城区合并形成,现有205个社区,分属17个街道办事处,区内常住人口达86.5万人,还有26.5万流动人口。依托"精细化、网格化、信息化以及人性化"的管理理念,立足其首都核心功能区,探索出一种新型的社会服务管理模式。依托"责任制",将区内的各社区进行科学的网格划分。形成了"四个等级",包括网格、社区、街道以及区级,也可以统称为网格、网结、网目、网纲。通过建立完善的信息管理平台,通过相应的管理,形成各级之间信息共享,采取新型的"双轴化"管理,将政府的职能进行有效划分,将传统的监督与管理进行拆分,形成新型的监督轴。监督轴和指挥轴之间进行有效分类,各司其职。采用新型的"城管通"系统,并与手机进行有效融合,遵循闭环式工作流程。在东城区的监督评价体系中,主要是采取主客观相结合的方式进行,确保得出的结果科学有效。这一模式注重的是安全稳定,需要较高的技术以及硬件作为支撑,网格化管理过程中的成本相对很大。

(二)"议行分设"的盐田经验

深圳市盐田区社区管理实行的是"一会两站、会站分离",也就是说,将先前由居委会负责行政、自治以及服务的职能发生一定的转变,设立新型组织进行职能的合理分配。这种模式类似于美国的三权分立制度,权力的分散使各个部门之间术业有专攻,工作效率得到了极大的提升。

首先是社区工作站同社区居委会并列,两者没有包含关系。社区工作站属于街道办事处的下属机构,其主要任务是负责先前居委会负责的行政工作以及政府在街道的相关工作,对于工作人员的选拔、任用及工薪的发放都有相关政策的约束。

其次是社区服务站和居委会是包含关系,其主要性质是民办非企业组织,其主要任务是切实提高生活服务水平。盐田模式在一定程度上促进了政府的办事效率,减少了资金投入,从根本上提高了社区居委会的自治能力,居民的群体意识、民主意识也得到了明显的提高。盐田模式的弊端在于政府的制度化过于强硬,居委会无法独立于政府机制去发挥实质性作用,自治的功能很难实现。

(三)协商共治的"西湖样本"

浙江杭州西湖区大力实施"党建领和"工程,以党建创新引领城域治理新格局。

一是积极探索"基层党建+"工作模式。包括以党建引领全科网格建设、"党建+楼道微自治"、"党建+物业联盟"[①]等,把"人在哪里、党员在哪里、基层党的建设就推进到哪里"作为社会治理基础性工作要求。

二是推动党建带社建。深入实践"网格化管理、组团式服务"模式,以基层党组织为核心、群团和社会组织为纽带,依托"社会共治圈""群众自治圈",打造一批基层社会共建共治品牌。

三是全面提升基层党组织战斗力。以提升基层党组织的组织力为重点,突出政治功能,开展"正风肃纪促清廉"等专项行动,推行"岗位建功"先锋行动,健全支部主题党日、党员民主评议等制度,把基层党组织建设成坚强战斗堡垒。实施"智慧促和"工程,以手段创新提升城域治理新水平。加快建设城市大脑——城域治理数字化西湖平台系统。加快推进以智能化为特色的政法产品供给侧改革,加快推进西湖平台基层社会治理应用。深化平安岗亭、智安小区、智慧消防站等基层社会治理相关项目建设,构建全链条、全覆盖基层社会治理智能应用体系。实施"社会协和"工程,以组织创新激活城域治理新活力。积极发挥群团组织的桥梁纽带作用和社会组织与志愿服务的积极助推作用以及城域基层自治组织的群防群治作用。实施"专业维和"工程,以队伍创新打造城域治理新框架。实施"法治守和"工程,以方式创新保障社会治理有效性。实施"文化育和"工程,以载体创新推进城域治理再优化。

---

① 杜庆华,张祝平.高水平推进城域治理现代化的探索与实践——以杭州市西湖区为例[J].江南论坛,2019(12).

二、基层治理创新的城区经验

基层治理现代化是社会建设的重大任务,也是国家治理现代化的重要内容。在现代社会中,基层治理的地位日益突出。解决我国基层治理领域存在的问题,必须深入认识新时代基层治理创新规律,创新基层治理理念思路、体制机制、方法手段,提高基层管理能力,确保国家长治久安、人民安居乐业。

(一)以基层党建引领基层治理现代化

国家治理体系和治理能力的现代化水平很大程度上体现在基层。要不断夯实基层治理现代化这个根基。提高社区治理效能,关键是加强党的领导,推动党组织向基层延伸。

一是强化政治引领。增强基层党组织"四个意识",牢固树立"四个自信",坚定正确的政治方向,加强基层党组织领导、协调能力,把党的政策方针融入基层治理现代化,服务基层人民群众。

二是规范组织引领。切实落实基层民主集中制,基层治理坚持集中统一和发扬民主,切实发挥协商治理的地位和作用。在村委会、居委会和社区管理的基础上,深入推进民主决策、民主治理、民主监督实践,推动基层群众自治制度化、规范化。

三是注重思想引领。在基层治理实践中要推动习近平新时代中国特色社会主义思想进基层,密切与基层人民群众的联系,解决人民群众最关心、最直接、最现实的利益问题。

(二)提升居民和非政府组织的自治能力

针对民众和非政府组织在基层治理中治理角色"边缘化"状态和治理能力短板问题,应坚持自治、法治和德治的有机结合、良性互动。

首先,坚持人民主权原则,推动民主自治。自治作为基层运行的基本方式和重要路径,应进一步完善农村基层群众自治制度,激发基层活力。借鉴"积分制"治理、"统合型"协同治理、可控的韧性治理等模式,在严格自我管理、自我教育和自我服务的前提下,完善基层治理体制机制,以人民为中心,实现民众在基层公共管理事务管理中所享有的民主权利。

其次,发挥人民群众在基层治理中的主体作用。创新基层治理体制,优化管理模式,积极发挥社会力量参与基层治理,坚持以人民为中心的导向,充分发挥和紧紧依靠人民群众的力量,共建共商共治共享,使人民群众有切实的获得感。

(三)构建"三治"融合的基层治理体系

基层政府应转变治理模式和治理理念,充分认识并依托协商治理现代化在基层治理中的积极作用。完善人民群众参与基层治理的制度化渠道,拓宽群众参与基层治理的范围和途径,丰富群众参与基层治理的形式和内容;着力提升基层组织和基层民众的协商意识和治理能力;建立健全基层管理和基层服务精细化、网络化治理新路径、新模式,实现政府治理、居民自治和基层调节的良性互动;推动基层民主自治、法治建设、道德治理协同互动,理顺多元治理主体权责利关系,充分激发基层治理的内生动力,不断增强国家治理体系对外部环境创新性调适,切实提升治理主体与治理环境之间动态协同适应能力,构建基层治理主体之间和谐互动生态网络系统,推进新时代基层治理体系和治理能力现代化。

第二节 人民政协协商民主科学化的建设经验[①]

党的二十大报告指出:"发挥人民政协作为专门协商机构作用,加强制度化、规范化、程序化等功能建设,提高深度协商互动、意见充分表达、广泛凝聚共识水平,完善人民政协民主监督和委员联系界别群众制度机制。"[②]人民政协是实现社会主义民主政治的重要形式,是协商治理现代化的重要组织形式,为乡村协商治理现代化提供了很好的示范。深入贯彻落实二十大精神,必须推进人民政协科学

---

① 张国献.协商民主视域下人民政协科学化建设研究[J].华北水利水电大学学报(社会科学版),2014(1).
② 习近平.高举中国特色社会主义伟大旗帜 为全面建设社会主义现代化国家而团结奋斗——在中国共产党第二十次全国代表大会上的报告(2022年10月16日)[N].人民日报,2022-10-26.

化建设。

一、人民政协协商科学化的现实问题

近年来,人民政协科学化建设不断加强,制度建设内容不断升华,体系不断完善,各项工作更加科学和实用,基本做到了履行职能有章可循,开展工作有制可依,但在具体操作过程中仍存在一些薄弱环节。

(一)党政协商不规范

2006年2月,中共中央颁发的《关于加强人民政协工作的意见》指出,人民政协政治协商的主要内容是:国家和地方的大政方针以及政治、经济、文化和社会生活中的重要问题;各党派参加人民政协工作的共同性事务和政协内部的重要事务,以及有关爱国统一战线的其他重要问题。但是,有些地方政协召开政治协商会议并没有充分发扬民主,而是以通报代替协商,以个别问题的交流代替重大问题的协商,以党派协商代替政协协商,在一定程度上弱化了政协职能的发挥。从现有的协商形式来看,有关协商议题的提出主要来自党委、人大和政府,呈现一种明显的单向性,而很少有《政协章程》规定的各民主党派、人民团体和各族各界人士将有关重要问题提交协商的形式。如果各民主党派能从单项协商转向双向协商,由被动协商转向互动协商,必将促进人民政协的发展。

(二)民主监督有"缺位"

民主监督是人民政协的重要职能,是依法治国的有效保证,是发展社会主义民主政治和建设社会主义政治文明的重要途径。但是,有些地方政协在实际操作中"缺位""失位"现象时有发生,因种种顾虑不愿监督或因把握不好"度"而不善于监督等情况仍不同程度存在。人民政协的民主监督是对国家宪法、法律和法规的实施以及重大方针政策的贯彻执行,对国家机关及其工作人员的工作,通过建议和批评进行监督。充分发挥人民政协民主监督主体作用,有利于决策的民主化、科学化,有利于防止和消除腐败现象,促进廉政勤政建设。但是,当前民主监督较为薄弱,严重影响政协职能的发挥。有些政协委员的民主监督意识不强,认识不到位,有的是不愿监督,有的是不敢监督,同时还存在监督不力的情况,监督的内容也是一些无关紧要的以及与老百姓切身利益无关的事,导致重大事项、重点部位、重要环节监督缺位;关于政协民主监督的履行,有的委员思想上还存在怕"惹麻烦"、怕"添乱"、怕"得罪人"等顾虑;对决策实施过程中的监督以及对国家机关和工作人员履行职责、遵纪守法、为政清廉情况的监督还不到位。

(三)协商制度不完善

制度问题是带有根本性、全局性的问题。全国政协先后转发或下发了《关于政治协商、民主监督和参政议政的规定》《提案工作条例》《关于办理政协提案的意见》等规章制度,在政协履行职能的实践中发挥了巨大作用。与此同时,一些地方政协也存在一些不容忽视的问题:政协的建议案办理起来随意性很大,有的上报后就没了下文,直接影响其作用的发挥;对政协建议案、调研报告以及委员反映的社情民意,该如何办理、落实和反馈,该由谁来具体负责,没有人负责又该如何处理等问题规定笼统。实际操作中还存在认识上的模糊性、工作上的随意性、运行上的单一性等问题,时常出现"一头热"或"一厢情愿"等现象,使"决策前""实施前""通过前"的政治协商、民主监督、参政议政未能按工作计划落实和实现制度要求的目标。

(四)协商程序不科学

近年来,政协履行职能程序化建设确实取得了不少成绩。为了增强人民政协履行职能的实效,推进社会主义民主政治建设,人们在履行政协职能制度化、规范化的基础上,又提出了履行政协职能的程序化,并在实际工作中迈出了重要步伐。但在现实生活中却存在着许多问题,比如:在认识上重视较高,在实践中探索较少;对主体进行程序性规定较多,对客体进行程序性规定较少;程序规定中零散性的较多、系统性的较少,笼统性的较多、可操作性的较少,正面引导性的较多、反面制约性的较少。有的党政领导重视和支持政协参政议政的意识较弱,主动向政协出题目、交任务、压担子不够,重要课题委托政协去完成的不多;对政协报送的调研报告、建议案、反映的社情民意等有的未纳入督办程序,即使纳入督办程序,落实和反馈也不够。经政协推荐的担任有关部门特邀监察员、检查员、审计员、咨询员、教育监督员的委员,落实不到位;由党政部门组织开展的活动不够规范,程序不够严密。

现实中的这些问题都需要在认真总结经验的基础上,进一步深入研究,作出明确规定,提出更加清晰、更具可操作性的意见,促进人民政协科学化建设。

二、人民政协协商科学化的问题成因

人民政协科学化建设成绩很大,存在的问题也不少。问题的根源是多方面的,既有思想认识问题,也有现实体制问题;既有理论研究的不足,也有自身重视不够的问题。

(一)人民政协科学化建设重要性认识不足

党中央高度重视人民政协科学化建设,这为人民政协围绕一个中心、服务大局提供了良好的机遇,为政协委员施展才干、发挥作用提供了广阔的舞台,也为政协工作探索新思路、开拓新局面提供了有利条件。虽然也有计划、有重点地学习党的理论和人民政协理论,但满足于学文件、读材料,缺乏深层次上的研究和分析。对党的创新理论的科学内涵和根本要求领会得不够透彻,学习的效果不够明显,党的创新理论与政协工作实践结合得不够好,在履行职能的过程中把握规律性、体现科学性、富于创造性还不够。

(二)人民政协理论研究相对滞后

理论研究是对客观事物本质及其运动规律的科学揭示,它既是实践的总结,又是实践的向导。人民政协成立70多年来,在政协理论体系方面经过毛泽东、周恩来、邓小平等老一辈革命家的开创奠基,经过以江泽民总书记为核心的中央领导集体和以胡锦涛为总书记的中央领导集体的不断丰富发展,经过各级政协组织和广大政协委员的不懈实践和探索,新时代在习近平总书记领导下形成了完整的理论体系。多年来,政协各级组织、政协工作者和相关专家、学者都敏锐地看到开展政协理论研究的重要性,并进行了有益的探讨,取得了不少成果。

但是,从总体上看,政协理论研究滞后于工作实践,许多理论问题还有待深入研究。有些是重大的基础性理论问题,如履行三项职能,从政协章程上看是清楚的,但在实践中还存在着与党委、政府、人大的协调衔接问题以及如何增强实效的问题。有些是新问题,如政协如何在政治文明建设中发挥更大的作用,如何在实现"中国梦"中发挥特殊优势等。有些是政协正在实践,迫切需要进行理论总结,如民主评议活动、委员学习活动、委员的教育和培训、委员的考核和管理等都需要深入研究。

(三)人民政协科学化建设需要一个过程

正确认识和理解人民政协科学化建设需要一个过程。对这个问题在理解和认识上存在两个误区:一是主要来源于政协组织外部,认为人民政协科学化建设问题是政协组织的"内部事务";二是主要来源于政协组织内部,认为人民政协科学化建设带有一定的制约性,党政部门如不遵守,要追究责任。人民政协政治上的巨大包容性和广泛的社会参与性,决定了人民政协科学化建设是履行政协职能主客体双方的事情,是主客体双方应共同遵守的规定,是对双方行为的制约。人民政协的性质、地位决定了这种制约不带有法律的强制性,是一种程序性制约。这种探索的过程是人民政协科学化建设不断成熟和完善的过程,其中存在的问题是暂时的和发展的,这些问题随着我国民主政治建设进程的推进会逐渐得到解决。

制度化、规范化、程序化是提高政协工作水平、加强政协科学化建设的需要。近年来,各级政协在履行职能方面做了大量工作,探索出许多好的经验。但按照中共中央和形势发展对政协工作的要求来衡量,还有较大的差距,需要进一步健全和完善切实可行的规章制度,在新的历史条件下保证政协自身活动的高效、有序,保证政协工作在制度化、规范化、程序化的轨道上良性运转。

三、人民政协协商科学化的现实选择

(一)践行群众路线

党的领导是人民政协和协商治理的最大特色。群众路线是中国共产党的基本工作方法和工作路线。坚持群众路线既是党的宗旨的体现,也是人民政协和协商治理发展的内在要求和重要动力。协商治理是中国特色社会主义民主政治的重要实现形式。健全协商治理必须突出群众路线这个灵魂和主线。群众路线是人民政协和协商治理的灵魂,是贯穿于协商治理过程中的主线。协商治理的过程就是坚持群众路线的过程,就是从群众中来、到群众中去的过程。要把党的活动扎根到各个阶层中去,扎根到人民群众中去。把群众思维渗透到党的工作中去,变成每个党员和领导干部的生活方式。坚持群众路线,加强人民政协科学化建设要形成长效机制。让协商民主成为人民政协决策的必要程序,让人民政协决策的过程变成向人民群众反复征求意见的过程,把群众路线贯穿于人民政协决策的各个环节之中。要深入研究社会价值观多元化、格局复杂化、利益诉求碎片化情况下群众概念的科学含义,克服政协干部在实行群众路线时的迷茫。

要明确群众路线的对象。不论强势者还是弱势者,不论基本阶层还是新型阶层,都要纳入人民群众的范畴。扩展协商民主的领域,把协商民主的触角从政治经济等重大政治事务延伸到平常百姓的社会生活中。人民政协要在一切与公共利益相关的公共事务中走群众路线,协调不同利益群体之间的关系,主动和提前介入利益分配活动,充分关注各方的利益诉求,组织协商对话或民主对话,进行多层次、全方位、常态化的协商沟通,寻求社会的团结与共识。在社会建设和化解矛盾的实践中,依靠群众的力量,逐渐杜绝官僚主义歪风,根治形式主义顽症,走出一条中国特色的人民政协科学化建设之路。

(二)健全协商制度

实现人民政协科学化,制度是保障。"坚持和完善中国共产党领导的多党合作和政治协商制度,充分发挥人民政协作为协商治理重要渠道作用,围绕团结和民主两大主题,推进政治协商、民主监督、参政议政制度建设,更好地协调关系、汇聚力量、建言献策、服务大局。"[①]如政协履行职能的总体制度,包括关于进一步加强政协工作的决定和推进政协工作制度化、规范化、程序化的意见,人民政府关于支持政协工作的意见,政协政治协商、民主监督、参政议政实施细则,政协提案工作条例等;政协内部运行的规范性制度,包括政协常委会工作规则、秘书长工作规则、专门委员会通则、各专门委员会工作细则、各种例会制度、政协机关各项规章制度、委员视察制度、联系委员制度、加强与民主党派联系制度等;政协与党委、政

---

① 李祥营.人民政协工作的科学化[J].政协天地,2010(10).

府双向联系的规范性制度,包括党委领导参加政协例会制度、政协与人大常委会及政府相互联系制度、四套班子秘书长联席会议制度、党政领导同志与政协委员恳谈会制度、政协提案办理制度等;政协各项工作的激励制度,包括优秀委员和先进委员评比表彰制度、优秀提案和提案先进承办单位评比表彰制度、有突出贡献的政协委员和调研献策优秀成果奖励制度等。要注意制度的可操作性,完善制度建设,应根据全国政协的有关规定,借鉴外地政协行之有效的经验,从本地实际情况出发,把握可行性,力求具体明确,简单易行,便于操作;要注意维持制度的严肃性,制定制度重要,落实制度更重要,制度一旦建立起来,就要督促检查,抓好落实。

(三)细化协商程序

党的十八大报告明确指出:"加强同民主党派的政治协商。把政治协商纳入决策程序,坚持协商于决策之前和决策之中,增强民主协商时效性。深入进行专题协商、对口协商、界别协商、提案办理协商。"[①]要进一步量化、细化工作目标和任务。地方政协组织要结合实际,找准在科学化建设中的突破口,量化、细化工作目标和任务,突出重点,全面、稳步推进。比如协商工作,要抓好政府工作报告的协商以及党政送交人民政协的协商内容。监督工作应区别于人大的法律监督、人民群众的社会监督,应重点组织好对政党的监督,并对监督的效力认定、效果评价、反馈机制等作出具体的规定。对社情民意、言论自由、思想表达自由也应提供充分的保证,使政协真正做到能"议大事、议国事"。在政协委员权力方面,调查调研和公务活动经费数额要明确,支持保护持证视察。要根据履行政协职能的主要形式,逐个破解,逐条分析,使制度规定更加具体、程序规定更加明确。在程序法的立法过程中,要成熟一个,制定一个,而不是整齐划一、整体推进。

四、建立学习培训机制

各级干部特别是新走上领导岗位的年轻干部,必须加强对统战理论和政协理

---

① 胡锦涛.坚定不移沿着中国特色社会主义道路前进 为全面建成小康社会而奋斗[N].人民日报,2012—11—15.

论政策的学习,不断提高贯彻执行基本政治制度的坚定性和自觉性。各级党委理论学习中心组要把政协理论作为重要学习内容。要将各级党政干部政协理论的学习纳入干部考试考核内容。各级党校和社会主义学院要把政协理论列入党政干部培训和教学计划,开设专题教学。党校自身要加强教学研究,培养专职教师,确保统战政协理论教学的质量和效果。党委宣传部门要把政协理论政策列入宣传工作整体计划,重视宣传人民政协工作。努力提高政协委员的政治素质和参政议政水平。要通过各种形式帮助委员了解有关情况,为委员知情、履行职责创造良好的条件。要通过各种有效形式,采取有力措施,政协委员所在单位要积极支持他们参加政协组织的各种活动,在时间、经费等方面予以必要的保障。政协委员要深入实际调查研究,密切联系自己所代表的党派、团体、界别及有关方面群众,积极反映他们的意见和要求。政协党组要按照党委统一部署和政协章程规定,配合党委组织和统战部门研究换届时有关界别设置、政协委员名额、人选和常务委员人选以及届中委员调整的有关问题,并提出建议。

第三节 基层协商治理的西方案例

乡村协商治理现代化是时代发展的新要求,也是乡村民主的新实践。党的十九大报告指出,要积极借鉴国外有益经验,"加强协商治理制度建设,形成完整的制度程序和参与实践"[①]。西方协商治理是传统民主范式的复兴,强调民众参与的平等性,倡导偏好转换,遵循理性、协商原则。主要模式有新加坡的政府主导、美国社区协商治理、英国民众协商参与、巴西参与式预算、丹麦民众协商会议等模式,其经验在于协商文化的培育、协商政府的塑造、协商制度的完善。因此,深入研究国外基层协商治理的理论与实践,对推进我国乡村协商治理现代化具有重要的借鉴意义。

一、基层协商治理的西方理论

作为代议制民主、多数民主和远程民主补充和完善的协商治理,是20多年来

---

① 习近平.决胜全面建成小康社会 夺取新时代中国特色社会主义伟大胜利——在中国共产党第十九次全国代表大会上的报告[M].北京:人民出版社,2017.

西方最具影响的治理理论和实践。近代以来,基于资本的扩张和利益最大化,自由主义和新自由主义大行其道,它们推崇所谓的"多数权决"社会治理模式。这一模式表面上热热闹闹的民主形式掩盖了资产阶级专政的阶级本质,也导致了以多数人的名义牺牲少数人合法权益的"多数人暴政"的严重治理问题,而代理人胜出的选举安排契合了精英群体基于利益俘获的权力垄断。协商治理试图在自由主义的竞争性民主和共和主义的参与性民主之间构建桥梁,其研究的基本假设是当代西方社会的"文化异质性和功能差异性"[①],力图解决多元社会中的民主剥离与断裂困境。

(一)传统民主范式的现代复兴

米勒认为,如果民主治理制度的决策是通过公开讨论作出的,每个参与者都可以自由表达自己的意见,也可以随时听取和考虑相反的意见,那么民主治理制度就是协商治理了。[②] 德里克斯认为,在协商治理模式下,"民主决策是平等民众理性公共讨论的结果,通过协商沟通,实现了寻求理性共识的选择,并做出合理的决策。"[③]在协商治理中,偏好各异的民众基于协商作出具有约束力的决策。协商治理的吸引力取决于它们是否有能力协商出具有高度民主合法性的决策共识。[④]协商治理作为民主治理的一种形式,实质上是以公共利益为导向,主张通过对话达成共识,明确责任,然后做出普遍接受的决定。

(二)民众参与协商的平等性

"协商参加者基于平等和对话的原则,每个人都有相同的机会发起话题、质疑、询问和辩论。人人都有权在协商中提出问题、质疑主题。所有人都有权对对

---

① 高奇琦.西方协商民主理论中政党因素的缺位及其修正[J].华东政法大学学报,2010(2).

② David Miller. Is Deliberative Democracy Unfair to Disadvantaged Groups? [A]. Maurizio Passerin Dentreves. Democracy as Public Deliberation: New Perspectives[C]. Manchester University Press,2002. 2011.

③ Carolyn Hendriks. The Ambiguous Role of Civil Society in Deliberative Democracy[J]. (Refereed Paper Presented to the Jubilee Conference of the Australasian Political Studies Association)Canberra.

④ Christian Hunold,Corporatism,Pluralism and Democracy:Toward a Deliberative Theory of Bureaucratic Accountability[J]. Governance:An International Journal of Policy and Administration. Vol. 14,No. 2, Blackwell Publishers,2001.

话程序的规则及其应用或执行方式提出反思性论证。对对话的议程或参与者的身份没有明显的限制标准,只要被排斥的个人或群体能正当地表明他们将受到正在讨论的规范的影响。"①在协商过程中,参与者在实质上和程序上都是平等的。科恩(Cohen)认为:"参与者在本质上的地位是平等的。因为现有的权力和资源分配不会在协商过程的任何阶段影响他们的表达机会,也不会在协商中扮演重要角色。"②协商治理"是中立、透明和开放的。确保参与的每个人都有相同的机会通过使用不同的程序参与决策过程。"协商治理的"平等是一个具体且相对复杂的平等……民主协商的前提是程序性保证,即平等参与相关领域协商,尤其是在设定议程和决策阶段。"③

(三)倡导协商主体偏好转换

偏好最初是经济学术语,协商治理中的偏好是指参与协商者根据自身利益对特定目标的价值倾向和利益选择。协商治理理论认为,人们的偏好不是既定的也不是固定的,可以因认知的改变而改变。偏好没有价值的差异和好坏大小之分,重要性在质上是一样的,每个人的偏好同样重要。在协商过程中,参与者一定要基于自身立场或公共立场在深思熟虑基础上公开表达自己的偏好,并根据他者的偏好调整自身观点和偏好,在协商过程中"实现偏好转换,达成协商共识"④。

(四)理性是协商的重要理念

理性是协商参与者达成共识和诉诸公共利益的基本前提。在审议协商过程中,促进协商共识的形成是理性观点的力量,而不是情感化的表达。协商参与者必须根据最有说服力的信息来修正他们的偏好,并接受对其偏好的批判性审查。"公开磋商结果的政治合法性不仅考虑到所有人的需求和利益,还应把公众理性

---

① [美]塞拉·本哈比.民主与差异:挑战政治的边界[M].黄相怀,严海兵等译.北京:中央编译出版社,2009.74.
② 詹姆斯·博曼,威廉·雷吉.协商民主:论理性与政治[M].陈家刚等译.北京:中央编译出版社,2006:223.
③ 詹姆斯·博曼,威廉·雷吉.协商民主:论理性与政治[M].陈家刚等译.北京:中央编译出版社,2006:223.213—214.
④ 张等文,刘彤.西方学者视域中的协商民主:理念、价值与限度[J].东北师大学报(哲学社会科学版),2012(1).

作为协商过程的行动指南。"[1]科恩认为,协商过程必须是理性的,因为协商过程必须表明所有参与者提出、支持或批评各种政策建议的理由。这些根据、理由和意见等会通过表达、解释、沟通和交流来确定建议的命运。哈贝马斯指出,人们在理想的协商中总是使用"更好观点的力量"[2]。人们提出建议,从而支持这种政策建议的理由,目的是希望他人能听取这些理由,并接受这些理由的建议。协商治理是对理性使用开放性的认识的慎思。公共理性是多样、动态和历史的。多元文化环境中的利益冲突可以通过合理协商和公开交流来解决认知分歧,合理构建协商共识。适当的约束程序、相关安排等约束性规范能够保证利用理性解决多元分歧与利益冲突,集体批判性思维的这一过程要求协商参与者超越个人观点的界限,理解他人的偏好、需求和利益。"通过相互理解和妥协的过程达到一致,不是将自己的观点强加给别人。"[3]

(五)协商治理遵循科学原则

协商治理必须遵循一定的科学原则,否则就会成为无序的、非制度化的协商。科恩认为,协商治理应遵循自由、平等、理性与合法性原则。古特曼和汤普森提出了互惠、公开和责任等原则。[4] 协商治理主张的原则主要有:

第一,平等性原则。平等不是抽象的口号性的,平等是现实的,也是多重内涵的。协商治理的平等至少涵盖机会、资源和能力[5]三个方面,机会平等就是协商治理中涉及的利益关联体都有平等参与协商的机会和过程;资源平等就是协商治理中多元主体皆有稳定的物质保障和文化基础;能力平等就是协商治理中每个参与者都能表达偏好、回应质疑,运用逻辑的力量促使他人偏好转换的能力。

第二,公开性原则。这一原则强调的是协商中的透明性,反对暗箱操作,密谋欺骗。它要求协商主题、协商内容都要公之于众,方便大家获取,信息公开便于协

---

[1] John Kekes. Pluralism and the Value of Life[A]. Ellen F. Paul,Fred D. Miller,Jr. ,& Jeffrey Paul. Cultural Pluralism and Moral Knowledge[C]. Cambridge:Cambridge University Press,1994.
[2] 陈家刚. 多元主义、公民社会与理性:协商民主要素分析[J]. 天津行政学院学报,2008(4).
[3] 李思然. 当代西方政治理论中的协商民主[J]. 行政论坛,2007(1).
[4] [澳]约翰·S. 德雷泽克. 协商民主及其超越:自由与批判的视角[M]. 丁开杰等译. 北京:中央编译出版社,2006:37—38.
[5] 童庆平. 也谈协商民主的基本要素[J]. 江苏省社会主义学院学报,2007(6).

商;协商的全过程都要透明,便于协商主体相互监督;协商结果公开有利于协商共识真正转化为决策依据。

第三,程序性原则。乡村协商治理现代化要有规则意识,要有前瞻性的统一的程式化的要求,这种程式化的要求必须是协商主体知晓的、形成共识并能共同遵守的乡村协商特定规范,经由机制性的环节来进行。它包括提出议题、准备议题、公开讨论、达致共识等,目的是增进协商共识的合法性。

第四,理性原则。理性原则即参与主体的对话讨论必须是理性的、非暴力的,而不是情绪化的。

第五,责任性原则。协商参与者必须对自己的观点负责,不能背离公共利益。即使决策失误,也必须有人承担责任。由于共识来自协商,所以协商治理决策的合法性内含着决策执行力的刚性和效能。作为程序性意义的这些原则实质性意义非常突出,这是协商治理倡导和遵循的基本准则。

西方协商治理理论是选举民主制度下社会矛盾凸显的理论表征,目的是试图通过协商治理使社会民众充分参与民主协商,实现政治决策合法化,维护资本主义社会的稳定。"它仍是自由资本主义民主理论的一种发展和变形"[1],它虽然试图复兴古希腊直接民主,用新的理论设计弥补西方制度缺陷,却难以在资本主义宪政制度下实现其政治理想。它的理论自身也并非真正包括人民大众。

二、基层协商治理的西方实践

市场经济的繁荣,城乡一体化的发展,社区功能的拓展,公共服务的完善,使得域外城市与乡村的分野不如中国这么分明。域外的乡村协商治理更多地展现为基层协商治理或社区协商治理,大多是政府与社会的协商治理、民众参与公共事务的协商治理。

(一)政府主导的新加坡模式

新加坡是一个多元文化的移民城市国家,促进种族和谐是政府治国的核心政

---

[1] 杨瑞森.深化中国特色社会主义协商民主研究的几个理论问题和认识问题[J].思想理论教育导刊,2014(6).

策。新加坡的国际化程度很高,而且政府廉洁、政局稳定。新加坡的社会治理模式可以分成三类:首先是政府系统组织,其次是执政党系统组织,再次是社区组织。新加坡的社会治理任务主要是由社会发展部、青年部与体育部这三大部门负责,包括这三部分的发展规划以及发展进程。为了便于基层社会治理,特地在基层设立人民协会(也属政府机构)。这个机构的主要职能是:

一是引导居民积极参与社会治理建设;

二是提升社区凝聚力,扩大志愿者服务队伍;

三是作为居民与政府间的连接桥梁,改善政府与居民的关系;

四是维护民族团结;

五是组织各类技能培训。

由于不像其他国家,在这中间还会有相应的地方政府机构,新加坡只能依靠人民协会来处理各种社会事务。因此,它的职能就相当于地方政府,兼具社会治理责任,执行上级政府的相关政策。人民协会下面还有很多基层组织帮助协管,共同维护基层社会治理的秩序。这些基层组织是为社区居民服务的组织,主要包含民众俱乐部、公民咨询委员会以及居民委员会等,通过这种细致入微的组织共同工作,依靠庞大的组织构造了一套完善的基层社区组织网络。作为社区的直接管理者,社区委员会的主要职责便是进行社会福利的发放,开展有利于社区发展稳定的各类活动。人民协会的基层组织是民众联络所,也称为民众俱乐部管理委员会。居民委员会是社区的第二层次组织,相当于我国街道办事处下辖的居委会,具体的职责是促进邻里关系和睦,维护种族和谐,增强社区凝聚力。公共组屋的设备管理与维修需要由专门的市镇理事会负责。

新加坡的社会治理模式属于政府主导制,自上而下牢固树立了人的重要性。在社会治理中人是最为重要的资源,这就使得政府在日常决策以及政策执行过程中能够充分考虑广大人民的利益,为广大人民服务,做到公共资源的合理、优化配置。新加坡国内的各种社会组织均有相应的法律、规则进行规范化管理,包含了社会管理的各个方面。新加坡的经济发展水平比较高,政府经常利用先进的电子化手段进行社会管理,为社会管理提供方便、快捷的服务,维护了国家的稳定发展。

(二)社区协商治理的美国启示

乡镇自治制度是美国民主制度的基石。协商治理是美国乡村社区破解治理僵局的有效方法。美国西弗吉尼亚的民众生活中心和康涅狄格的社区对话践行协商治理已有十多年的历史,实践经验比较成熟,他们的理念和经验对中国乡村协商治理现代化的发展具有一定的借鉴。

1. 公共协商是提升乡镇公共服务质量的重要途径

民众协商论坛为乡镇社区公共服务的设计和供应提供了有价值的决策共识。乡镇社区协商一般是由非营利服务者组织的,他的中立性地位能够提升不同参与者之间的协调与合作。

2. 企业家协商、建立联盟、协商能力和民主需求是影响乡镇社区协商治理成效的四大因素

协商企业家深知公共协商的"市场",不断开发新"产品"。建立联盟"使协商嵌入这些机构且成为这些机构制定政策和解决问题的一种习惯"[①]。社区组织必须提升开发资源和召开协商会议的技能。没有民众的积极参与和热心投入,社区协商也就失去了意义。

3. 公正的协商机制能够维持社会秩序

协商的重要目标是解决稀缺资源的分配问题,促进了各群体利益分配的公正性,实现了善治。协商提供了一个沟通表达平台,协商机制提供了关于社会和政策方面的信息,有助于减少基层治理中所犯的错误。

4. 开放的协商过程能够增强政府合法性

协商过程的开放性增强了政策透明度,减少了腐败现象的发生。在协商主体共同决策很难进行和具有分歧性的政策领域,协商治理可以使政府领导者转移责任,避免过多的抨击与抗议。民众参加社区管理,遵守社区秩序,理解权力和谐,并在自身义务的性质和权利的范围内形成了明确和切合实际的概念。

5. 协商治理的目的是提高地方政府的治理水平

民众是自身利益最好的判断者。通过协商这一平台,政府能够把握住民众的

---

① 陆海燕. 嵌入式协商——美国地方协商民主的经验与启示[J]. 中共天津市委党校学报,2011(5).

真正需求,使政府愿意考虑和吸取协商的结果并纳入政策中,从而提升治理水平。

6. 政治参与是培养民众公共精神的重要渠道

民众参与制度培养了民众和谐相处的意识,培育了服从规则的习惯,使他们能够合理理解自己的利益,并通过乡村组织实现自己的利益,对社会的长治久安具有重要作用。

美国乡镇社区协商治理经验表明,中国的协商治理要想得到长远发展,具有生命力,必须嵌入中国的社会现实土壤中,嵌入政府的日常治理中去;协商治理的发展也是一个不断完善和改进的过程,离不开自上而下的共同推动;协商治理的条件是个逐步完善的过程,不可能一开始就万条具备,诸事顺遂,是在协商治理的实践过程中发现问题、解决问题从而不断完善的动态实践。

(三)民众协商参与的英国经验

英国政府在布莱尔执政期间大力推动地方民主复兴,核心是加强民众协商与参与,在基层公共事务中广泛使用民众协商参与的方法。它不仅是作为大量民众参与和协商的方法被采用,而且使大量民众参与到基层公共事务管理中来。早在2001年英国参与基层公共事务的人数就有1 400万,英国基层协商治理深深影响了基层公共事务。英国基层协商治理的经验主要有:

1. 政府支持是基层协商治理的重要动力

为推动基层协商治理,英国内政部曾专门设立2.15亿英镑的"未来建设者"投资基金。基金由协会管理,目的是培训志愿者,提升社区组织能力,推动他们在社区公共服务方面的广泛参与,如预防犯罪、社区居民的教育与学习、社区凝聚力、社区卫生、人文关怀、资助青少年等。为构建包容型社区,中央财政部专门设立预算,优先支持解决移民融合、老年人健康、社会关怀、少数民族雇佣、流浪者住宿等社区存在的突出问题。

2. 复兴邻里关系是基层协商治理的战略依托

英国政府专门制定了居民社区参与计划,为刺激和鼓励落后地区的居民参与活动,政府提供必要的资金支持,从而使更多民众参与到社区以及邻里关系的重建活动中去;通过社区福利基金、社区学习基金和社区授权基金帮助居民增进协商知识与提高现实技能,支持志愿者与社区组织在地方战略伙伴关系中的平等

3. 社区网络是社区治理的重要平台

为增强志愿者与社区组织在协商治理过程中的力量,专门建立了社区授权网络,目的在于放大志愿者与社区组织在社区治理中的声音,巩固他们在社区政策制定中的重要地位。通过信息互享、网络会议等方式将志愿者与社区组织联合起来,并选举出一个领导机构,从而使不同社区的志愿者与社区组织尤其是那些比较弱小的社区组织能够被包容进来并在社区授权网络中拥有自己的发言权。

4. 倡导民众权有助于消除政治冷漠

倡导民众权有利于培育民众参与能力,推行伙伴关系,实现基层协商治理,还有助于激发地方主动性,促进"社区复兴"[①]。因此,英国政府积极倡导民众权,促进政治冷漠的消除,将公众纳入现代政治轨道;民众权的实现也解决了政府的管理危机,适应了多元化的社会现实。

(四)民众协商会议的丹麦模式

民众协商会议又称民众共识会议(Consensus Conference),滥觞于丹麦的参与式民主模式。丹麦政府非常重视决策中的民众参与,法律规定只要是有关伦理与社会议题的科技决策,必须咨询民众的意见,让民众有机会表达意见。丹麦风格的民众参与模式包括民众会议、民众陪审团、议会听证会、角色扮演、表决会议、观点工作坊、寻找美好未来会议等。目前,"丹麦的民众协商会议已成为普通民众参与公共决策讨论的重要形式"[②],已被美国、新西兰、加拿大、韩国、日本、阿根廷和中国台湾所仿效。民众会议给予了普通民众参与技术发展与技术评估的机会,使得民众的意见成为公共决策形成过程中的一个重要考量因素。民众会议在沟通专家、普通民众与政治家的意见方面扮演着重要的作用。丹麦模式的价值在于它的严格程序。

1. 精心选择议题

议题的挑选要具有重大社会关切,并需要政府政策的积极回应。议题还具有

---

① 仲兵,曾令发.英国布莱尔政府时期的地方民主探析[J].国家行政学院学报,2009(6).
② 吴翠勉.协商民主在丹麦:公民会议[J].快乐阅读,2012-2-25.

争议性,社会分歧较大,政府已计划提上议程。

2. 组成执行委员会

执行委员会成员一般包括学界专家、产业界、代表公共利益的社会团体以及主办机构的计划执行人。职能是监督民众会议的进行,挑选会议成员,提供会议资料,控制协商议程等。

3. 挑选参与者

通过报纸公开发布公告,说明召开协商会议的目的,公布会议讨论的主题,征寻对议题感兴趣的志愿者。主办单位必须从报名的志愿者名单中随机挑选12—18人组成民众小组。小组成员要反映社会经济人口的背景差异,秉持背景多元化,强调平衡客观,排除具有特定利益背景的对象,确保讨论过程的独立性。

4. 召开预备会议

每位参会的小组成员必须全程参与预备会议。小组成员必须了解相关知识,在尊重他人的前提下表达反对意见;学会撰写报告。民众小组自己制定会议的讨论提纲,也可建议相关学者专家参加。

5. 正式会议

首先是专家对由普通民众事先提出的问题有针对性地做说明。民众小组要求个别专家阐述和澄清他们的主张,观众也有机会提问。然后,民众小组草拟结论报告以备小组讨论。民众小组通过讨论达成共识。最后是民众小组向专家、听众和媒体公布他们的报告。在报告正式公布之前,专家有机会对报告内容澄清误解和修正事实错误的部分,但他们不能影响民众小组所表达的观点。

乡村协商治理现代化建设是一个长期而复杂的社会历史过程,西方经验具有重要的参考价值,但不能简单照抄照搬,要在历史唯物主义指导下思考并确立我国乡村协商治理现代化所应追求的价值理念,使乡村协商治理坚持正确的发展方向和建设目标,积极探索和发展符合我国实际的乡村协商治理现代化的具体实现形式,不断健全乡村协商治理制度,开创乡村协商治理现代化建设的中国道路。

三、基层协商治理的西方启示[①]

中国乡村的社会基础与西方不同,但西方协商治理生长的社会条件为中国进

[①] 张国献.试论社会主义乡村协商民主[J].中州学刊,2015(3).

一步发展基层协商治理提供了批判性镜鉴。

(一)人民社会的发育

西方协商治理的发展基于发达的市民社会。人民社会是中国乡村协商治理现代化的基础和推动者。中国的人民社会是与西方不同的社会,核心是人民当家作主,关键是坚持党的领导。在政府政治领域和市场经济领域以外的民间社会领域是人民社会,其基础和主体是民间社团组织。学术界关于人民社会对乡村协商的作用有不同的看法。协商治理论者大多认为,人民社会对于基层协商治理发展具有积极意义。人民社会在协商治理中发挥着重要作用,人民社会的政治活动可以改变政治话语,进而改变乡村政策的内容。同时,旨在影响乡村政策的协商会议可以在人民社会内部生根发芽。有学者指出,人民社会在乡村协商治理现代化中对乡村政策的协商共识形成具有重要的价值。微观协商治理论者认为,人民社会愿意并有能力参与乡村协商论坛,与此同时,人民社会通过与国家合作而被赋予交流形式;而宏观协商治理论者关注的是非正式、非组织的公共协商,这些活动既需要交流,也需要非协商的策略行为。

总体来说,人民社会的发展壮大是中国乡村协商治理现代化发展的重要基础。随着乡村市场经济的发展,乡村社会利益和观念的多元化迅速发展,人民社会得到了迅速发展。根据民政部的统计,截至2019年底,全国非政府组织49.9万个,比2018年增加8.1%,其中社会组织27.1万个,民间企业22.5万家,基金3029家。[①]这些民间组织作为政府和社会的桥梁,在保护民众权益、促进乡村民主政治发展方面发挥了重要作用。但是,乡村人民社会发展要加强基层党组织建设,用党的路线方针政策引导其健康发展。推动乡村人民社会的培育,必须对村民自治组织有个合理的定位,给其适当的发展空间,同时加强法治监管和政治引导。

(二)协商文化的培育

现代国家治理方式的改革与发展是国家治理理念和精髓的成熟与完善。国

[①] 黄晓勇.中国民间组织报告蓝皮书(2013)[M].北京:社会科学文献出版社,2013:68.

家治理应通过不断改善健康强大的国家精神人格,确保在治理过程中实现责任伦理和信念伦理的正确展现。森斯坦强调,运作良好的民主政治必须创造一种言论表达的文化氛围,它不仅仅包括法律保障的言论自由,也包括不仅鼓励思想独立而且鼓励公众听取那些不接受世俗智慧的意见。[①]

乡村协商文化应基于乡村公共理性,体现民主、平等和包容。乡村参与的广泛性和平等性要求乡村协商者应具有理性和责任感。在乡村协商中,参与者应跨越狭隘的自身利益的界限,基于乡村共同利益和集体理性,在话语价值立场上达到包容。协商文化价值取向在于集体理性和公共精神,而目标取向在于偏好的改变而不是简单的聚合。乡村协商文化的品性是妥协和包容,途径是在村民参与过程中的理性协商、平等交流和话语表达的偏好转换。发展乡村协商文化的关键是提高农民的协商认识、协商意识和协商能力。乡村协商文化内在地要求村民必须具有思辨、独立、宽容和理性等文化观念和价值指向。农民不仅可以参加乡村公共活动,而且在乡村协商中要有协商能力,包括理性平和、利益维护,观点说服等。还需要能够在协商中用言语表达:具有特定的逻辑推理能力、开放和宽容的态度、随时可以接受他人检验和挑战的勇气,认识到自己观点缺失和错误的心胸。要有尊重协商对手和理解别人偏好的品德。乡村协商文化要避免协商中的"团体极化"[②]和"团体迷思"[③]。

一些思想家经常将乡村社会描述为"乡土社会",人们生活在"熟人关系"中。这样的乡土社会无疑促进了人与人之间的交流、沟通和互动。中国是一个以"礼仪"为核心的伦理社会。人们欣赏相互尊重、协商交流的伦理价值,讲求"合和"与理性,彼此之间注重"面子"和"情感"。学校是成熟民众最佳的养成所[④],应该负责对村民进行相关的协商技能和协商理性教育。学校不仅应为民众提供法治教育

---

① 林火旺. 审议民主与公民养成[J]. 台大哲学评论,2005(29):99—144.

② 团体极化(group polarization)是心理学概念,指个人置于团体中时会趋于支持极端化决策的心理倾向。经过团体讨论后,团体的决策往往比个人在理性思考下的决策更极端。如果团体大多数成员意见激进,结果更为激进;如果团体中大多数成员趋向保守,讨论的结果更为保守。

③ 团体迷思(group think)是指在集体决策过程中,成员为了团体的凝聚力、追求团体和谐共识,宁愿放弃自己有创意、新奇的想法,使整个团体缺乏思考问题的不同视角,不能进行客观分析。因而,团体迷思可能导致不合理甚至坏的决策,一些成员即使不赞成团体的决策,但在团体迷思影响下也会顺从。

④ 参见中国大百科全书·社会学. 北京:中国大百科全书出版社 1991:477. 亨廷顿. 变革社会中的政治秩序. 北京,华夏出版社,1988:12.

和权利认知,而且还应培养村民管理乡村公共事务的能力,使村民养成关心乡村事务的美德,积极参与乡村政治生活,具有奉献精神、宽容精神、理性精神等。农民在参与协商实践中,能够真正参与组织讨论,进行不同意见的交流与互动。乡村协商文化必须生活化、习惯化。只有当农民形成协商治理的信念及其政治文化时,乡村协商治理才能真正成为一种基层民主的模式,对乡村协商治理现代化与权力运作产生自身的影响力。

(三)协商政府的塑造

西方协商治理理论认为,达成协商共识的障碍是多方面的,其中政府的傲慢与专制是最大障碍。政府借助于公共权力,设置似是而非的问题,来实现它的偏好最大化。当今的中国农村,基层政府仍然是最重要的权力主体,没有政治权力的参与扶持,乡村协商治理现代化很难开展。在中国乡村文化中,基层政府往往扮演着社会主导者的角色。脱离基层组织的乡村协商根本不可能。鉴于协商程序的组织和协商共识的落实与乡村基层政府的支持密不可分,乡村协商治理现代化就需要基层政府更新行政理念,将部分公务员的独白变成农民的合唱。乡村事务的对话、协商和交流过程应按照一定的规范,通过语言符号,以达成相互理解和动态共识。倾听农民的呼声,把农民的诉求和愿望转化为农村政策,实质上就是乡村协商政府的形塑,就是通过农民的认同,来增强乡村权力的合法性。基层政府必须确保尽可能多的农民充分参与和农民呼声的尽情表达,确保乡村决策建立在乡村共识的基础上。乡村协商机制的塑造就是要建立科学民主的乡村决策机制,重要的乡村决策必须经过广大农民的讨论和协商。

首先,要让乡村基层政府的决策公开透明,涉及农民的重大情况让农民知道,重大问题经过农民参与讨论,也是开放性政府(open government)的要求。

其次,要建立健全乡村决策的程序和制度,使乡村决策科学化、合理化。

再次,必须对乡村决策的执行情况进行农民监督,确保乡村政策的执行不打折扣、不扭曲。

最后,建立乡村政策评估体系,使农民能够评估农村政策的执行情况。

(四)协商制度的完善

制度化是将群体和组织的社会生活从一种特殊而非固定的方式转变为一种普遍认可的固定模式的转化过程,或者说是"组织与程序获得价值和稳定性的过程"。[①] 制度化的功能在于程序性、公正性、稳定性和可操作性。

21世纪以来,基层协商治理得以发展迅速,人们的参与热情越来越高。然而,民主恳谈、社区论坛、乡村听证会等乡村协商治理仍面临非制度化取向。要实现乡村协商治理的长期发展,必须通过制度化来保证乡村协商治理。制度是制度化的基础,制度是为决定人们的相互关系而人为设定的一些制约。制度构造了人们在政治、社会或经济方面发生交换的激励结构。法律是制度的核心,是刚性的行为规范,能够保证制度的稳定性。由于《村委会组织法》对村民会议、村民代表大会的规定相当粗糙,操作起来相当困难。民主恳谈会、社区论坛、村民听证会等尽管一些地方政府下发文件要求执行,但往往是随领导人的改变而改变,随领导人的看法和注意力的改变而改变。必须完善基层协商治理的相关法律制度。制度化是制度的常规化和稳定化,关键在于制度的实施。乡村协商治理的非制度化主要不是缺乏法律法规,而是这些法律规范没有进入运作过程,实施不足,主要是缺乏可操作的程序。程序是制度化的关键,只有制度和程序完善了,操作起来才可行。

乡村协商治理是基层政府和社会大众沟通的最重要的渠道,也是乡村决策科学化民主化的重要方式。制度的完善和程序的科学,使基层政府和社会大众的协商对话更便捷,也方便了社会决策反映社会大众的意见和要求,进一步促进了政府决策的合法性。浙江大部分地区实施的民主恳谈会被纳入基层人大决策过程,值得推广。亟待进一步完善的乡村听证制度和信访制度,也将乡村参议人员的选择、协商方式和辩论结果等纳入乡村决策。但是,这些基层协商治理都缺乏具体而明确的规定,因而,必须提高基层协商治理的制度化、规范化、法治化和程序化。

资产阶级民主与过往人类社会的民主相比较具有很大的历史贡献。马克思主义从来没有否认资产阶级民主相对于封建社会的历史进步性。尽管这一历史

---

① [美]道格拉斯·诺斯.制度、制度变迁与经济绩效[M].上海:上海三联书店,1994:3.

进步性的出现是伴随着整个资本主义社会日益分化为两大对立阶级,处于被统治、被压迫的劳动者日益被资本所束缚、被技术所异化。与此同时,我们应清醒地认识到,西方的协商治理是以资本为中心的协商治理,协商的目的是为巩固资本垄断的政治地位,协商的理念、协商的原则、协商的过程、协商的技巧都服从于资本的需要。正是从这一意义上说,西方协商治理理论是乡村协商治理现代化理论与实践的批判性镜鉴。当然,社会主义协商治理与西方协商治理有着本质区别,中国的乡村协商治理现代化是以人民为中心,体现的是人民当家作主。

因此,我们在深化中国特色社会主义乡村协商治理现代化建设时,应立足新时代中国乡村社会的现实,突出基层党组织在乡村协商治理现代化中的核心地位,因地制宜地激发乡村主体的积极性和主动性,以乡村振兴和民族复兴为目标,批判性借鉴西方协商治理的有益因素,积极建构中国乡村协商治理现代化的理论体系和话语体系,积极探索中国特色社会主义的乡村协商治理现代化模式。

第五章 乡村协商治理现代化的现实选择与实践路径

农民是中国革命和建设的主力军,也是乡村协商治理现代化的主体。化解乡村协商治理现代化的现实问题,必须以马克思主义理论为指导,积极践行习近平新时代中国特色社会主义思想,以加强和改善党的领导为根本原则,以促进农民当家作主为根本目的,立足于中国乡村的历史与现实,以民主与效率整合为当下抓手,以增强乡村协商主体的包容性为基础,以程序平等和实质平等为核心,以加强乡村协商主体能力建设和完善协商制度为突破口,促进偏好转换理性化和民主监督高效化。科学的顶层设计、丰富的基层实践、可操作的规范路径,是乡村协商治理现代化的现实路径。

第一节 乡村协商治理现代化的认知路径[①]

乡村协商治理现代化既是一个理论问题,也是一个实践问题,包括乡村协商治理的思想理念现代化与工作实践现代化,实质是乡村协商治理的理论化、系统化和科学化。理论现代化就是探索乡村协商治理的客观规律并形成科学理论。系统化就是运用系统工程理论,形成乡村协商治理的科学体系。科学化是指吸收国内外先进的协商治理理念,使乡村协商治理规范化、程序化、制度化。促进乡村协商治理现代化既要从宏观问题着手,也要从微观问题做起。

---

① 张国献.试论社会主义乡村协商民主[J].中州学刊,2015(3).

一、认清中西方协商治理的本质区别

协商治理是人类政治文明的重要内容。中西方协商治理都具有"承认多样性、注重公共协商、弥补选举不足、促进合法决策"[1]等方面的价值理想和治理诉求,这是协商治理形式的普遍表征。中西方协商治理也存在本质区别。

1. 逻辑起点差异

西方协商治理是在资本主义民主政治制度已经较为完善、选民选举程序得到基本保障的情况下,针对选举民主弊端而产生和发展起来的。中国协商治理是在建立人民当家作主制度,充分体现人民民主权利基础上,民主选举功能充分发挥情况下,为推进社会主义民主政治建设,满足人民群众日益高涨的政治参与和表达诉求而兴起的。

2. 协商目的迥异

西方协商治理的目的在于让不同社会阶层、不同利益分殊的民众经常参与公共决策和公共事务的协商讨论,行使民主权利,培养民众精神,凝聚社会力量。中国协商治理的目的是反对专制,建设社会主义民主政治,从根本上提升中国共产党的执政效率和水平,实现人民当家作主的民主目标。

3. 总体呈现各异

西方协商治理具有重理论轻实践、理论发展超前于实践的总体呈现;中国协商治理具有理论与实践并重、实践探索有时超前于理论的总体呈现。西方协商治理强调民众的直接利益表达。中国基层协商治理是人民群众的直接参与,国家高层的协商治理制度是基层人民间接参与。中国协商治理实践涉及政治、社会及基层自治等领域,其中,政治领域的协商治理实践是主要的且制度化水平较高。而西方协商治理实践主要涉及国家制度层面、特色论坛层面、公共领域层面以及基层治理层面,其中,特色论坛层面以及基层治理层面的协商治理实践是主要的,制度化水平普遍不高。

4. 协商条件殊异

西方协商治理的经济基础是资产阶级私有制和自由主义市场经济,政治基

---

[1] 刘俊杰.中西协商民主之比较[J].云南行政学院学报,2013(3).

础是资产阶级专政,政治前提是公民权利的赋予和落实,文化基础是自由、多元的资本主义文化,理论基础是自由主义、共和主义。中国协商治理发展的经济基础是以公有制为主体、多种经济成分共同发展的基本经济制度,经济根源是经济发展不平衡。政治生态环境是近代中国政党制度的演变,政治基础是中国共产党的领导、人民民主专政,根本原则是民主集中制,文化背景是多元文化主体的存在,文化基础是传统文化的"和""合"思想与现代文化的参与、包容、求同存异理念,理论基础是马克思主义统一战线理论、多党合作理论和民主政治理论。

这些显著区别是区分中西方协商治理的重要标志,是协商治理个别性特征在中西方的具体呈现。中国特色社会主义协商治理是符合中国国情的重要民主政治形式,理解和建设中国特色社会主义协商治理应该从中国实际出发。西方协商治理理论作为一种新的民主理论形态,为完善和发展中国的协商治理提供了很好的批判性借鉴,但绝不能照抄照搬西方协商治理的基本理论与原则,用西方的"鞋"来裁剪中国生动的社会与现实的"脚"(见图5—1)。

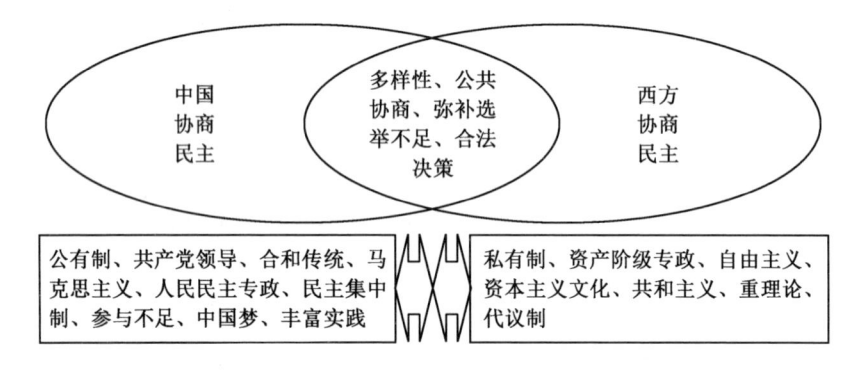

图5—1 中西方协商治理比较

二、坚持党的领导与主体平等的统一

恩格斯认为,平等是一切人的"共同特性"[①]。毛泽东认为,"人与人的关系应

---

① 马克思恩格斯选集(第3卷)[M].北京:人民出版社,1995:444.

是民主的和平等的"①。乡村协商治理现代化是中国共产党领导下的我国基层民主政治制度,是中国共产党领导的乡村民主建设在理论与实践不断发展的基础上产生的,也需要在中国共产党领导下不断完善与发展。乡村协商治理现代化是党的群众路线在农村工作中的具体体现。农民是乡村协商治理现代化的主体,农民在各层次各领域所享有的广泛民主权利并不是什么人赐予的,而是作为乡村社会主体自身必须具有的。

乡村协商治理现代化的主体是多元的,多元主体之间的关系是平等的,所以乡村协商治理现代化中的协商是多元主体间的平等协商。但是,在乡村协商治理多元主体中又必须有中国共产党一元化指导或主导的存在。中国共产党是中国人民根本利益的忠实代表者,除了人民利益外没有任何自身私利,作为乡村协商治理现代化的主导者或领导者,是科学社会主义理论逻辑和中国乡村社会发展历史逻辑辩证统一的结果,是历史的选择和人民的选择。乡村协商治理现代化中的多元主体平等协商与坚持党的一元化领导是统一的。因此,我们要反对把乡村社会多元平等协商同党的一元领导对立起来的错误倾向,即以多元主体具有独立性和平等性为借口忽视或否定党的一元领导,或者借口党领导的一元性和主导性代替或忽视多元主体平等协商。中国共产党作为执政党和乡村协商治理现代化中诸多主体的领导者,要努力完善和发展乡村协商治理现代化,从根本上保障人民当家作主的权利(见图5-2)。

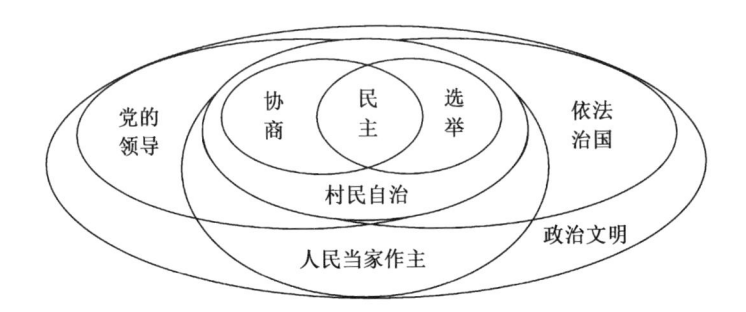

图5-2 乡村协商治理现代化与社会主义政治文明的关系

---

① 毛泽东读文史古籍批语集[M].北京:中央文献出版社,1993:82-83.

三、倡导协商民主与选举民主相结合

人民民主的实质是人民主权,根本特征是人民当家作主。协商民主和选举民主是驱动中国特色社会主义民主政治的双轮,为形成完善的社会主义民主政治体系提供源源不竭的强大动力。选举民主又曰票决民主或表决民主。"选举民主对于现代政治制度的建立和发展具有重要意义。"[1]马克思指出,建立在选举民主基础上的政治解放使得"人们所排斥的那种国家制度即专制权力所依靠的旧社会解体"。"政治革命打倒了这种专制权力,把国家事务提升为人们事务,把政治国家确定为普遍事务。"[2]由投票和竞选所构成的选举民主是现代政治的基础。

协商民主并不是自由民主的一种替代。只有在自由民主的前提下,乡村协商治理现代化才能得到充分发展并发挥作用。"选举民主的核心是选举,每个公民都拥有选择权,体现的精神是平等的个人能够作出理性的选择,所有选择的总和就是公共的意志。"[3]协商民主的精髓是协商,人民和人民组织都有参与讨论、协商的均等机会,体现的精神是理性的个人和组织能够通过协商达成共识,从而采取集体行动。选举民主保障的是人民个人的选择权,协商民主保障的是人民个人与组织的平等参与和话语权。

推进乡村协商治理现代化,应以选举民主为前提和基础。没有完善和发达的选举民主,就不会有真正的乡村协商治理现代化。在选举民主中,农民选举权的落实迫使政府倾听农民的想法并与农民进行协商。发展乡村协商治理现代化必须与选举民主相结合,不能否定、贬低选举民主。既要将协商精神贯彻到投票民主的运行过程之中,减少投票的随意性,提高选举的包容性,也要像尊重每个人的投票权利那样尊重协商过程中每个主体的独立判断能力,避免协商中的"随大溜"和"屈服强势"。

只有实现乡村协商治理与选举民主的协同共生,才能实现乡村的有效治理。

---

[1] 曲延春.中国乡村治理中的协商民主:发展逻辑与推进对策[J].农村经济,2011(11).
[2] 阿罗.社会选择:个性与多准则[M].钱晓敏,孟岳良译.北京:首都经济贸易大学出版社,2000:55—70.
[3] 杨雪冬.选举民主与协商民主可以相互替代吗[N].解放日报,2009—03—23.

乡村协商治理现代化坚持选举民主与协商民主相结合，是中国特色社会主义民主的一大特色，也是中国特色社会主义民主的重要优势。选举民主与协商民主相结合，健全了基层民主制度，丰富了基层民主形式，拓宽了基层民主渠道，大幅提升了中国特色社会主义基层民主的品质。这不仅发展了社会主义政治文明，也打破了对西方民主模式的迷信（见图5—3）。

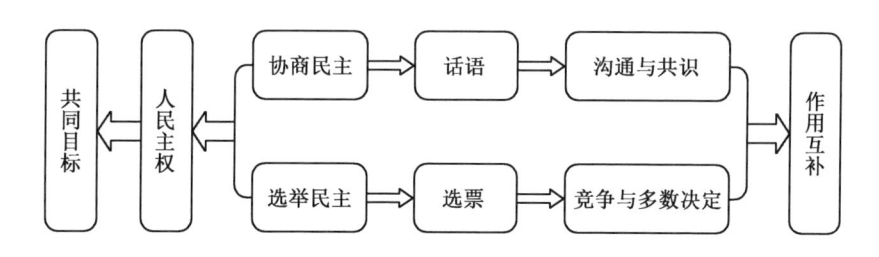

图5—3 协商民主与选举民主的关系

第二节 乡村协商治理现代化的制度路径

乡村协商治理现代化既是一种价值观，也是一种制度安排。价值观意义上的乡村协商治理现代化没有制度安排的支持很容易流于空泛。作为制度的乡村协商治理现代化需要一系列具体制度作为支持。没有这些制度支持，乡村协商治理现代化带来的选择和参与可能成为符号政治的表象。十八届三中全会明确提出"协商民主是我国社会主义民主政治的特有形式和独特优势，是党的群众路线在政治领域的重要体现"，强调"推进基层协商制度化"。[①] 乡村协商治理现代化高度重视协商的程序及其制度性和规范性，把协商程序看作乡村决策合法性、正当性的基础。"把政治协商纳入决策程序"，就必须加强乡村协商治理制度化、规范化、程序化、法治化和科学化建设。规范化是基础，制度化是核心，程序化是关键，法治化是保障，科学化是目标。构建系统完备、科学规范、运行有效的制度体系，使乡村协商治理制度更加成熟。

---

① 习近平. 关于《中共中央关于全面深化改革若干重大问题的决定》的说明[N]. 人民日报，2013—11—16.

一、协商议题产生制度

"农村协商民主的制度化是协商民主机制持续有效运作的保障。"[①]制度化和规范化是乡村协商治理现代化的生命。制度化(institutionalization)是"群体和组织的社会生活从特殊的、不固定的方式向被普遍认可的固定化模式的转化过程",或者说是"组织与程序获得价值和稳定性的过程"[②]。制度化的功能在于程序性、公正性、稳定性和可操作性。乡村协商治理现代化的议题主要由政府提出,人大代表、社会公众(经一定数量的联名)以及社会组织也可以提出现实议题。议题的范围必须是乡村经济社会发展规划的编制和调整、乡村经济和社会发展的重要政策、乡村社会公共事务管理办法的制定和修改、乡村投资的较大工程建设项目、群众普遍关注或反映强烈的重要事项以及其他涉及大多数群众利益的重要公共事务和公益事业。议题范围基本体现了乡村协商议题的特性:

一是公共性。乡村协商议题不是老百姓个人的问题和事务,而是乡村全体或某个群体的公共事务。

二是利益相关性。议题与全体或某个群体民众的利益直接相关。

三是可行性。"作出的决策要符合法律和政策以及本级政府的权限,而且有条件有能力实施决策。"[③]

乡村协商治理现代化的议题要兼备以上三个特性。政府在确定协商议题时,一定要着眼于解决问题、推动工作。议题确定以后,政府要组织调查研究,提出决策的初步意见或决策方案。

二、协商主体参与制度

列宁指出,社会主义民主是真正体现人民当家作主民主思想的"复活",民主意味着在形式上承认人民一律平等,承认大家都有决定国家制度和管理国家的平等权利。"在社会主义下,'原始'民主的许多东西都必然会复活起来,因为人民群众在文明社会史上破天荒第一次站起来了,不仅独立地参加选举和投票,而且独

---

① 张扬金.协商民主与村民自治制度的价值重拾[J].理论探讨,2013(1).
② 中国大百科全书·社会学[M].北京:中国大百科全书出版社,1991:477.
③ 陈奕敏.协商民主在基层的制度创新[J].中国党政干部论坛,2013(7).

立地参加日常管理。在社会主义下,所有的人将轮流来管理,因此很快就习惯于不要任何人来管理。社会主义将……使大多数居民无一例外地人人都来执行'国家职能'。"[1]在社会主义社会,生产资料公有制否定了金钱作为政治决策的基础,保证了人民在经济地位上的平等,确保了广大人民在共同利益上具有一致性,为协调不同利益关系、解决利益矛盾创造了条件。乡村协商治理现代化应由与决策事项相关的个人、利益群体、社会组织参加,可邀请相关人大代表,政协委员等各界人士参加,特别鼓励社会公众自主参与。

参与者产生的第一种制度化方式是自主选择、自愿参与。一般应在协商会举办前 3—5 天,政府向社会公开议题、时间、地点等民主协商的相关信息,社会公众可依据利益关联程度和表达愿望的强弱自主决定是否参与;这种参与是"自愿的平等参与,参与者没有任何条件和身份限制"[2],任何人只要有时间有兴趣都可以参加。

第二种是邀请参与者,主要是决策事项的利益相关者代表以及关注公共事务并能够作出理性分析和判断的当地人士。

第三种是在决策事项相关的行政区域内的全体民众中随机抽样产生参与者。

自主参与既注重了参与的平等性,又能较好地实现参与的有效性,但要注意提升村民的参与意识,促进参与者的广泛性;邀请参与者是必需的,尤其是利益相关者,但注意政府选择参与者的公平性;随机性参与有足够的广泛性和平等性,但要提高协商治理的有效性。三种参与方式应综合运用,既要保证参与的有效性,又要做到参与的广泛性和平等性,使社会各界、各利益群体都有机会和渠道参与协商、表达诉求、提出建议。

三、理性对话协商制度

毛泽东主张对于思想问题,"必须采取民主讨论分清是非的方法,以达到统一认识统一行动的目的"。[3] 意见有不同,认识有差距,利益有纷争,协商是一种态度,更是一种智慧。讨论带来理解,交流产生交融,协商推进共识。乡村协商治理

---

[1] 列宁全集(第 31 卷)[M].北京:人民出版社,1990:112.
[2] 陈奕敏.协商民主在基层的制度创新[J].中国党政干部论坛,2013(7).
[3] 建国以来毛泽东文稿(第 10 册)[M].北京:中央文献出版社,1996:125.

现代化的对话协商过程是公众参与者与政府之间以及参与者之间的利益博弈。政府提出决策方案后,公众参与者发言、讨论,对决策事项提出要求、表达愿望、论证理由,或争取或妥协,或坚守或放弃,以影响政府决策,寻求决策结果的合理性和公共利益的最大化。

这样的对话协商首先要在平等的基础上进行,所有的参与者有同等的发言权,没有身份、性别、职业、职务、社会地位、文化程度等的限制和歧视,任何人都没有优先发言权,所有社会公众都具有均等的参与机会。政府与社会公众要平等协商,不可居高临下、自以为是,要尊重每一位参与者,认真倾听他们的意见尤其是反对意见。政府在听取发言、了解公众真实想法的同时,要对每一位参与者的发言作出务实的回应,公开相关信息,答复相关问题,表明政府的主张和看法,对发言内容作简要评判。这种双方互动的对话既示意政府对参与者发言的重视,又注重协调利益和意见分歧,建立互信,增进共识。对话要充分,要让参与者知无不言,言无不尽,尽兴而归。只有充分地对话,各种不同的看法才会互相碰撞和交锋,最后在各方的妥协中达成共识。妥协其实就是民主的过程和状态。

四、协商信息公开制度

信息公开有利于提高乡村协商治理现代化的质量,也有利于促进乡村社会关系的健康稳定发展,在乡村协商治理现代化实践中"建立和完善信息公开制度很有必要"[1]。信息公开能既够增强乡村干部的服务意识,积极主动地把村民最关心、最想知道的信息通过各种渠道传递给村民;又能够发挥乡镇人大代表的积极作用,真正做到"上情下达、下情上传","真议事、议真事"。信息公开能够落实好村务公开制度,保障村民的知情权和监督权,也能够提高村民自身素质,激发村民参与村务的意愿和获取信息的能力。除涉密信息外,协商草案在发放代表审议时,也同时向公众公开,即"双公开"制度[2]。草案公开可以让公众知晓并关注协商安排,为后续监督提供依据。公众对草案的反馈意见可以为协商修改提供参考。此外,协商修正案、协商调整案、协商执行情况报告、预算审计报告、政府财务报告

---

[1] 刘华景,刘海涛.协商民主视角下安徽农村基层民主建设的机制研究[J].南京航空航天大学学报(社会科学版),2013(1).

[2] 童伟.引入公民参与构建地方财政监督机制[J].财政监督,2012(33).

等文件,均应当通过正式程序向公众公开,或者公众能够便捷查询。

五、协商过程监督制度

协商方案在执行中细化成具体的政府行为和公共项目,公众可以凭借不同身份参与协商的具体活动,协商过程中的公众监督因此成为乡村协商治理现代化最重要的公众参与。不过,这种决策后参与的"纠错"功能并不如决策时参与的"预防"功能,监督成本也比较高。

乡村协商治理现代化的成熟与发展,制度化是重要保障。制度是制度化的基础,制度化是制度的常规化和稳定化。制度化的关键在于制度的实施。制度是需要依靠社会中的每个人去维持和创新的,这意味着协商和平等不仅应当成为写在村民自治上的消极权利,还应当成为每个农民积极的日常实践,这就需要现代农民反思自身、完善自我并意识到协商治理在个体生命中的重要意义。

第三节 乡村协商治理现代化的实践路径

一、常设机构和科学程序的合理配置

(一)强化村民代表会议的协商平台

乡村协商治理现代化的关键是完善相关制度安排和程序设计,为村民自治的持续发展提供坚实的制度基础。《村民委员会组织法》规定,村民会议是村民自治的最高权力机构,是村民参与决策的最核心平台,在实践中村民会议却被虚置。为落实农民当家作主的权利,必须树立村民会议在村民自治中的权威。把日常协商决策的重点放在村民代表会议上,重点设立村民会议的代表选择机制和召集人制度,并将村民代表会议列入人大系列。天津市武清区的村民代表会议制度,实行村党组书记兼任主席,负责召集和主持村民代表会议。河南中牟的联户代表会议制度的"一户一代表、十户一联合",村民联户代表的选举授意,镇政府发证授权的"双重赋权",为我们提供了实践依据。协商代表可采用主动邀请、自愿报名、简单抽样与科学抽样的方式。主动邀请的对象一般为利益相关者和当地的乡贤。

自愿报名的代表往往与协商主题相关,他们有备而来,参与热情高。简单抽样能最大限度地体现代表的真实性、广泛性与公正性。科学抽样是先设立参与库和专业库,然后再在"两库"中随机抽选公民代表和专家。在实际操作过程中更多的是综合运用。[1] 建立在"同意"基础之上的乡村政策的执行会更加顺利,效果更好。村民会议召集人制度是指设立独立于村"两委"之外的村民(代表)会议的专门负责人,制度安排的目的是确保村民(代表)会议独立行使决策权和监督权。村民会议主席和副主席列入村干部序列,由村民会议直接选举产生,职责是对村民代表的调查和提案进行总结,对特殊情况下提议开会的人员进行统计,并负责会议召集。当村民代表会议认为有必要召集村民会议或超过十分之一的村民提议时,由村民会议主席负责召集。村民委员会也可以向村民会议主席提请召集会议,村民会议主席不得拒绝。在乡村会议里,党支部提出动议,村民可以表达自己的意愿并进行讨论,形成的会议决策由村民委员会执行。作为法律规定,村民(代表)会议应是乡镇人民代表大会的一个代表团,使乡镇人大与村民自治紧密衔接起来。通过村民会议激活乡镇人大代表会议,既解决了村民(代表)会议主席召集主持村民(代表)会议的合法性问题,也为村民与乡镇政府之间利益冲突的协商解决提供了法理基础。

(二)明确乡村权力主体的边界

1959 年,毛泽东在读苏联教科书时说:劳动者的权利,应包括"管理国家、管理军队、管理各种企业、管理文化教育的权利"。"这是社会主义制度下劳动者最大的权利,最根本的权利。"[2]村民自治以村民和村委会为参政主体。协商治理视域下,参政主体与党支部和乡镇政府之间在选举、重大决策和重大事务等方面的协商应该是经常性、整合性的。为了提高乡村协商的稳定性、长期性和有效性,它们之间应建立一个三位一体的协商机构。通过此机构对各自职权进行明确划分,在乡村协商中体现乡村民主,以乡村民主促进乡村协商。

首先,关于权力来源。宪法规定,"一切权力属于人民",明确了乡村协商机构

---

[1] 毛泽东文集(第 8 卷)[M].北京:人民出版社,1999:129.
[2] 陈家钢.协商民主与当代中国政治[M].北京:中国人民大学出版社,2009:26.

的合法性根源于全体村民,协商机构的决议必须体现村情民意,接受全体村民监督。

其次,关于协商机构的职责。村民自治中包括的民主选举、民主决策、民主管理和民主监督,乡村中的所有重要事务都应该进行充分协商,乡村组织之间的关系协调也是其职责。

再次,关于协商原则。村民自治制度是中国特色社会主义的一项基层治理制度,党的领导和上级政府的支持与指导是一项基本原则,但是党政的推动作用不是以强化行政的权力为主要目的,而是为了切实帮助农民解决其无法解决的现实问题。乡镇政府和村党支部对"村民的低层次、低水平的政治参与以及非制度化的参与要有干预权"[①],村民有表决村党支部组成的权利,有监督党员违纪行为的权利,对乡政府的行为有建议权等。

(三)设计规范的乡村协商程序

马克思指出,"在民主制中,任何一个环节都不具有与它本身的意义不同的意义。每一个环节实际上都只是整体人民的环节"。"协商民主尊重程序,并将程序看作决策获得合法性的规范性要求。"[②]协商的程序性赋予每个公民"平等的机会,表达自己意见,驳斥他人的根据;它们保证对话是自由、公开的"。根据法律规定和实践要求,乡村协商程序应采取六步工作法。

1. 民主提案

通过村民代表入户发放《意见征询表》和座谈的方式,了解关系村民生产生活急需解决的村级公益事业建设项目,也可以由村党组织、村委会、村民十分之一以上联名或五分之一以上村民代表联名提出议案。

2. 讨论形成初步方案

村民代表会议主席将村民代表调查结果或其他提案汇总,在代表讨论、协商的基础上,梳理出村民要求最强烈、时间最急迫、受益范围最广、与村情相适应的议题,并提出初步实施方案。

---

① 胡杰.完善农村民主政治建设的有效路径[J].攀登,2003(S1).
② 马克思恩格斯全集(第3卷)[M].北京:人民出版社,1998:39—40.

3. 公开初步方案

村民会议通过村务公开栏、广播(或微信、网络)、村民代表等形式公开初步方案,征求村民对初步方案的意见。

4. 民主讨论确定方案

通过农村的各种议事平台,如自治组织或社团的内部讨论、村民小组会议、党员代表议事会、"两委"联席会议、村民听证质询会、民主恳谈会等可以多种形式修正、完善方案。

5. 表决

对于重要村务决策和紧急的特大村务决策,由村民代表会议对经过各利益主体讨论、修改的方案进行协商、表决。对于非紧急的特大村务决策,应该由村民代表会议协商讨论,达成共识,确定表决方案。再召开村民会议进行表决,由村民代表会议主席召集和主持。其中在村民代表会议协商讨论中必须引入专家咨询制度。表决前要公开说明为何要确定这样的方案或以充分的理由解释说明持异议的理由。表决后要形成书面记录,公布赞成票、弃权票和反对票的具体情况。

6. 实施

村委会积极组织实施、及时公布实施情况,接受人民群众的实时监督,并"随时对实施中出现的问题进行协商"[①]。

二、网络平台与网络协商的畅通建构

自由、平等、开放、虚拟化、便捷的网络技术正逐步改变着乡村协商治理现代化的面貌,给乡村协商治理现代化带来了不同的景观和发展动向。网络提升了乡村协商治理现代化的质量和水平,带来乡村协商治理范式的更新。乡村网络协商治理是指现代农民以虚拟的网民身份或者以网络社区的形式发表治理主张、治理意愿,影响和推动乡村决策过程、监督乡村管理的活动,是一种直接或间接地影响乡村决策和与乡村活动相关的公共政治生活的参政行为。

(一)构建网络平台

乡村网络协商治理可以补村民选举之"短",补村民参与之"虚",补畅通民意

---

① 戴均.协商民主:村民自治可持续发展的政治诉求[J].人文杂志,2009(2).

之"缺"。有利于提高乡村基层政府的工作效率,密切党和人民群众的联系,加强党的执政能力建设,推进乡村协商治理现代化发展。现实中,部分领导干部还停留在"乡村网络协商是份外之举"的错误认识,对村民的网络协商采取简单粗暴的封堵手段。为此,要切实采取有效措施,把乡村网络协商作为加强基层建设的一项系统工程扎实推进。乡村网站要突出实用功能,可设置与农民相关的实用技术、信息发布、二手买卖等板块,增强亲民性和点击率。要提高基层政府工作人员电子政务水平,增强乡村干部的网络协商意识和沟通能力,并将这些要求作为基本功纳入业务考核的范围。乡村网站可通过村委信箱、意见咨询板块、民生问答平台、在线咨询问答等吸纳民意。可开通网络信访,在主流新闻网站开设乡村网络信访平台,与村民实行即时互动接访。可利用迅速崛起的村务微博,设置"乡村公报""村务发布""村民问政",了解乡情民意,实现官民互动。因此,基层政府既要加大资金投入,确保乡村网站建设的基本经费,又要增设专职人员负责网站的技术维护,确保乡村网站畅通无阻。既要加大乡村政务信息公开力度,注重乡村网站信息质量,又要建立一套高效运行的乡村信息"收集—处理—反馈"机制,保障乡村政务信息的真实性、权威性。

(二)发展网络协商

网络时代,人人面前都有"麦克风",人人都是评论员,人人都是参与者。网络协商是人口流动背景下乡村协商治理现代化的有效途径。现代社会是网络社会(The network society),"数字化生存"是信息时代农民的一种生活方式和生存状态。曼纽尔·卡斯特(Manuel Castells)指出:作为一种历史趋势,信息时代的支配性功能与过程日益以网络组织起来。网络建构了我们社会的新社会形态,而网络化逻辑的扩散实质性地改变了生产、经验、权力与文化过程中的操作和结果。信息化、网络化的发展趋势完全改变了传统的时空内涵和形式,社会关系日益与"面对面的互动情势"相分离。

网络的开放性、平等性、互动性和廉价性等特点无疑为乡村协商治理现代化创造了极为方便的条件,在家或外出的农民只要拥有一根网线、一台电脑、缴纳一定的网费,足不出户、点击鼠标就可以完成原来车马劳顿、烦琐的协商活动。农民工可以通过快捷方便的手机网络,完成协商资料的收集和整理。互联网使沟通、交流变得畅通无阻，不需要提供专门的地点，不需要支付昂贵的成本，便可以参与乡村协商治理现代化的全过程。

根据作者对郑州农民工的调查，几乎所有调查对象都有上网经历，85%以上的农民工平均每周上网4—7次，上网时间8小时以上，75%的农民工都通过手机上网。科技和信息网络的迅猛发展为乡村协商治理现代化的发展奠定了科学基础，提供了技术支持。在乡村网络协商治理中不但要防止责任滑落、自我陶醉、群体极化、理性碎片、信息质量和网络寡头等问题，也要注意纾解网络民意表达的非理性和情绪化、网络民意主体结构的失衡、网络推手制造的"伪民意"和网络表达的自由和离散问题。为此，要提高网民法律意识，保障村民的理性参与；要提高网民的主动性和自觉性，加强"公民权"教育，使村民理性参与；要提升村民的网络参与能力和参与质量，做到实质性的参与；要加强网络参与机制建设，建立村民真实地表达意愿的保障机制；要建立提升农民参与积极性的激励机制，完善具有针对性和可操作性的操作机制。

(三)强化网络制度

人口流动背景下的乡村网络协商治理，应加强网络协商制度建设，实现乡村网络协商治理的制度化和常态化。加强乡村网络协商环境下的民主执政，必须以发达的信息技术、网络及其相关技术为运作平台，以直接民主为发展趋向，在彰显以农民全体、主动、切实参与民主决策、民主选举等民主运作程序为典型特征的新的实践中推动农民民主选举机制的健全。必须健全乡村网络社情民意反映制度，使广大农民对处理乡村涉及经济社会发展全局、群众切身利益重大事项的意见和建议，能够及时通过网络反映到决策层。既要通过网络健全乡村协商治理制度，保证农民依法直接行使民主权利，严格管理乡村公共事务和公益事业，又要健全对农民的民主管理制度，保障农民的合法权益。加强乡村网络协商，既要在现实环境中建立和形成监督的长效机制，"又要在网络环境下加强网络监督"[①]，形成监督合力；既要认真落实国家权力机关对乡村权力执行机关的质询权和监督权，又要善于利用网络环境加强网络问责、网络质询，善于利用网络施行乡村政务公开

---

① 王守光.加强网络环境下民主执政对策研究[J].理论学刊,2009(12).

制度、述职述廉制度、重大事项报告制度以及民主评议制度,增强乡村民主监督的透明性、可操作性和有效性,确保乡村干部始终在宪法和法律范围内活动。

三、隐蔽议程和参与不足的共同消除

(一)消除隐蔽日程

消解乡村协商治理中的隐蔽议程,关键在于扩大协商主体范围,使能够参与制度化协商的乡村主体不再仅仅局限于乡贤,让普通村民都能平等自主参与。要培育村民的协商精神,拓宽乡村协商渠道,建构乡村表达和参与平台,使乡村协商治理现代化"既能体现国家形态上的民主,也能体现社会形态上的民主"[1];既要发展物理形态的乡村协商平台,更需建设虚拟形态的网络协商平台。建立以乡贤与村民等相关主体通过对话、协商和博弈形成广泛参与协商治理议程的机制。推进公共服务型乡村政府建设。一方面,乡村基层政府应处于经济与社会之上的超然地位,做社会利益的自主调节者;另一方面,政府施政要以农民为中心,在乡村社会治理中扩大农民参与。加强乡村政府伦理道德建设。坚定乡村公共利益和公共价值取向,防范和扼杀因基层政府追逐私利而导致的隐蔽议程。"协商民主是一种法治性民主,契合了现代国家治理的制度化要求。"[2]建立健全乡村权力监督和责任追究机制。树立"有权必有责,用权必监督,违权必追究"的权力理念,促进乡村权力的公共价值回归。充分发挥乡村社会舆论作为"第四项权力"的作用,通过主动设置议程、放大公众议程、曝光隐蔽议程,"在短时间内将信息传遍整个社会,形成信息流,造成普遍的信息声势,使其成为社会关注的焦点,对政府形成强大的压力,迫使行政精英摒弃'权力中心主义'的理念,树立'权力中心主义'的价值观,用协商的范式化解冲突"[3]。

(二)消解参与不足

参与不足这一概念,有学者时常用政治冷漠等做解释。村民参与不足就是村

---

[1] 宁有才.协商民主与公共政策隐蔽议程治理[J].山东大学学报(哲学社会科学版),2013(4).
[2] 叶小文,张峰.协商民主从现代国家治理的高度认识协商民主[J].中央社会主义学院学报,2014(1).
[3] 党秀云.公民精神与公共行政[J].中国行政管理,2005(8).

民对乡村协商治理不参与,它是乡村社会经济不平等与政治不平等的产物,表征着乡村行政权力的表面公共性与实质阶层性之间的悖论关系,作为政治态度,是指村民对乡村治理活动的冷淡和对治理问题的漠视[①];作为治理行为,是指村民对乡村治理参与的疏远和逃避。人口流动背景下,发展乡村网络协商治理,必须提升农民网络协商治理素质,消除参与冷漠。网下网上并举,提高农民的综合素质,增强他们的政治参与能力。要实现农民有序和有效的网络政治参与,其自身素质的提高至为关键。这种素质不仅包括科学文化素质,更多地体现在维权意识、法制观念、参与能力和实用技巧等方面。一方面,由政府牵头采用易于农民接受和参与的形式开展普法教育、思想教育、公民权利和义务教育,让他们在实践中累积参政经验和治理知识,并深刻认识到治理参与对乡村发展的现实意义。另一方面,基层政府、居委会、社区以及大型厂矿企业等在农民或农民工比较集中的区域提供免费上网场所,定时定点开展有针对性的网络培训服务,教导他们学会使用网络语言,登录、浏览主要的政府网站、门户网站、社区局域网,参与网络话题讨论等,以弥合农民或农民工群体在获取和利用信息能力不平等情况下导致的网络协商能力高低不等的鸿沟。

四、协商文化与公民教育的有机结合

(一)提高民主意识和参与能力

提高农民民主意识和参与能力是乡村协商治理现代化建设的重要方面和基础性环节。必须致力于培养广大农民的主人意识、平等意识、法制观念,动员和支持农民合法有序地参与村民自治事务、农会事务、人大代表选举及其他社会事务。大力发展农村市场经济,"为提高广大农民民主素质创造经济条件"[②]。大力发展农村文化教育和科技事业,提高农民的科学文化素质,从而直接或间接地培养和提高农民的民主素质和能力。不断健全乡村协商治理制度,充分调动广大农民的参与积极性和创造力,切实保障农民各项经济文化权利。要把村、乡、县和整个国

---

① 张国献.论人口流动背景下的乡村协商治理[J].中州学刊,2016(2).
② 崔朝阳,董琼华.村民自治背景下国家与农民民主意识分析[J].聊城大学学报(社会科学版),2005(3).

家经济政治和社会生活中的重要情况、重大决策、重大事件公开地告诉农民,形成制度;"要克服封闭性和神秘性"[①],克服实施治理过程中的虚假欺骗现象;要加强党和政府与广大农民之间的双向沟通,提高人大代表中的农民比例,密切基层政府和农民的关系。乡村基层政府应通过各种渠道倾听农民的声音,了解农民的意志、利益和愿望,达到双向信任。因此,乡村协商治理实践和协商治理教育有利于强化和提高农民的民主意识和参与能力。

(二)发展乡村协商文化[②]

协商治理既是一种规则,也是一种文化;规则外化为制度,而文化则酿生为意识形态。协商文化是乡村协商治理现代化的重要内容,乡村协商治理现代化的可持续性依赖于成熟的协商文化。培育村民的网络主体意识、参与意识、协商意识和公共理念。

乡村协商文化是一种公民文化,是现代人民社会发育、成长的重要标志,通过话语沟通、交流实现参与,"强调参与主体间的自由、平等与合意"[③],强调多元主体在参与过程中的相互协商、妥协与包容,重视参与中的偏好转换。强调村民在参与过程中超越单纯的自利行为,反映公共利益和共同利益。要以协商精神与集体理性为导向,以村民间理性的协商、商谈等方式发展包容与妥协的乡村协商治理现代化。先进农村社区协商文化能够"有效地协调个性化的、分散化的农民利益,协调农民个体的世界观、人生观、价值观"[④]。要培育先进的农村社区文化,对村民进行必要的治理知识、治理法令、协商制度、协商规则、协商程序和协商技能的教育、传授和训练,使村民熟悉政治生活,"了解民主规则和程序,掌握民主生活技能"[⑤],直接参与治理进程,实现农民的归属感、使命感和被认同感。要大力弘扬传统文化,尊重和扶持农村优秀的传统仪式、风俗、习惯和信仰,在社会主义先进文化引导下,发挥农村传统风俗习惯、道德伦理的基础作用。

---

① 崔朝阳,董琼华.村民自治背景下国家与农民民主意识分析[J].聊城大学学报(社会科学版),2005(3).
② 张国献,李玉华.乡村协商民主的现实困境与化解路径[J].中州学刊,2014(3).
③ 徐理响.协商与合作:农村公共事物治理之道[J].农村经济,2011(4).
④ 张锋,辛晨.新农村社区整合机制研究——以利益分析为视角[J].长白学刊,2007(6).
⑤ 沈定军,谢向波.村民自治中民主选举问题的对策研究[J].中共郑州市委党校学报,2007(1).

发展乡村协商治理现代化,必须重塑全新的乡村基层行政文化,"实现权威型和集权式行政文化向民主型参与式转变"①,乡村基层官员必须广开言路,遇事同群众商量,让普通群众参与到政府决策中来;行政人员必须培育民主协商意识,在行政管理过程中,重视政府与公民之间协商、讨论的作用,消除官僚主义作风,营造民主协商氛围。培育乡村协商文化,必须大力增强农民的文化素质和参与意识,建立先进的农村社区文化,促进臣民文化向现代人民文化转型。要深入挖掘农村公共协商的文化资源,增进乡村公益精神和相互信任的社会资本,形成农民理性表达的文化支撑。

乡村协商文化塑造既要开发现代积极信任资源,又要采取宣传教育、行为训导、榜样激励等途径;既要大力开发农村公共协商平台,又要开展相关协商主体的协商素质培育;既要不断提升村民的公共精神,又要大力倡导乡村的公共理性。

(三)弘扬乡村公民精神

乡村协商主体"不仅仅是理性人,还应具有公共理性与公共情怀,应追求公共性与公共利益"②。公民精神是乡村协商治理的重要组成部分,意味着村民对乡村"公共"的热心、关爱和尊重,意味着村民对乡村"公共"的责任和义务,意味着村民崇高的公共品德与素养。它表现为在乡村协商治理中的道德、责任、奉献、宽容等价值规范。

培育村民参与乡村公共事务的公民精神,要促使村民增强自主性,"完善公民人格"③,展现理性的宽容、妥协与合作精神,提高公民素质;要培养村民的公民美德,秉持社会主义核心价值观,使乡村共同体成员之间相互理解、相互尊重,节制不合理需要;要促使村民遵循社会主义核心价值体系,形成乡村集体责任感,通过公开检视个人决策结果,明晰乡村治理共同体的价值。要培育乡村基层政权成员的公共精神④。行政权力的政治性和公共性要求乡村基层政府要为乡村公共利益服务,要本着公平、公正、公开的原则为人民服务;乡村政府制定政策必须密切关

---

① 王婷婷.协商民主:乡村治理的有效路径选择[J].淮北职业技术学院学报,2011(1).
② 徐敏宁,陈安国.民生政策制定中更应突出协商民主制度建设[J].行政论坛,2013(5).
③ 凌新,喻红军.论哈贝马斯协商民主理论及其对和谐社会建设的启示[J].江汉论坛,2010(4).
④ 李燕,程恩富,张国献.乡村全过程人民民主的主体制约与化解路径[J].东南学术,2023(6).

注和认真回应村民关切,促进乡村政策的合理性与公共利益的实现,提高乡村人民群众对政府的满意度。

(四)完善农村教育体系

协商治理是经过陶冶和培养的过程。农民协商能力建设是推进乡村协商治理现代化的必要条件。"健全和稳定的现代民主不仅仅依赖于'基本结构'的正义,而且还依赖于公民的品性与态度。"[①]农民协商美德和权利意识的培育和建构是要通过教育和培养而成的。教育程度既直接影响农民对乡村公共事务的关注程度、对乡村问题的理解程度,也直接影响农民表达自身偏好的方式方法和对别人意见和建议的理解程度。只有全面提升农民的教育水平,才能提高他们在乡村协商治理现代化中清晰表达自己思想、与人交流沟通的能力。

发展农村基础教育是人民政府的基本责任。应不断完善乡村国民教育体系,巩固乡村基础教育成果,全面提升农村职业教育水平,重点完善农村成人教育课程体系,大力提高农民的科学文化素养。根据当前农村社会现实,应逐步完善农村公共参与的教育和培训制度。乡村基层政府要加强农民的协商知识、协商文化和协商素质培训,努力提高农民整体治理文化素养和民主参与意识;加强农民综合能力培训,提高其有效利用资源尤其是将资源转换为机会与行动的能力;加强农民协商技能培训,提高农民表达真实偏好、有效利用现有资源和认知等协商能力。培养农民协商治理意识,既要鼓励农民参与各种形式的协商和交流,确保所有人拥有真正的发言权;又要加强对农民的文化素质教育和发展技能培训。

乡村协商治理现代化谋求的是乡村的和平、安宁、文明、幸福,既是一种价值、一种理想、一种制度、一种机制,也是一种形式、一种方法、一套程序、一个过程。在当代中国农村,乡村协商治理现代化的社会表达、理性沟通与交流互动,形成了乡村公共舆论并影响乡村决策和行为,成为乡村民意表达和参与乡村治理的一种形式。

---

① [美]乔·萨托利.民主新论[M].北京:东方出版社,1998:112.

第四节 乡村协商治理现代化的法治路径

法治化是乡村协商治理现代化的发展方向。习近平总书记提出,推进国家治理体系和治理能力现代化,推进基层协商治理法治化。依法治国是实现国家治理体系和治理能力现代化的必然要求。协商治理不仅是一种国家制度,更是一种以法律为支撑的制度体系。乡村协商治理法治化就是运用相关法律法规在对乡村协商治理制度的地位和作用进行明确定位的基础上,通过法律法规来规范乡村协商治理。乡村协商法治化的法律渊源应是硬法和软法相互补充、他律和自律互相结合。对乡村协商治理现代化从制度、程序及主体权利等方面进行法制规定,不仅有利于乡村协商治理现代化的稳定、可持续发展,也有利于依法治国的全面推进。近年来,乡村协商治理实践不断完善和发展,但也出现了领导意志化、主观随意化、落实表面化等不良现象。通过法律规范,确保乡村协商治理现代化在宪法和法律框架下不断创新。

一、秉持乡村协商治理法治化的科学理念

乡村协商治理法治化,要求乡村协商治理现代化要依法进行。目前,学界对治理法治化和基层治理法治化的研究较为深入,而对乡村协商治理法治化问题的研究并不多见。随着乡村协商治理现代化实践在乡村社会的深入推进,如何保证乡村协商治理现代化在法治轨道上运行是我们必须认真研究的课题,因为法治是调整治理的关键要素。

对于法治化而言,它是国家治理现代化的题中之义。乡村治理现代化是国家治理现代化的基础,也是国家治理现代化的重要组成部分,而协商治理是乡村治理的重要方式。实现乡村治理的法治化,必须关注乡村协商治理的法治化,从制度构建到具体协商实践都要充分发挥法治的作用,把法治融入乡村协商治理现代化的各方面和全过程。乡村协商治理现代化作为一种治理模式,应当具有合法性和平等性、公开性和公共性、程序性和责任性等多方面价值。在乡村协商治理现代化中,治理主体具有多元性,既有作为国家力量代表的政府组织和代表自治力量的群众性自治组织,也有代表社会力量的基层社会组织。各参与主体的地位,

各参与主体之间的相互关系,各参与主体的权责、义务内容、参与方式、程序方法、决策结果和决策效力等都需要法治嵌入,由法律规治并由法律保障。

党的十九大报告明确提出要加快"推进基层治理法治化"[①]。"全面依法治国是国家治理的一场深刻革命,关系党执政兴国,关系人民幸福安康,关系党和国家长治久安。"[②]这就必然要求乡村协商治理法治化,将乡村社会法治化治理融入中国特色社会主义法治体系中,所以乡村协商治理法治化势在必行。乡村协商治理法治化要求乡村协商治理现代化必须依法进行,治理主体、治理内容、协商程序、协商目标等由法律规定,在治理过程中充分体现法治精神,真正实现治理的制度化结构和规范化内容。

二、坚持乡村协商治理法治化党的领导

党的二十大报告指出:"各级党组织要履行党章赋予的各项职责,把党的路线方针政策和党中央决策部署贯彻落实好,把各领域广大群众组织凝聚好。"[③]在乡村场域,基层党组织全面领导各项工作。《村民委员会组织法》等法律和规范性文件,《乡村振兴战略规划(2018—2022年)》《中国共产党农村基层组织工作条例》《关于加强和改进乡村治理的指导意见》等规定和政策都对农村基层党组织的地位作用作出了明确规定,农村基层党组织为农村改革发展稳定、乡村治理提供坚强的政治和组织保证。乡村基层党组织在乡村治理体系中居于领导核心地位,是乡村治理中实现党的意图、落实党的政策、维护党的权威的阵地和堡垒,是中国共产党与基层农民联系的桥梁和纽带,其功能主要体现在政治领导、利益整合、服务群众、人才集聚四个方面。[④] 农村基层党组织通过思想引领、组织保障、成员带动等方式在乡村治理中发挥核心作用。实践证明农村基层党组织的强弱与乡村治理成效有着密切联系。毋庸讳言,我国一些农村地区的基层党组织还存在软弱涣

[①] 习近平.决胜全面建成小康社会 夺取新时代中国特色社会主义伟大胜利——在中国共产党第十九次全国代表大会上的报告[M].北京:人民出版社,2017.
[②] 习近平.高举中国特色社会主义伟大旗帜 为全面建设社会主义现代化国家而团结奋斗——在中国共产党第二十次全国代表大会上的报告(2022年10月16日)[N].人民日报,2022-10-26.
[③] 习近平.高举中国特色社会主义伟大旗帜 为全面建设社会主义现代化国家而团结奋斗——在中国共产党第二十次全国代表大会上的报告(2022年10月16日)[N].人民日报,2022-10-26.
[④] 董文兵.乡村治理现代化进程中农村基层党组织功能定位面临的挑战及对策[J].青岛农业大学学报(社会科学版),2017(2).

散问题,个别村的党组织存在弱化、虚化、边缘化问题。个别党员干部不能发挥模范带头作用,甚至操纵选举、横行乡里、打架斗殴、聚众闹事、欺行霸市、强买强卖、残害无辜,扰乱和危害农村社会治安秩序,破坏农村社会稳定,侵害农民群众利益。

推进乡村协商治理法治化必须坚持党的领导,要进一步建立和完善相关法律制度和党内法规,特别是要解决好村"两委"、农村基层党的领导与村民自治、公共服务动机与领导力等关系。要进一步提升党组织的治理能力,乡村协商治理现代化在协商议题、参与主体、审议内容、形式选择、程序设定、协商结果的落实等方面党组织都要有超前的预见性和正确的引导力。在进行磋商之前,乡村基层党组织需要认真听取村民、农村社会组织和相关利益者的意见,引导协商议题合法合规。在艰难的乡村协商进程中,基层党组织必须严格遵守协商的主题、内容、形式和程序的指向正确,内容合法合规。乡村基层党员干部必须增强法治观念,带头学法用法,依法治理,依法办事。

三、遵循乡村协商治理法治化推进原则

(一)显性建构与隐性认同的共进

从本质上讲,法治化内含着显性法律制度的构建和隐性法律制度的认同。显性法律制度的建构强调相关法律法规体系的健全与完善,隐性法律制度的认同则强调整个社会法律文化的形成以及所制定的法律获得人们的普遍服从。乡村协商治理现代化的法治化也应当遵循显性建构和隐性认同共进发展的逻辑。就中国的现实而言,我国在显性法律建构方面经过几十年的发展已形成比较完整的法律法规体系。而在隐性认同方面,中国还存在很大的不足,当然这有着历史方面的原因,中国有几千年的"人治"传统,其法治知识、法治精神和法律信仰相对欠缺。正如公丕祥所指出的,中国近代以来法制现代化更多只是形式的、工具的层面,而缺乏在精神实质、价值取向层面的现代化,形式和实体、实证与价值的深刻矛盾是中国法治现代化过程中应当汲取的教训。现代中国的法治化进路也开始注重这两方面的平衡。就法律建构方面,《决定》将"形成完备的法律规范体系"列入五大体系之中。在隐性认同或法治文化、法治精神培养方面,《决定》也指出,

"要增强全民法治观念,弘扬社会主义法治精神,建设社会主义法治文化,增强全社会厉行法治的积极性和主动性,使全体人民都成为社会主义法治的忠实崇尚者、自觉遵守者和坚定捍卫者"。

(二)历史逻辑与对比逻辑的共显

历史逻辑与对比逻辑事实上指的是在我国法治化过程中如何处理保持本民族传统与借鉴国外先进经验的问题。作为一种后成内生型和主动型法治化,中国应该谋求历史逻辑与对比逻辑的统一,在有效利用本土资源的基础上积极吸取西方成功的经验。正如邓小平所说:"社会主义要赢得与资本主义相比较的优势,就必须大胆吸收和借鉴人类社会创造的一切文明成果,吸收和借鉴当今世界各国包括资本主义发达国家的一切反映现代社会化生产规律的先进经营方式、管理方法。"

对于中国的法治化进程,我们既不能妄自菲薄,亦不能夜郎自大。在利用好我们的"法治存量"的基础上,对西方的法治理论、法治方式、法治路径进行有益的借鉴。"坚持从实际出发"是依法治国的一个重要原则。二十大报告明确指出,"必须更好发挥法治固根本、稳预期、利长远的保障作用,在法治轨道上全面建设社会主义现代化国家"。与此同时,要大力"弘扬社会主义法治精神,传承中华优秀传统法律文化,引导全体人民做社会主义法治的忠实崇尚者、自觉遵守者、坚定捍卫者"。"发挥领导干部示范带头作用,努力使尊法学法守法用法在全社会蔚然成风。"[①]

总之,作为后发型法治国家,在立足国情基础上,借鉴外国,理性建构,稳步推进、有选择地进行变革是实现法治化历史变迁的基本路径。

四、健全乡村协商治理法治化硬软法规

硬法是指刚性的法,通常是指国家权力机关以立法方式通过的宪法与法律,具有明显的强制力。宪法是构建协商治理的最高的法律权威。"一部宪法应当能

[①] 习近平.高举中国特色社会主义伟大旗帜为全面建设社会主义现代化国家而团结奋斗——在中国共产党第二十次全国代表大会上的报告(2022年10月16日)[N].人民日报,2022-10-26.

够促进协商,意思是说,将政治可信度跟高度的反思以及说理的一般承诺结合起来。"[1]我国宪法规定:中国共产党领导的多党合作和政治协商制度将长期存在和发展。中国人民政治协商会议是我国最重要的政治协商组织形式,是由中国共产党、各民主党派、人民团体、各界别和各少数民族的代表、台湾同胞、港澳同胞和归国侨胞的代表以及特别邀请人士组成的中国人民统一战线组织,是中国共产党领导的多党合作和政治协商的重要机构。在中国人民政治协商会议形式下,虽然不是全体公民都能参与民主协商,但它是由一批具有广泛代表性的公民组织和公民直接平等地参与的民主协商,能够让各种不同的利益主体在这里找到表达利益要求的机会。这是从中国这样一个人口众多的实际情况出发而确立的具有中国特色的协商治理形式。

与政治协商制度有关的法律和行政法规有很多。在权利保障方面,宪法及相关法律提出并保障公民的基本权利,如公民有言论、出版、结社自由,有监督权、建议权、批评权等,隐含其中的还有知情权。这些权利对公民参与民主协商、形成公共领域的共识有着重要的意义。在协商制度方面,法律规定了听证制度、自治制度等内容。在协商程序方面,相关法律也有一定的规定,如听证程序、专家咨询制度等。我国《立法法》第三十四条规定:"列入常务委员会议议程的法律案,法律委员会、有关的专门委员会和常务委员会工作机构应当听取各方面的意见。听取意见可以采取座谈会、论证会、听证会等多种形式。"这些法律规定为我国立法协商治理提供了法律依据。

在讨论中国协商治理的法律规治时,必须注意到软法的作用。软法包括宪法惯例、中国人民政治协商会议章程和各种条例、规定和意见。比如,中共中央每当有重大的方针政策或重要人事安排,都要征求各民主党派领导人和无党派代表人士的意见;每年的政府工作报告在递交人民代表大会之前都要事先征求各民主党派和无党派代表人士的意见;各民主党派派员进入同级人大、政府、政协领导班子担任职务。具有软法效力的章程、条例和意见、纪要主要有:《中国人民政治协商会议章程》(1982年制定并经多次修订)、《中共中央关于进一步加强中国共产党领导的多党合作和政治协商制度建设的意见》(2005年,中发[2005]5号文件)、《中

---

[1] 王新生.论协商民主的法治化[J].湖南大学学报(社会科学版),2010(1).

共中央关于加强人民政协工作的意见》(2006年,中发[2006]5号文件)。这些法律文件对我国人民政协工作和政治协商制度做了全面而系统的规范,构成我国人民政协工作及政治协商制度的基本法律依据。虽然这些法律文件并不是法定的立法机关制定的正式法律文本,但它具有法律的基本标准,可以称为软法,实际上亦起到法律规治的作用,为乡村协商治理法治化提供了基本遵循。

五、完善乡村协商治理法治化法律体系

"法律体系是由国家法律法规构成的统一体,是一个整体性、系统性的概念,自身包含着科学完备的价值追求,不仅是形式意义上的数量充足、结构完整,更是实质指向上的现实回应。"[①]实现乡村协商治理法治化,完善、科学、系统的法律体系是重要前提和基础。

改革开放四十多年来,我国制定的涉及"三农"的法律有20多部、行政法规有70多部、部门规章有400多部,诸多法律规范性文件或多或少对乡村协商治理现代化都有一定的规定,但不够系统化,有的已落后于乡村治理现实,亟须制定一部统一的有针对性的高位阶的法律,来规范乡村协商治理现代化行为。当前,乡村治理所面对的规则体系正在发生变化,这种规则体系指的就是国家层面的法律法规和民间层面的乡规民约两个方面。因此,我们要从以下两个方面加强乡村协商治理法律规治的法制保障:

首先,国家层面上要加强专门的乡村治理法律法规的制定,形成完善的乡村协商治理法律法规体系,使之与最新社会实际相适应,既能体现出我国法治精神和内涵,又能够被广大乡村地区居民所接受。要将制定统一的乡村协商治理法列入立法规划,总结各地形成的协商治理的成功经验和做法并使之规范化,将行之有效的乡村协商治理政策法律化。新制定的乡村协商治理法应就协商治理主体、协商治理内容、协商治理形式、协商治理程序、协商结果与效力、权利救济与保障等设专门章节进行规定,切实将乡村协商治理现代化纳入法治轨道。

其次,民间层面上要加强对乡规民约的及时完善,要让乡规民约最大程度地体现居民群众的意愿,使之符合本地特色和风俗习惯,能够充分反映农村地区的

---

① 张志铭,于浩.转型中国的法治化治理[M].北京:法律出版社,2018:137.

新面貌新发展新变化，并且具有较强的民众认同感。对于乡规民约，最重要的就是要能够充分反映群众的最大利益诉求、体现民意，能够反映新时代乡村地区的新面貌新发展，与我国乡村协商治理法律规治建设与时俱进。

六、树立乡村协商治理法治化理念

完善乡村协商治理制度体系是乡村协商治理法治化的重要前提，但要真正使乡村协商治理相关法律制度落到实处，还需要树立法制的权威，提高法制的执行力。为此，要加强党的建设，促进各级领导干部培养法治思维，树立法治信仰，尊重法律制度的权威，增强程序意识，克服人治思维和特权思想，学会并善于运用法律制度来思考、分析、处理和解决问题，学会并善于讲程序和按程序办事。要在全社会加强协商治理相关法律制度的宣传教育，通过报刊、电视、广播、网络媒体等，形成宣传教育的整体合力，推进法治文化建设，使人们学习法制、遵守法制、维护法制，增强法治意识，营造用法制规范行为、按法制办事的良好氛围，提高遵守法制的自觉性和坚定性，真正使法治成为文化理念、思维方式、行为习惯和文化自觉。

总之，乡村协商治理法治化要以马克思主义民主理论为指导，植根中国乡村协商治理实践，借鉴西方协商治理理论，构建一套适合中国国情的乡村协商治理制度，并将这套制度法治化、程序化和科学化，使农民在乡村公共决策中能够实质性参与，从而最终实现中国乡村协商治理的法治化，有效防控乡村决策的合法性危机，为乡村治理和基层民主建设提供理论支撑。乡村协商治理法治化应通过制定专门性法律法规，使乡村协商治理现代化的运行机理有法律这一权威作为支撑。要完善乡村协商治理法治化的专门法律制度，对协商内容作出详尽规定。通过法律规范乡村协商治理现代化的运行程序，使乡村协商严格按照法定程序进行。对于协商议题的选择、协商人员界定、协商主体产生、协商方式约束、作用发挥边界等做出明确的规定。

第五节　乡村协商治理现代化的保障路径

在崇尚差序格局的乡村推行协商治理，是一个艰难而复杂的系统工程。让每个村民都有参与乡村协商治理现代化的机会,并在乡村协商治理现代化的过程中拥有"确定问题、争论证据和形成议程的同等机会"[①],自由、平等和理性地参与乡村协商治理现代化,并确保协商作出的决策得到有效的实施,是乡村协商治理现代化建设的当务之急。

一、群众路线与协商型政府的塑造回归

乡村协商治理现代化是"社会主义政治文明的应有之义,是中国特色社会主义民主政治的内在要求,是乡村治理现代化的时代课题",[②]是人民当家作主的现实表现,是建设社会主义新农村的重要举措。

(一)践行党的群众路线

毛泽东指出:"在我党的一切实际工作中,凡属正确的领导,必须是从群众中来,到群众中去。这就是说,将群众的意见(分散的无系统的意见)集中起来(经过研究,化为集中的系统的意见),又到群众中去作宣传解释,化为群众的意见,使群众坚持下去,见之于行动,并在群众行动中考验这些意见是否正确。然后再从群众中集中起来,再到群众中坚持下去。"[③]习近平总书记指出:"群众路线是我们党的生命线和根本工作路线。"[④]党的领导是乡村协商治理现代化的最大特色。群众路线是中国共产党的基本工作方法和工作路线,也是破解精英操控乡村协商治理和维护弱势群体利益的思想武器。坚持群众路线既是中国共产党全心全意为人民服务的宗旨体现,也是乡村协商治理现代化健康发展的内在要求。"如果说群众路线要求政府在行使权力过程中自上而下地获取群众的利益诉求信息,那么社会主义协商治理其实是要求群众自下而上地向政府提供决策信息和参与决策。"[⑤]

乡村协商治理现代化是中国特色社会主义民主治理的重要实现形式。群众路线是乡村协商治理现代化的灵魂,是贯穿于乡村协商治理全过程始终如一的主

---

① 王雅楠,宋博,杜仕菊.我国基层协商民主的困境与出路[J].上海市社会主义学院学报,2011(1).
② 张国献,李玉华.乡村协商民主研究谱系:现实境遇、理论旨趣与实践路径[J].行政论坛,2014(7).
③ 毛泽东选集(第3卷)[M].北京:人民出版社,1991:899.
④ 习近平.深入扎实开展党的群众路线教育实践活动,为实现党的十八大目标任务提供坚强保证[N].人民日报,2013—06—19.
⑤ 张光辉.社会主义协商民主成长的深层逻辑[J].学习论坛,2014(1).

线。乡村协商治理现代化的过程是坚持群众路线的过程,是从群众中来、到群众中去的过程,也是一切为了群众、一切依靠群众的体现。积极开展群众路线教育活动,要把党的活动扎根到乡村社会各个阶层中,扎根到人民群众中。把群众思维渗透于党的乡村工作中去,变成每一个党员和领导干部的生活方式。必须把群众路线落实到协商治理实践中,使之程序化、制度化和科学化,形成长效机制。让协商治理成为乡村社会决策时的必要程序,让乡村决策过程变成村民广泛参与、充分协商、践行群众路线的过程。应深入研究乡村社会价值观多元化、格局复杂化、利益诉求碎片化情况下的农村社会,克服乡村干部在实行群众路线时的迷茫。不断拓展群众路线的领域,把群众路线的触角从乡村的政治、经济、社会等重大事务延伸到村民的日常生活,在一切乡村事务中落实协商治理、践行群众路线,充分关注各方利益诉求,寻求乡村社会最大的团结与共识。要依靠群众的力量,杜绝官僚主义歪风,根治形式主义顽症,走出一条中国特色的乡村协商治理现代化之路。

(二)建构协商型乡村政府

"民主是一种制度的框架,在它厚重的外壳下深埋着各种各样的政治价值取向。从某种程度上说,正是这些深藏于人们心中的价值取向赋予了民主制度以鲜活的血肉。"[①]发展乡村协商治理现代化,必须改变乡镇政府片面追求GDP的发展模式,通过加强基层党组织建设,强化党在乡村的全面领导,建构"以人民为中心"的协商型人民政府,从体制上破解乡村协商治理的现实困境。要积极转变乡村基层政府的行政职能,消除基层政府不愿协商行为的根源,变专断之手为协商之举;积极转变基层政府的行政职能,逐步建立起符合协商治理的乡村公共财政体制,做到乡村事权财权一起下放,使乡村财政真正具有提供乡村协商治理现代化的财力。按照新时代要求,改革干部绩效考核办法,使乡镇政府逐步转变为协商型民主型的人民政府,为农村提供急需的公共产品;推进乡镇选举协商化,还权于民,让村民有效监督乡村干部,保证广大农民的选举权、参与权和监督权,让漠视协商共识、侵害村民合法利益的行为付出应有的代价。

---

① 马德普.中西政治文化论丛(第二辑)[M].天津:天津人民出版社,2002:167-168.

(三)塑造乡村协商格局

协商格局的乡村塑造,是乡村协商治理现代化的组织基础。协商治理就是政府与社会的合作治理。乡村社会包括农民个体和经济组织。乡村社会公共事务的管理"具有主体的多元性、责任的分散性、权力的共享性、管理的网络性、资源的互补性和利益的调适性"[1],同时强调乡村各种主体对社会事务和社区管理的参与权、主动权和决定权。在乡村协商治理现代化实践中,很多规划都是上级政府部门做出来的,农民没有参与的机会;在村容村貌的改造、公共设施的建设、社会保障的享有、民居的拆迁、集体土地的征用、财政支农资金的配置等公共事务中,作为农村主人的农民几乎集体失语。这就有必要通过建立健全协商机制,使农民积极参与到乡村协商治理现代化中,主动表达对各种政策、规划的偏好,与基层政府形成协商治理新合力,塑造乡村建设中的协商格局。乡村协商路径就是多元复合协作,整合政府、村民自治组织、民间组织和农民的力量,构建多元复合协商体系,形成乡村政府部门、村民、经济组织的多元复合协商局面。

二、经济基础与社会资本的增量发展

(一)实现乡村共同富裕[2]

共同富裕是社会主义的本质要求。实现共同富裕也是发展乡村协商治理现代化的治本之策。贫富差距导致的价值分立是乡村协商难于达成共识的根源。消除乡村贫富差距是社会主义的本质要求,也是各国共产党的奋斗目标。长期以来,在我国城乡收入分配实践中,由于政策缺憾或机制问题,未能发挥应有作用,甚至发生逆调节效应,分配机制异化是城乡贫富差距的症结,相关政策的偏差是造成乡村民生问题的根本,所有制结构缺憾是乡村增长不包容的温床。促进农民经济平等,实现乡村共同富裕,必须坚持社会主义的基本经济制度,健全科学合理的分配机制。公有制是乡村共同富裕的经济基础,私有制是乡村贫富分化的根

---

[1] 王学军.建设社会主义新农村与健全农民利益表达机制[J].四川行政学院学报,2006(5).
[2] 张国献,李玉华,张淑梅.论民生视域下包容性增长的实践取向[J].当代经济科学,2011(4).

源;市场经济的结果必然是优胜劣汰,宏观调控的作用一定要和谐共赢;发展公有制经济是解决乡村共同富裕的制度保障,发展生产力是解决乡村共同富裕的根本方法,科学决策是乡村共同富裕的增速器。

人民共享发展成果的实现,不可能靠"私有制加公共财政再分配"来解决,最终取决于公有制经济的巩固和发展。乡村基层政府的价值导向要科学,要摆正资本和农民的关系,破除权力与资本的结合;乡村公共政策的制定要摆脱经济主义痼疾,回归人民立场。着力解决乡村不同群体之间收入差距扩大趋势,通过加强社会主义法制等手段,解决乡村非公有制经济的不当获利。坚持社会主义基本制度,实现乡村共同富裕,是乡村协商治理现代化和实现农民"中国梦"的必由之路。

(二)厚植乡村经济基础

社会主义的本质是解放生产力,发展生产力,消灭剥削,消除两极分化,实现共同富裕。马克思认为,人的权利决不能超出社会的经济结构以及由经济结构制约的社会文化的发展。经济发展程度与农民的理性意识、参与意识、自主意识以及公德意识呈正相关。加速农业现代化,城乡经济一体化,让封闭的乡村走向世界,让田间的农民走向市场,让高新技术企业带动农村经济,让发达的城市辐射乡村社会。乡村协商治理现代化的上层建筑离不开乡村生产力发展的经济基础,尤其是乡村本身经济造血能力的提高。没有发达的农村经济支撑,乡村协商的公共事务问题也很难解决,也就是说农村经济的发展赋予了乡村公共事务的可协商性。经济发展了,乡村协商治理现代化才有生存空间。乡村协商治理现代化有利于农村公共物品的提供,有利于改善乡村经济的宏观环境,从而降低农村经济活动的交易成本。通过推动农村经济发展,不论是村民还是基层政府,就有了更多的经济能力和谈判资源。各级政府要凝聚力量、科学发展,促进农村经济繁荣,不断增加农民收入,实现包容性增长;应加大乡村基本建设的资金投入,改善农村基础设施,提高农村教育水平,不断提升乡村经济自我生存能力,为乡村协商治理现代化的深入开展提供坚实的经济基础。

(三)增强乡村社会资本

"社会资本指的是社会组织的特征,例如信任、规范和网络,它们能够通过推动协调的行动来提高社会的效率",①它通过促进人们之间的合作,来提高制度运行的效益。对地方性问题的解决方案逐步创造了公民共同知识的基础,公民又用这种知识基础去共同解决未来的问题。② 乡村社会资本是指嵌入乡村社会关系中,可以动用的社会资源的总和,如熟人关系网络、乡土信任、家族权威等。熟人关系网络是乡村社会交往和合作的前提。村民之间的信任是典型的"关系信任"。乡村社会重和谐、重情感、重责任、重伦理,具有超越时空的恒久意义。

乡村社会资本作为连接人民社会与协商治理的桥梁,是乡村协商治理现代化的社会基础。增强乡村协商治理现代化的有效性,外在制度必须真正与乡规民约等内在制度有机融合在一起,使正式文本与隐藏文本、官方话语与民间话语逐渐调适,提升乡土社会资本存量和基层政府合法性权威,缩减农民与正规制度之间的心理距离。要克服小农意识、消极心态、无为心理和激进主义思想,培养农民的平等意识、包容意识、协商意识和参与意识,提升农民群体的政治责任感和社会荣耀感。

三、人民社会与民间组织的协同培育

(一)发展人民社会

成熟的人民社会是乡村公共理性和相互包容产生的社会基础。马克思指出:"在过去一切历史阶段上受生产力制约同时又制约生产力的交往形式,就是市民社会。"③恩格斯说:"绝不是国家制约和决定市民社会,而是市民社会制约和决定国家"。④ 马克思的市民社会理论为新时代建设人民社会提供了理论基础。新时代乡村协商治理现代化应建构人民社会。人民社会应是在中国共产党领导下人民当家作主的社会,是人民的权和利都得到全面保障的社会。人民社会能够使自主的个人在社会治理中充分发挥自主性,在社会治理中通过维护公众利益,促进自身参与能力和表达能力不断成长,也是人们习得治理能力的场所。

---

① UNDP Report. Local Governance[Z].1996.
② 朱圣明.基层协商民主代表如何产生[N].学习时报,2014-4-28.
③ 马克思恩格斯选集(第4卷)[M].北京:人民出版社,1995:186.
④ 马克思恩格斯选集(第4卷)[M].北京:人民出版社,1995:186.

培育乡村人民社会,要完善市场经济体制,巩固人民社会赖以发展的前提和基础。健全市场经济,规范市场秩序将是人民社会完善中的基础工作。应建立适应市场经济要求的现代企业制度,培育统一开放的市场体系和完善的宏观调控体系;建立规范的产权保护制度,塑造自由、自主的市场经济主体;确立和实施合理的市场规则,创造良好的市场契约环境;促进乡村行政职能的合理化,建立一个功能科学化、权力平衡化、"设置合理化的政府机构"[①],为市场经济和农民个人活动的独立性、自主性创造条件。

(二)培育乡村自治组织

乡村人民社会的发育离不开农民自组织的成长。组织是通往行政权力之路,也是稳定的基础,因而也是治理自由的前提。"包产到户"政策的普遍施行,使农民处于一家一户的原子状态。单个农民的参与行为既增大了参政成本,也钝化了国家整合社会的能力。中国农村面临"农民再组织化"的艰巨任务。在西方发达国家,商业组织和农业服务组织非常发达。农民合作组织把分散的农民组织起来,使农民的个人利益和集体利益有机融合,既克服了农民利益表达的无力化,也克服了农民利益的分散化,在一个多元的乡村社会中使利益有效集结。合作组织能够促进农民公民权的行使,避免了农民利益分散化带来的乡村公共决策目标的模糊性。合作组织也提供了组织化的参与渠道,通过协商参与使利益冲突得以有效化解,实现了乡村社会的和谐与善治。培育农民组织是推进乡村协商治理现代化的基本途径。只有通过组织化的力量,才能提高农民政治参与和社会参与的能力。

当前应该优先发展农民经济合作社。在经济合作社发展到一定程度,农民的政治参与意识和协商能力得到进一步提升时,在基层党组织领导下,以党员为骨干,逐步建立农民的社会组织。农民协会是由农民群众自愿参加的具有法定地位的民间自治性团体,与农村的行政组织、企业经济组织共同组成一个较为完整的农村社会体系。要通过制定《农会法》明确农会的合法地位和基本职责。农会在法律允许的范围内活动,要坚持党的领导和政府的指导。

[①] 吴光芸.论公共领域的建构与协商民主的实行[J].理论探讨,2008(2).

(三)遏制宗族与黑恶势力

"宗族是一种以血缘关系为纽带的社会次级群体"[①],宗族势力是乡村协商治理现代化无法避开的社会力量。具有排他性和封闭性的乡村宗族,往往将本家族的人视为"自家人",将其他家族的人视为"外家人",一旦某家族得势就会自觉不自觉地维护"本姓"人的利益,侵害"外姓人"的权益,使乡村协商治理异化为家族协商。完善乡村协商治理现代化,必须遏制宗族势力,使村内不同姓氏都能平等参与乡村民主管理。

由于农村经济社会正处于急剧变迁中,国家对农村的治理体系还不健全,一些农村出现了逞强一方的黑恶势力,这些黑帮势力往往以自身利益为标准,党同伐异,拉帮结派,恶意阻碍和破坏乡村协商治理现代化,使农村的民主政治建设无法进行,黑恶势力侵蚀公共权力,把持和控制村委会组织,使乡村协商治理现代化陷入"迷思"。因此,完善乡村协商治理现代化必须坚决打击黑恶势力。

四、城乡生产要素自由流动体制构建[②]

推动城乡生产要素优化组合,是实现城乡共同繁荣,促进乡村协商治理现代化的根本途径。利益协调下的城乡生产要素流动机制就是政府促进农村劳动力进城、资金和技术下乡、人才和土地自由流转的一系列制度性安排,涉及利益整合、利益博弈等环节和过程,也包括各种不同具体形态的制度、程序和机制,目的是实现城乡一体化,解决乡村空心化,夯实乡村协商治理现代化的经济和社会基础。

(一)建构城乡劳动力流动保障体制

劳动力是生产要素中最具活力的因素。促进劳动力要素自由流动,关键在于解决影响劳动力流动的体制障碍,建立城乡一体化的户籍管理制度、教育培训制度、劳动就业制度和社会保障制度。优化城乡就业政策,充分发挥政府对劳动力

---

① 王正中、邓刚宏.论协商民主与农民现代化的政治条件[J].湖北社会科学,2007(12).
② 张国献.利益协调视域下城乡生产要素双向自由流动机制研究[J].当代经济科学.2012(5).

资源配置的导向作用;统筹城乡劳动力就业规划,取消各种限制劳动力合理流动的法规政策;大力提高城乡劳动力资源配置效率,加快建立统一规范、有利于城乡劳动力双向自由的市场体系;深化户籍管理改革,促进城乡人口流动;用身份证管理代替户籍制度,建立国民信息系统;深化劳动人事改革,完善政府对劳动就业的政策法规和管理方法;全面落实"人才强国"战略,把劳动力素质提升放在劳动力开发战略的优先地位;强化职业培训,提升劳动者就业技能和适应职业变化的能力;拓宽科技劳动力资源开发渠道,加大劳动力资源存量和经济知识含量;完善相互配套与衔接的社会保障网络,建立全国统一的覆盖城乡的社会保障体系;完善市场机制,促进平等就业;加强技能培训,促进素质就业;建立市场调节工资的形成机制,引导劳动力资源有序流动。要制定农民工进城就业、落户城镇的政策,使农民工能在城市安家,并拥有归属感和安全感。通过保障劳动力的双向流动,调动乡村协商主体农民的积极性,夯实乡村协商治理现代化的人才基础

(二)健全城乡资本流动激励体制

资本是经济增长的发动机。完善城乡财政税收金融制度,实行倾斜农村、支持农村的经济政策;加大国家对农村发展的资金支持,建立支农资金稳定增长机制;健全城乡统一税赋制度,对农村税收实行优惠政策;确保财政对农业、农业基本建设和农业科技投入额度,大力推进乡村振兴,提高农村现代化、工业化和城市化水平;加大国家宏观调控力度,确保农村新增贷款规模不断增长;逐步健全农村贷款抵押担保制度,允许农民用土地使用权进行抵押贷款;加大以工补农、以工建农的力度,建立农业现代化发展基金;实行优惠和鼓励政策,引导外商投资农业领域;通过在股票市场上不断融资和对关联企业进行资产重组,实现企业规模的快速扩张;发展农村龙头企业,提高农业市场竞争能力,推动农业现代化、工业化。建立健全"资本下乡"的体制机制,建立农村融资平台;建立信用担保体系,健全利益补偿和风险分担机制。通过资本下乡,发展乡村经济,夯实乡村协商治理现代化的经济基础。

(三)完善城乡技术扩散传导体制

在现代社会,技术是决定经济发展的主要力量。技术扩散是指技术在空间上的

流动和转移。继续推进以工业化、产业化改造传统农业,以提升农业劳动的生产效率。[①] 要畅通科技支农渠道,抢占农业和农村发展的制高点,以科技壮基地、兴龙头、强品牌、出效益。推广新技术、新品种、新方法,完善技术创新机制。依托科研院所和专家学者,建立长期合作关系;加强农村企业科技研发机构建设,推进科技创新;加强乡土人才培养,打造"永久牌"的农村科技队伍;树立农村科技示范户,实施"科技入户工程",构建与现代农业和农村工业化发展相适应的科技创新体系,推进绿色农业、新品种培育引进、延伸产业链条、资源高效利用等方面的新突破。积极做好科研成果在农村的承接和推广工作,有序壮大农村科技服务组织,促进科研机构走向农村经济;建立先进技术产业化运作机制,加速成熟科技成果的转化应用;优化农村科技人才发展环境,构建农村科技创新、人才创业的激励机制,全面落实生产要素参与分配政策。整合城乡科技资源,组织科技下乡,让现代科技进村入户。通过技术传导,提升乡村科技水平和农民政治能力,为乡村协商治理现代化奠定技术基础。

(四)健全城乡优秀人才引进体制

人才资源是乡村最重要的资源,也是发展乡村协商治理现代化的关键因素。健全优秀人才引进机制,集聚农村经济发展中的各类优秀人才;创新人才管理,缩小城乡人才管理差别;实行城乡人才资源整体开发,形成城乡衔接、优势互补、协调有序的城乡人才工作新格局;消除人才流动中的城乡身份、所有制限制,探索建立流动人才保险衔接、户籍准入、人事代理等制度;建立统一的人才素质评价确认体系。整合城乡人才培训资源,突出培训重点,提升培训效能;扩大人才活动平台,优化人才激励机制;建立市场配置、项目对接、资源共享的机制;支持引导城市经济能人带产品、带技术、带人员到乡村发展。鼓励留学和海外人才带成果、带项目、带专利到农村创业。支持大学生、乡土人才在农村创业兴业;组织高校毕业生到农村基层支教、支农、支医和扶贫;引导农村人才进园区、进项目,促使他们加快发展。增强城乡产业的关联度,促进城乡产业优势互补、一体化发展。做好"利益转移",积极引导城市剩余向农村的外溢。

---

① 韩永红,戴激涛.协商民主在财政预算中的应用研究[J].中共浙江省委党校学报,2010(4).

总之,城乡生产要素双向流动互补共享,有利于促进城乡一体化发展,实现城乡经济效益最大化、社会效益最优化、协商治理实效化,夯实乡村协商治理现代化基础。

结论与展望

中华民族伟大复兴需要在中国共产党领导下,以习近平新时代中国特色社会主义思想为指导,全国人民凝聚力量,团结一致,奋力前行。包括亿万农民在内的全体中国人民是新时代中国梦实现的主体力量。乡村协商治理现代化植根于中国优秀传统协商文化,渊源于马克思主义民主理论,是党的协商民主理论在乡村治理中的现实体现。乡村协商治理现代化是新时代中国式现代化的内在要求,也是当代农民的实践创新。它是乡村农民政治参与空间的延展,是乡土社会民主政治的创新,是乡村振兴战略的推进,是亿万农民实现"中国梦"的内生动力。乡村协商治理是一部乡土浓郁、跌宕起伏、精彩纷呈的时代长卷,她的持续出彩植根于乡村党组织的敏锐创想、村委会的精心编排、专家学者的冷静慎思和亿万农民的忘情投入。

一、结论

乡村协商治理现代化是马克思主义民主治理理论的运用和发展,是党的协商治理理论在乡村的践行。它是指乡村政治共同体中自由、平等的成员,在基层党组织的领导下,通过参与乡村治理过程,提出自身观点并考虑他人偏好,根据现实修正自己的理由并实现偏好转换,批判性审视乡村政策建议,在达成共识的基础上赋予乡村决策以合法性,从而促进乡村社会稳定、基层善治,为农民"中国梦"的实现提供政治保障。

协商治理总是随着人们对生活、世界的思考变得更加深刻与生动。乡村协商治理现代化是在任重的"中国梦"、分化的乡村阶层、多元的乡村政治、杂糅的乡村文化等特定的历史境遇中形成与发展的。乡村协商治理现代化的主体问题是乡村空心化和主体虚置化,协商短板是渠道堵塞化和监督短缺化,平等问题是能力不足与精英强势,包容问题是程序排斥和群体分化,理性不足是理性碎片与共识局限,效率瓶颈是成本高企与运转低效。这些问题根源于社会转型与人口流动、差序格局与社会分层、附属行政化与体制张力、经济压力与协商文化孱弱、制度缺陷与自组织微弱。

空谈民主不如深入研究民主实践的经验。邓州模式又叫"四议两公开"工作法,即村级事务必须按照党支部提议、"两委"会商议、党员大会审议、村民会议决议的程序决策,并做到"决议公开、结果公开"。邓州模式是乡村协商治理现代化的理论突破与实践创新,是乡村协商治理现代化的新发展、基层协商治理实践的新创举、乡村协商治理现代化的新机制、乡村协商党建的新途径、农村现代化建设的新举措、乡村公众参与的新渠道。产生的背景是乡村治理的新变化、农村党建的新挑战、协商治理的大趋势。邓州模式的实践性、基层性、治理性、主导性和创新性彰显着乡村协商治理现代化的中国模式、中国道路,具有与西方协商治理不同的乡村特质、中国特色。推进邓州模式发展,要提高协商认识,完善协商机制,健全协商制度,坚持协商原则。

毛泽东认为,解决人民内部矛盾的问题,只能用讨论的方法、说理的方法、批评和自我批评的方法,一句话,只能用民主的方法,让群众讲话的方法。协商治理是化解乡村群体性事件的新路径。理想的乡村协商治理现代化必须遵循自由、平等、理性与合法性原则。规范的乡村协商治理实践是治理理念和机制范本的良性结合,是公民教育的最佳路径。乡村协商治理过程实质上是村民自我教育、自我提升的过程,也是村民提升公共精神和参与能力的过程。通过协商的方法化解乡村群体性事件,政府要站稳群众立场,面对社会矛盾应秉持理性包容态度,发挥社会资本在协商治理中的作用。

美国基层社区破解治理僵局也采取协商治理的有效方法。其实践经验有:公共协商是提升公共服务质量的重要途径;协商企业家、建立联盟、协商能力和民主需求是影响社区协商治理的四大因素;公正的协商机制能够维持社会秩序;开放的协商过程能够增强政府合法性;协商治理的目的是提高地方政府的治理水平;政治参与是培养公民公共精神的重要渠道。公民协商参与的英国经验主要有:市民社会是践行协商治理的重要环节;政府支持是基层协商治理发展的重要动力;复兴邻里关系是基层协商治理的战略依托;社区网络是社区治理的重要平台;倡导公民权有助于消除政治冷漠。公民协商会议的丹麦模式在于它的严格程序,即议题选择、组成执行委员会、挑选参与者、预备会议、正式会议的规范化取向。

列宁认为,民主就是全体居民真正平等、普遍地参与一切国家事务。乡村协商治理现代化内在要求乡村协商治理的理论化、系统化和现代化。乡村协商治理现代化的路径有认知路径、制度路径、实践路径、法治路径和保障路径。认知路径包括:厘清中西协商治理的本质区别,坚持党的领导与主体平等的统一,倡导协商治理与选举民主相结合,实现乡村共同富裕。制度路径包括:科学构建乡村协商治理的议题产生制度、协商参与制度、对话协商制度、信息公开制度、协商监督制度。实践路径包括:稳定机构和科学程序的合理建构,网络平台与网络协商的建构畅通,隐蔽议程和参与不足的共同消除,协商文化与公民教育的有机结合。法治路径包括:秉持乡村协商治理法治化科学理念,坚持乡村协商治理法治化党的领导,遵循乡村协商治理法治化推进原则,健全乡村协商治理法治化硬软法规,完善乡村协商治理法治化法律体系,树立乡村协商治理法治化信仰理念等法治路径。保障路径包括:群众路线与协商型政府的塑造回归,经济基础与社会资本的增量发展,人民社会与民间组织的协同培育,城乡生产要素自由流动的体制构建。

二、深化研究的问题

乡村协商治理现代化永远处于"进行时"。乡村协商治理现代化的学术研究和理论阐释都要以不断变化的多彩多姿的乡村现实为依据,决不能以某种刻板的西方理论、定型化的理想模式去剪裁三年一小变五年一大变的浓郁而又趋向现代的乡村现实。乡村协商治理现代化的蓝图不是坐在书斋里饱读诗书的大咖拍脑袋设计出来的理想程式,而是满身泥土散发睿智的农民为解决乡村时代困局的实践创新。特定的时代、独特的现实、棘手的问题、高度情景化且变动不居的乡村时空,对乡村协商治理模式的建构和元素创设起着至关重要的影响。乡村协商治理的创新路径是基于既有乡村政治架构,浸染着深厚乡土文化,在不断满足乡村多元主体利益诉求中,有效化解特定乡村的时代困局,从而滋生出深植人心、充满智慧的有生命力的一套模式,是乡村协商治理现代化最真实的逻辑图谱。

乡村协商治理现代化研究中的"建制派"以建立一个乡村协商治理新制度并维持这个制度为使命。他们精心提供价值规范，主要使用的是抽象的政治哲学方法，注重自上而下的普遍性的国家政治制度建构，设计的制度具有普遍性和理想性。这是一种理想的乡村协商治理类型。乡村协商治理现代化研究中的"田野派"以在国家治理制度下农民生存状况和行为特征为依据，注重事实与经验，主要使用实证的方法，注重自下而上的特殊人群行为与制度的互构，更多关注的是"以什么人的名义"。任何制度下的个体的人都不是同一的，都因为特定的生存条件产生特有的行为模式。两条研究路径各有侧重，前者更多的是乡村政治哲学，基于信念理想；后者更多的是乡村政治科学，基于事实经验。

未来乡村协商治理现代化研究应深化的问题还是比较多的，主要应注重以下几个方面：

1. 乡村协商治理法制化的实现机制

乡村协商治理现代化是一个不断发展的理论与实践，还处于完善阶段。协商治理理论的诸多流派，尚未建立统一的协商治理标准。协商治理理论乡村化和科学化的问题也有诸多论争，它决定了乡村协商治理现代化研究有很多不完善和不成熟的地方，尤其是乡村协商治理法治化的内容、方案与实现路径都有待于基于习近平法治思想做进一步深入研究。

2. 样本局限使邓州模式和上海创新的分析难以涵盖中国乡村协商治理全貌

由于现实情况的复杂性和问题的特定性，本书所依据的材料虽然来自权威方面或经过实际调研而来，但肯定是不全面的。同时，乡村改革是一个系统工程，也是一个极其复杂的博弈过程，其复杂程度只有乡村改革的实践者才能真正体会到。邓州模式和上海创新模式虽然具有特定的样本典型，但是，依据在乡村协商治理实践中农民参与方式的不同以及这种参与活动所具有的不同功能的南方实践和北方创新更是异彩纷呈。内外复合型的"后陈经验"、要素嵌入式的民主恳谈会、组织融合型的村民议事会、内生吸纳型的蕉岭模式等构成了南方创新形态。乡村协商治理的北方模式包括河北青县"村民代表会议制度"、吉林辉南"民主议事制度"、河南中牟"家庭联户代表制"等。这些模式都坚持以人民为中心，体现了协商治理主体的广泛性、内容的丰富性、机制的程序性、制度的规范性。限于篇幅，本书没能系统论述，更没有进行深入的学理阐释和经验升华。与此同时，乡村协商治理现代化的发展历程、村民会议召集人制度的实施细则等都有待于进一步深化研究。

3. 乡村协商治理现代化基础设施建设问题研究

第一,乡村协商治理的基础设施有诸多不便,满足村民协商治理的基本设施严重不足,比如在乡村社区连一个专用的协商办公室都搞不了。

第二,公共活动空间有限。图书馆有利于村民养成理性精神和民主意识,也有利于促进协商能力。但是,现实往往是一个县才有一个图书馆,村没有公共服务空间,这对村民协商治理的养成很不利。

第三,基础设施太分散。我们到社区调研,看到的是,村委会一个地方,村民驿站一个地方,物业一个地方,小广场一个地方,非常分散,乡镇、村委会安排了很多工作人员,这样既浪费人力又浪费空间。乡村协商治理的基础设施都是村民一点一点争取过来的,是碎片化的场所。地方政府应将社区基础设施作为一个重点工作来建设。

4. 乡村协商治理现代化中的儿童关怀问题研究

乡村社会振兴关注的重点问题是社会治理、居民纠纷调解、社区治安以及社区老人关怀等方面。乡村社区对儿童的关怀极其不足,乡村社区没有一处育儿设施,没有一处托儿所。实质上社区要关心两个方面的群体:一个群体是老人,第二个群体是儿童。成年人工作很忙,往往没有时间关心这两个群体。英国社区中心的工作对象就是两类人:一半工作针对老人,一半工作针对儿童。但是,我们的乡村社区中针对儿童的设施几乎没有。针对儿童的设施有一个好处,那就是有利于形成一个和谐社区,父母、老人会带着儿童去这里玩。我们的乡村社区缺少归属感,楼上楼下都不认识,要创造一个空间,这个空间就需要有一个连接点,很多老人都是内敛型的,但是有了儿童就有了共同的话题。所以乡村协商治理现代化关注的重点需要进一步拓展。

5. 乡村社区党建与社区服务融合问题研究

经过调研发现,乡村党建中心都修得很豪华,这是必要的。但是,怎么把党建工作融入乡村社区的公共治理或者居民服务当中,这就要进一步研究了。现实中的多数情况是:党建中心里面程序都很明晰,但是你若问相关人员具体做了哪些工作?他们往往语焉不详。乡村社区是政府与社会之间的桥梁,是党组织和人民的纽带,社区党建应该融入乡村协商治理现代化之中,在乡村社区治理中起核心和引领作用。乡村协商治理应在细微处体现党的领导,在生活中展示党的凝聚力,使乡村党建生活化、常态化。

6.乡村社区的社工队伍建设和活动空间问题研究

社工是乡村协商治理现代化的重要力量。但是,乡村社区的社工队伍存在两个问题:一个是老龄化,第二是流失大。我们到乡村社区调研,看到的情况是:要么是大妈,要么是大伯,年轻人很少。还有一个问题是公务员身份与社工待遇问题。公务员无论在待遇上还是地位上都比社工高一等。在乡村社区调研时,有的工作人员主动亮明自己公务员身份,不是公务员身份的工作人员就显得不那么自信,同样的工作就因为有公务员身份就不一样了。还有城市中街道力量下沉到社区的问题,目前社区力量比较弱,基本情况是大妈、大伯集中在街道。现在基层有一个很好的政策,就是社区里面有驻村公务员,两个公务员必须对应一个村社区。还有乡村社区建设如何与物业公司和开发商协调合作问题。乡村社区活动之所以开展不起来就是因为没有公共空间,居委会、街道能解决一部分,但主要还是物业与开发商的合作。所以,政府要制定相关的政策或规定,对物业和开发商在社区公共设施的提供等方面有硬性的统一规定。

7.乡村协商治理现代化中主人翁精神培育问题研究

调研过程中,乡村大妈都说,如果每一个村民都把社区视为自己的家,治理问题肯定解决的好,这就成功了一半。有的乡村社区,如果你要在这个社区里面租房子,往往需要社区里有一个机构同意你才可以租。所以,社区职能的发挥要进一步拓展和强化,应进一步研究乡村协商治理现代化体系的治理主体问题,进一步拓展乡村协商治理主体面临的现实问题及其成因,并对乡村社区的主人翁精神加强培育,大力提升协商能力,促进协商理性养成和话语体系建构。只有进行有针对性的涵育,乡村协商治理现代化中的主人翁精神培育问题才能解决。

2019年10月31日,习近平总书记在党的十九届四中全会庄严提出了国家治理体系和治理能力现代化的目标前景。未来十五年是一个关键时期,要推进"五位一体"协调发展,基本实现国家治理体系和治理能力现代化,当然这一现代化的基本实现必然内含着乡村治理现代化的初步成功。新中国成立一百年时是中华民族伟大复兴的重要时刻,那一时刻国家治理体系和治理能力现代化的全面实现必将是中国特色社会主义制度更加巩固、中国特色社会主义优越性充分展现的伟大时代。胸怀乡村协商治理现代化理想,脚踏新时代中国乡村实地,我们应努力奋斗。这一伟大目标一定能够以傲睨于世的炫亮色彩展现在世人面前。

路漫漫其修远兮,吾将上下而求索!

参考文献

一、经典文献类

[1]马克思恩格斯全集(1~39)[M].北京:人民出版社,1995.

[2]马克思恩格斯选集(1~4)[M].北京:人民出版社,1995.

[3]马克思恩格斯文集(1~10)[M].北京:人民出版社,2009.

[4]马克思.资本论(第1卷)[M].北京:人民出版社,1964.

[5]列宁全集(1~39)卷[M].北京:人民出版社,1990.

[6]列宁选集(1~4)[M].北京:人民出版社,1995.

[7]毛泽东选集(1~4)[M].北京:人民出版社,1991.

[8]毛泽东选集(5)[M].北京:人民出版社,1977.

[9]毛泽东文集(第2卷)[M].北京:人民出版社,1993.

[10]毛泽东文集(第7卷)[M].北京:人民出版社,1999.

[11]毛泽东文集(第8卷)[M].北京:人民出版社,1999.

[12]建国以来毛泽东文稿(第1册)[M].北京:中央文献出版社,1987.

[13]建国以来毛泽东文稿(第2册)[M].北京:中央文献出版社,1987.

[14]建国以来毛泽东文稿(第4册)[M].北京:中央文献出版社,1990.

[15]建国以来毛泽东文稿(第10册)[M].北京:中央文献出版社,1996.

[16]毛泽东年谱(1849—1976)(1~6)[M].北京:中央文献出版社,2013.

[17]逄先知编.毛泽东年谱1941—1950(下卷)[M].北京:中央文献出版社,2006.

[18]毛泽东读文史古籍批语集[M].北京:中央文献出版社,1993.

[19]邓小平文选(1~3)[M].北京:人民出版社,1994.

[20]邓小平思想年谱(1975—1997)[M].北京:中央文献出版社,1998.

[21]江泽民文选(1~3)[M].北京:人民出版社,2006.

[22]习近平文选(1~2)[M].北京:人民出版社,2023.

[23]习近平谈治国理政(1~3)[M].北京:外文出版社,2014.

[24]习近平关于基层治理论述摘编[M].北京:中央文献出版社,2023.

[25]习近平关于中国式现代化论述摘编[M].北京:中央文献出版社,2023.

[26]习近平.摆脱贫困[M].福州:福建人民出版社,2014.

[27]习近平.干在实处 走在前列——推进浙江新发展的思考与实践[M].北京:中共中央党校出版社,2013.

[28]习近平.习近平用典[M].北京:人民出版社,2014.

[29]建国以来重要文献选编(1~11)[M].北京:中央文献出版社,2011.

[30]十八大以来重要文献选编(上中下)[M].北京:人民出版社,2014、2016、2018.

[31]十九大以来重要文献选编(上中下)[M].北京:人民出版社,2019、2021、2023.

[32]中央文献研究室编.人民政协重要文献选编(中)[M].北京:中央文献出版社,2009.

[33]中央文献研究室编.改革开放三十年重要文献选编(上)[M].北京:中央文献出版社,2008.

[34]政协全国委员会研究室编.老一代革命家论人民政协[M].北京:中央文献出版社,1997.

[35]胡锦涛.坚定不移沿着中国特色社会主义道路前进 为全面建成小康社会而奋斗[M].北京:人民出版社,2012.

[36]习近平.决胜全面建成小康社会 夺取新时代中国特色社会主义伟大胜利——在中国共产党第十九次全国代表大会上的报告[M].北京:人民出版社,2017.

[37]习近平.高举中国特色社会主义伟大旗帜 为全面建设社会主义现代化国家而团结奋斗——在中国共产党第二十次全国代表大会上的报告(2022年10月

16日)[N].人民日报,2022-10-26.

[38]习近平.在浦东开发开放30周年庆祝大会上的讲话[N].人民日报,2020-11-13.

[39]习近平.巩固发展最广泛的爱国统一战线 为实现中国梦提供广泛力量支持[N].人民日报,2015-5-21.

[40]习近平.在庆祝中国人民政治协商会议成立65周年大会上的讲话[N].人民日报,2014-9-22.

[41]习近平.在庆祝全国人民代表大会成立60周年大会上的讲话[N].人民日报,2014-9-6.

[42]习近平.坚持多党合作发展社会主义民主政治 为决胜全面建成小康社会而团结奋斗[N].人民日报,2018-3-5.

[43]习近平.关于《中共中央关于全面深化改革若干重大问题的决定》的说明[N].人民日报,2013-11-16.

[44]习近平.深入扎实开展党的群众路线教育实践活动 为实现党的十八大目标任务提供坚强保证[N].人民日报,2013-6-19.

[45]中共中央印发.关于加强社会主义协商民主建设的意见[N].人民日报,2015-2-10.

[46]中办印发.关于加强政党协商的实施意见[N].人民日报,2015-12-11.

[47]中办印发.关于加强人民政协协商民主建设的实施意见[N].人民日报,2015-6-26.

二、专业文献类

[1]张树平,刘杰.全过程人民民主与新型民主形态研究[M].上海:上海人民出版社,2023.

[2]刘彦昌,孙琼欢.治理现代化视角下的协商民主[M].杭州:浙江大学出版社,2017.

[3]刘佳义.协商民主理论讲演录[M].北京:中国文史出版社,2017.

[4]林尚立,赵宇峰.中国协商民主的逻辑(修订版)[M].上海:上海人民出版社,2016.

[5]罗维.中西协商民主制度与实践比较[M].北京:法律出版社,2016.

[6]魏晓文.当代中国参政党建设研究[M].北京:中共中央党校出版社,2009.

[7]汪进元.中国特色协商民主宪制研究[M].北京:中国政法大学出版社,2015.

[8]王洪树.社会协商对话[M].北京:中央文献出版社,2015.

[9]张秀霞.中国民主进程中的协商民主研究[M].北京:中央编译出版社,2015.

[10]郑楚宣,伍俊斌.协商民主与当代中国民主政治建设[M].北京:人民出版社,2015.

[11]于小英.协商民主与国家治理[M].北京:中央编译出版社,2015.

[12]黄国华等著.中国社会主义协商民主思想史稿[M].成都:西南交通大学出版社,2013.

[13]马黎晖.中国协商民主理论与实践[M].北京:社会科学文献出版社,2013.

[14]祁勇,赵德兴.中国乡村治理模式研究[M].济南:山东人民出版社,2014.

[15]王洪树.协商合作视野下的民主政治研究[M].北京:中国社会科学出版社,2011.

[16]李仁彬,黄国华,杨子均等.中国协商民主理论与实践探析[M].成都:四川大学出版社,2011.

[17]陶富源,王平.中国特色协商民主论[M].宪湖:安徽师范大学出版社,2011.

[18]全永波.社会治理法治化研究[M].北京:光明日报出版社,2016.

[19]王浦劬.国家治理现代化:理论与策论[M].北京:人民出版社,2016.

[20]李强彬.协商民主与公共政策前决策过程优化:中国的视角[M].成都:四川大学出版社,2013.

[21]许耀桐.中国国家治理体系现代化总论[M].北京:国家行政学院出版社,2016.

[22]高建,佟德志编.协商民主[M].天津:天津人民出版社,2010.

[23]李后强,邓子强.协商民主与椭圆视角[M].成都:四川人民出版社,2009.

[24]孙存良.当代中国民主协商研究[M].北京:中国社会科学出版社,2009.

[25]黄福寿.中国协商政治发生与演变逻辑[M].上海:上海人民出版社,2009.

[26]费孝通.乡土中国 生育制度 乡土重建[M].北京:商务印书馆,2011.

[27]谈火生.审议民主[M].南京:江苏人民出版社,2007.

[28]陈家刚.协商民主与政治发展[M].北京:社会科学文献出版社,2011.

[29]陈家刚.协商民主[M].上海:上海三联书店,2004.

[30]陈家刚.协商民主与当代中国政治[M].北京:中国人民大学出版社,2009.

[31]李君如.协商民主:解读中国民主制度[M].北京:外文出版社,2015.

[32]李君如.协商民主在中国[M].北京:人民出版社,2014.

[33]宋洪远.大国根基——中国农村改革40年[M].广州:广东经济出版社,2018.

[34]杜润生.杜润生自述——中国农村体制变革重大决策纪实[M].北京:人民出版社,2005.

[35]陈剩勇,何包钢.协商民主的发展[M].北京:社会科学文献出版社,2006.

[36]黄炎培.八十年来[M].北京:文史资料出版社,1982.

[37]李贺林,左宪民.中国特色协商民主研究[M].北京:中央党校出版社,2008.

[38]莫吉武,杨长明,蒋余浩.协商民主与有序参与[M].北京:中国社会科学出版社,2009.

[39]张平.社会主义协商民主研究[M].北京:群言出版社,2015.

[40]温铁军."三农问题"与制度变迁[M].北京:中国经济出版社,2009.

[41]贺雪峰.组织起来——取消农业税后农村基层组织建设研究[M].济南:山东人民出版社,2012.

[42]贺雪峰.治村[M].北京:北京大学出版社,2017.

[43]李昌平.再向总理说实话[M].北京:中国财富出版社,2012.

[44]李昌平.我向总理说实话[M].北京:光明日报出版社,2002.

[45]赵树凯.农民的政治[M].北京:商务印书馆,2012.

[46]赵树凯.农民的鼎革[M].北京:商务印书馆,2018.

[47]赵树凯.乡镇治理与政府制度化[M].北京:商务印书馆,2010.

[48]欧阳静.策略主义——桔镇运作的逻辑[M].北京:中国政法大学出版社,2011.

[49]王宏波.社会工程研究引论[M].北京:中国社会科学出版社,2007.

[50]徐勇.中国农村村民自治[M].北京:生活·读书·新知三联书店,2018.

[51]徐勇.乡村治理与中国政治[M].北京:中国社会科学出版社,2003.

[52]陈锡文等.中国农村改革30年回顾与展望[M].北京:人民出版社,2008.

[53]韩俊.实施乡村振兴战略五十题[M].北京:人民出版社,2018.

[54]贺雪峰.新乡土中国[M].桂林:广西师范大学出版社,2003.

[55]贺雪峰.乡村社会关键词——进入新世纪的中国乡村素描[M].济南:山东人民出版社,2010.

[56]张志铭、于浩.转型中国的法治化治理[M].北京:法律出版社,2018.

[57]陈家钢.协商民主与当代中国政治[M].北京:中国人民大学出版社,2009.

[58]中国大百科全书·社会学[M].北京:中国大百科全书出版社,1991.

[59]左传·昭公二十年.

[60]张乐天.告别理想人民公社制度研究[M].上海:上海东方出版中心,1998.

[61]张凤阳,张一兵.政治哲学关键词[M].南京:江苏人民出版社,2006.

[62][澳大利亚]约翰·S.德雷泽克著.协商民主及其超越:自由与批判的视角[M].丁开杰等译.北京:中央编译出版社,2006.

[63][美]埃尔斯特主编.协商民主:挑战与反思[M].周艳辉译.北京:中央编译出版社,2009.

[64][美]埃米·古特曼,丹尼斯·汤普森.审议民主意味着什么[A].谈火生.审议民主[C].南京:江苏人民出版社,2007.

[65][美]托马斯·克里斯蒂亚诺.公共协商的意义[A].[美]詹姆斯·博曼威廉·雷吉主编.协商民主:论理性与政治[C].陈家刚等译.北京:中央编译出版社,2006.

[66][美]塞拉·本哈比.走向协商模式的民主合法性[A].塞拉·本哈比主编.民主与差异:挑战政治的边界[C].黄相怀等译.北京:中央编译出版社,2009.

[67][美]杰弗雷·杜利斯.制度间的协商[A].[美]詹姆斯·菲什金,[英]彼得·拉斯莱特主编.协商民主争论[C].张晓敏译.北京:中央编译出版社,2009.

[68][美]罗伯特·古丁.内在的民主协商[A].[美]詹姆斯·菲什金,[英]彼得·拉斯莱特主编.协商民主争论[C].张晓敏译.北京:中央编译出版社,2009.

[69][美]伊森·里布.美国民主的未来:一个设立公众部门的方案[M].朱昔群,李定文,余艳红译.北京:中央编译出版社,2009.

[70][美]戴维·米勒.审议民主与社会选择[A].谈火生.审议民主[C].南京:江苏人民出版社,2007.

[71][美]科恩.论民主[M].聂崇信,朱秀贤译.北京:商务印书馆,1988.

[72][美]詹姆斯·E.安德森:《公共政策制定》(第五版)[M].谢明等译.北京:中国人民大学出版社,2009.

[73][美]安德鲁·海伍德.政治理论教程[M].李智译.北京:中国人民大学出版社,2009.

[74][美]塞拉·本哈比.民主与差异:挑战政治的边界[M].黄相怀,严海兵等译.北京:中央编译出版社,2009.

[75]何包钢.协商民主:理论、方法与实践[M].北京:中国社会科学出版社,2008.

[76][英]戴维·赫尔德.民主的模式[M].燕继荣等译.北京:中央编译出版社,2008.

[77]哈贝马斯.在事实与规范之间:关于法律和民主法治国的商谈理论[M].童世骏译.北京:三联书店,2003.

[77][美]卡罗尔·佩特曼.参与和民主理论[M].陈尧译.上海:上海人民出版社,2006.

[79][英]杰弗里·托马斯.政治哲学导论[M].顾肃等译.北京:中国人民大学出版社,2006.

[80][美]约翰·罗尔斯.政治自由主义[M].万俊人译.南京:译林出版社,2000.

[81][德]哈贝马斯.后形而上学思想[M].曹卫东等译.南京:译林出版社,2001.

[82][法]卢梭.社会契约论[M].何兆武,译.北京:商务印书馆,1980.

[83][美]曼纽尔·卡斯特.网络社会的崛起[M].夏铸九译.北京,社科文献出版社,2006.

[84][美]道格拉斯·诺斯.制度、制度变迁与经济绩效[M].上海:上海三联书店,1994.

[85]阿罗.社会选择:个性与多准则[M].钱晓敏,孟岳良译.北京:首都经济贸易大学出版社,2000.

[86][美]乔·萨托利.民主新论[M].北京:东方出版社,1998.

[87][美]詹姆斯·博曼.公共协商:多元主义、复杂性与民主[M].黄相怀译.北京:中央编译出版社,2006.

[88][南非]毛里西奥·帕瑟林·登特里维斯著.作为公共协商的民主:新的视角[M].王英津等译.北京:中央编译出版社,2006.

[89][德]尤尔根·哈贝马斯.社会交往行动理论(第1卷)[M].重庆:重庆出版社,1994.

[90][美]罗伯特·A.达尔.现代政治分析[M].王沪宁,陈峰译.上海:上海译文出版社,1987.

[91][法]托克维尔.论美国的民主[M].董果良译[M].北京:商务印书馆,1988.

[92][美]凯斯·R.孙斯坦.设计民主:论宪法的作用[M].金朝武,刘会春译.北京:法律出版社,2006.

[93][美]塞拉·本哈比.民主与差异:挑战政治的边界[M].黄相怀,严海兵等译.北京:中央编译出版社,2009.

[94]诺斯.经济史中的结构与变迁[M].上海:上海三联书店,1991.

[95]塞拉本·哈比.走向审议式的民主合法性模式[M].谈火生.审议民主.南京:江苏人民出版社,2007.

[96]克里斯蒂安·亨诺德.法团主义、多元主义与民主——走向协商的官僚责任理论.陈家刚主编.协商民主[M].上海:上海三联书店,2004.

[97]保罗·莱文森.数字麦克卢汉——信息化新纪元指南[M].何道宽译.北京:社会科学文献出版社,2001.

[98][美]拉雷·N.格斯顿.公共政策的制定——程序和原理[M].重庆:重庆出版社,2001.

[99]斯图尔特·R.施拉姆.毛泽东的思想[M].田松年等译.北京:中国人民大学出版社,2005.

[100][美]加布里埃尔·A.阿尔蒙德,小宾厄姆·鲍威尔.比较政治学:体系、过程和政策[M],曹沛霖等译.上海:上海译文出版社,1987.

[101]马修·费斯廷斯泰因:协商、公民权与认同.陈家刚主编.协商民主[M].上海:上海三联书店,2004.

[102][加]威尔·金里卡.当代政治哲学[M].上海:上海三联书店,2004.

三、期刊论文类

[1]陈家刚,张翔.数字协商民主:制度规范与技术路径——江苏省淮安市"'码'上议"实践探索[J].江海学刊,2022(6).

[2]邓大才.中国非正式治理的兴起:村民理(议)事会的政治起源[J].东南学术,2022(4).

[3]李海平,刘佳琪.村民自治的转型:从户籍本位到居住本位[J].中国农村观察,2022(3).

[4]董树彬,丁卓越.全过程人民民主:社会主义协商民主的拓展与升华[J].理论探讨,2022(3).

[5]张师伟.中国共产党领导协商民主制度建设的政治条件和法治路径[J].学术界,2022(5).

[6]袁方成,刘桓宁.大数据时代基层协商民主的机制创新与推进路径[J].新视野,2022(2).

[7]端木燕萍,章荣君.协商民主观在乡村社会互动性政治仪式中的塑造[J].理论月刊,2022(3).

[8]谢治菊,卢荷英.动员式治理与嵌入式交往:驻村干部工作艺术与乡村振兴[J].湖北民族大学学报(哲学社会科学版),2022(2).

[9]蒯正明.全过程民主视域下深化人民政协协商民主建设路径探析[J].学术界,2021(6).

[10]何海兵.上海创新社会治理加强基层建设的新探索[J].党政论坛,2016(7).

[11]李友梅.我国特大城市基层社会治理创新分析[J].中共中央党校学报,2016(2).

[12]李立男.中国居民收入差距现状的国际比较研究[J].海派经济学,2020(1).

[13]程美东.社会治理视角下的当前中国弱势群体问题[J].海派经济学,2020(2).

[14]陈成文,陈静,陈建平.市域社会治理现代化:理论建构与实践路径[J].江苏社会科学,2020(1).

[15]张敬芬.创新自治共治机制推进基层社会治理——上海嘉定马陆镇的实践与思考[J].上海党史与党建,2017(11).

[16]顾元.市域社会治理的传统中国经验与启示[J].中共中央党校(国家行政学院)学报,2020(4).

[17]张国献,李燕.市域基层协商治理现代化何以可能?——以特大城市上海为例[J].理论探讨,2021(4).

[18]陈一新.新时代市域社会治理理念体系能力现代化[J].社会治理,2018(8).

[19]周文翠,陈自才.社会治理制度效能提升的三个着力点[J].理论探讨,2020(4).

[20]魏磊.论深化社会控制科学化研究[J].理论学刊,2017(2).

[21]张振洋.破解科层制困境:党建引领城市基层社会治理研究——以上海市城市基层党建实践为例[J].内蒙古社会科学,2020(3).

[22]王永贵,钱东晓.人民当家做主制度体系创新的逻辑理路探析——基于国家治理现代化的三重维度[J].理论探讨,2020(4).

[23]孙健.地方政府治理现代化的价值定位与路向选择[J].行政论坛,2020(5).

[24]张国献,李燕.乡村全过程人民民主的技术约束与智慧路径[J].理论探讨,2023(3).

[25]郭娆锋,吴宏儒.人工智能对劳动力市场的影响研究进展[J].海派经济学,2020(4).

[26]韩志明.从"互联网+"到"区块链+":技术驱动社会治理的信息逻辑[J].行政论坛,2020(4).

[27]江维国,胡敏,李立清.数字化技术促进乡村治理体系现代化建设研究[J].电子政务,2021(7).

[28]赵金旭,孟天广.技术赋能:区块链如何重塑治理结构与模式[J].当代世界与社会主义,2019(3).

[29]沈费伟,陈晓玲.技术如何重构乡村——乡村技术治理的实现路径考察[J].学术界,2021(2).

[30]黄在忠.智能互联与数据记忆——论一种技术拜物教的产生[J].吉首大学学报:社会科学版,2021(5).

[31]张成岗,阿柔娜.智慧治理的内涵及其发展趋势[J].国家治理,2021(9).

[32]禹信,崔之元.人工智能与公共管理研究:技术可能性、议题重构和治理创新[J].中国行政管理,2020(3).

[33]文丰安.数字技术赋能乡村建设现代化:重要性、梗阻及发展进路[J].湖北大学学报:哲学社会科学版,2022(5).

[34]任爱芬,魏磊.改革开放以来中国共产党群众组织力建设的基本经验及其启示[J].南京政治学院学报,2018(5).

[35]韩瑞波.技术治理驱动的数字乡村建设及其有效性分析[J].内蒙古社会科学,2021(3).

[36]贾中海,曹向阳.全过程人民民主:中国特色社会主义民主新形态[J].理论探讨,2022(5).

[37]董文兵.乡村治理现代化进程中农村基层党组织功能定位面临的挑战及对策[J].青岛农业大学学报(社会科学版),2017(2).

[38][澳]何包钢.中国协商民主制度[J].浙江大学学报(人文社会科学版),2005(3).

[39]吴光芸.协商民主:新农村政治建设的重要途径[J].调研世界,2008(2).

[40]吴兴智.从选举民主到协商民主:近年来乡村民主建设的新发展——以浙江为个案的思考[J].社会科学战线,2008(4).

[41]戴激涛.对我国乡村协商民主实践的宪法学解读[J].江汉大学学报(社会科学版),2008(2).

[42]陈朋.民主恳谈:生长在中国改革土壤中的协商民主实践[J].中国软科学,2009(10).

[43]应小丽.协商民主取向的村民公共参与制度创新——浙江省常山县"民情沟通日"制度调查与分析[J].浙江社会科学,2010(2).

[44]宋连胜,李建.社会主义协商民主理论源头探析[J].理论学刊,2013(3).

[45]郎友兴.商议式民主与中国的地方经验:浙江省温岭市的"民主恳谈会"[J].浙江社会科学,2005(1).

[46]刘明君,武晓雅.基层群众自治中的协商民主探讨[J].三峡大学学报(人文社会科学版),2010(2).

[47]陈鼎.民主恳谈:生成于参与困境下的协商民主[J].重庆交通大学学报(社科版),2008(1).

[48]韩永红,戴激涛.协商民主在财政预算中的应用研究[J].中共浙江省委党校学报,2010(4).

[49]潘荣江,陈朋.选举民主与协商民主共生发展:乡村的实践与价值——浙江泽国镇的案例启示[J].中国特色社会主义研究,2009(4).

[50]陶文昭.协商民主的中国视角[J].学术界,2006(5).

[51]刘建成.约束与创新:中国特色协商民主制度建设[J].行政论坛,2013(5).

[52]刘世华.协商民主广泛多层制度化发展面临的问题及对策论析[J].理论学刊,2014(4).

[53]董前程.协商民主与农村基层民主自治制度创新——一种完善农村民主政治建设的有效路径[J].南京师大学报(社会科学版),2008(6).

[54]刘玲灵,徐成芳.论中国协商民主的特殊性及发展空间[J].理论学刊,2013(6).

[55]徐理响.协商与合作:农村公共事物治理之道[J].农村经济,2011(4).

[56]郭正林.国外学者视野中的村民选举与中国民主发展:研究述评[J].中国农村观察,2003(5).

[57]杜英歌,娄成武.西方协商民主理论述评[J].国家行政学院学报,2010(5).

[58]李玉华,张国献,王琦.乡村协商民主研究谱系:概念厘定、实践创制与前瞻导向[J].理论学刊,2014(9).

[59]付建军.党群治理转型与基层协商民主的发展逻辑[J].探索,2021(3).

[60]李强彬,龙凤翔.乡村基层群众自治研究20年:议题、论争与展望[J].理论探讨,2021(3).

[61]董石桃.嵌入性视角下的协商民主创新发展研究[J].人民论坛·学术前沿,2021(5).

[62]毛光霞.使基层协商民主更好地运转起来——观念更新、利益兼容与治理绩效累积的三位一体[J].社会主义研究,2021(1).

[63]朱凤霞,陈俊天.国家与社会关系视角下的农村社会治理转型[J].科学社会主义,2021(1).

[64]付建军.作为治理创新的基层协商民主:存量、调适与内核[J].社会主义研究,2020(6).

[65]关振国,吴丹玉.以协商方式提升乡村治理能力探讨[J].学术交流,2020(12).

[66]孙强强,姚锐敏.家户本位、公共可行能力与有效乡村治理[J].甘肃社会科学,2020(6).

[67]秦国民,秦舒展.论激发基层协商民主有效运行的"三维"动力[J].中州学刊,2020(9).

[68]郭雨佳,张等文.改革开放以来农村基层协商民主制度化:驱动因素、嬗变历程与基本经验[J].理论月刊,2020(8).

[69]张等文,郭雨佳.乡村振兴进程中协商民主嵌入乡村治理的内在机理与路径选择[J].政治学研究,2020(2).

[70]张兴宇,季中扬.新乡贤:基层协商民主的实践主体与身份界定[J].江苏

社会科学,2020(2).

[71]郭红军.社会主义协商民主的三维审视[J].前线,2020(3).

[72]廖清成,罗家为.协商民主是我国基层治理的重要方式[J].理论探索,2020(2).

[73]聂伟,陈家喜.基层干部协商民主实践对政府满意度影响机制的实证分析[J].深圳大学学报(人文社会科学版),2020(1).

[74]郭雨佳,张等文.农村协商民主制度化发展的现实形态和优化路径[J].求实,2020(1).

[75]李明圣.协商民主契约治村不诉自办——党建引领基层治理的广阳经验[J].前线,2020(1).

[76]杨宜勇.协商民主:重在协商难在真协商[J].前线,2020(1).

[77]陈科霖,谢靖阳.基层群众自治制度的实践逻辑、理论趋向及其展望[J].中共天津市委党校学报,2019(6).

[78]陈家刚.协商民主研究在东西方的兴起与发展[J].毛泽东邓小平理论研究,2008(7).

[79]谈火生.审议民主理论的基本理念和理论流派[J].教学与研究,2006(11).

[80]陈家刚,陈奕敏.地方治理中的参与式预算——关于浙江温岭市新河镇改革的案例研究[J].公共管理学报,2007(3).

[81]林尚立.公民协商与中国基层民主发展[J].学术月刊,2007(9).

[82]刘华安.协商民主与农村治理:意义、限度及协调[J].三江论坛,2011(3).

[83]陈家刚.协商民主引论[J].马克思主义与现实,2004(3).

[84]戴均.协商民主:村民自治可持续发展的政治诉求[J].人文杂志,2009(2).

[85]刘安.协商共治:建构农村基层治理的制度性合作关系[J].南京师大学报(社会科学版),2011(2).

[86]徐理响.协商与合作:农村公共事物治理之道[J].农村经济,2011(4).

[87]陈家刚.协商民主:概念、要素与价值[J].中共天津市委党校学报,2005(3).

[88]吴光芸.协商民主:和谐社会治理的民主范式[J].四川行政学院学报,2008(1).

[89]张国献,李玉华.乡村协商民主的现实困境与化解路径[J].中州学刊,2014(3).

[90]刘旺洪,朱小龙.论新农村法律文化创新的结构、特征与路径[J].学习与探索,2011(3).

[91]陆益龙.乡土中国的转型与后乡土性特征的形成[J].人文杂志,2010(5).

[92]侣传振.半熟人社会与人际信任——兼论社会信任结构变迁的路径选择[J].胜利油田党校学报,2007(1).

[93]唐展凤,陈国胜.协商民主模式:价值、制度与困境[J].湖北行政学院学报,2007(2).

[94]马晓东,周晓丽.论协商民主及其在我国的实现[J].理论月刊,2009(1).

[95]吴光芸,李建华.协商民主理念下的社区治理[J].四川行政学院学报,2010(6).

[96]陈家刚.协商民主:概念、要素与价值[J].中共天津市委党校学报,2005(3).

[97]吴光芸.协商民主:和谐社会治理的民主范式[J].四川行政学院学报,2008(1).

[98]张锋.乡村振兴背景下农村社区协商治理机制研究[J].上海行政学院学报,2019(6).

[99]方雷,孟燕.新中国成立70年来基层协商民主发展的历史逻辑[J].中共中央党校(国家行政学院)学报,2019(5).

[100]王洪树,张茂一.协商民主是实现党的领导的重要方式:理论基础与实践逻辑[J].探索,2019(5).

[101]乔贵平.新时代发挥社会主义协商民主优势的路径探析[J].马克思主义研究,2019(9).

[102]王永香,陆卫明.中国协商民主建设70年的历史成就与基本经验[J].教学与研究,2019(8).

[103]韩跃民.社会管理体制创新的协商民主逻辑与行动解析[J].黑龙江社会

科学,2013(3).

[104]陈朋.社会主义协商民主的基本要素论析[J].重庆社会主义学院学报,2013(3).

[105]张国献.试论社会主义乡村协商民主[J].中州学刊,2015(3).

[106]吴兴智.协商民主与中国乡村治理[J].湖北社会科学,2010(10).

[107]陈家刚.协商民主:概念、要素与价值[J].中共天津市委党校学报,2005(3).

[108]刘钢.超越自由主义和共和主义:哈贝马斯的程序民主[J].现代哲学,2004(3).

[109]郇雷.构建中国式协商民主:中国共产党的理论与实践探索[J].科学社会主义,2014(1).

[110]李慎明.科学社会主义理论与实践的现状、发展趋势及相关思考——学习习近平总书记相关重要讲话精神的体会[J].世界社会主义研究,2013(特刊1).

[111]陈柏峰、董磊明.乡村治理的软肋:灰色势力[J]经济社会体制比较,2009(4).

[112]吴扬.中国乡村治理的现实定位与发展思考[J].毛泽东邓小平理论研究,2012(6).

[113]马雪彬、马春花.地方政府公司化行为解析[J].经济与管理,2011(10).

[114]欧阳康、陈仕平.马克思民主思想及对当前中国民主建设的启示[J].马克思主义与现实,2009(4).

[115]郎友兴,万莼.基层协商民主的系统构建与有效运行——小古城村"众人的事由众人商量"的经验与扩散[J].探索,2019(4).

[116]张继亮.协商与代表:协商民主中的正当性议题及启示[J].新视野,2019(3).

[117]张露露.乡村治理中协商民主的实践形式:比较、问题与对策——基于我国东中西部地区四个典型案例的分析[J].中州学刊,2019(4).

[118]李芳,许门友.延安时期中国共产党协商民主建设的基本经验及启示[J].马克思主义理论学科研究,2019(2).

[119]李晓广.论协商治理视域下村民小组自治的有效实现[J].学术界,2019

(4).

[120]金太军,鹿斌.社区中的政治:协商民主的逻辑与事实[J].马克思主义与现实,2019(2).

[121]王国勤.基层协商民主理论与实践在浙江的新进展[J].浙江社会科学,2018(12).

[122]郭夏娟,秦晓敏."三治一体"中的道德治理——作为道德协商主体的乡贤参事会[J].浙江社会科学,2018(12).

[123]李晓广.乡村"微自治":价值、困境及化解路径[J].探索,2018(6).

[124]王国勤,陶正玄.温岭民主恳谈的制度演进与理论发展[J].治理研究,2018(6).

[125]张敏.基层协商民主的公共价值管理:一个实践路径探索[J].探索,2018(5).

[126]赵秀玲.十八大以来中国乡村治理重要变革[J].福建论坛(人文社会科学版),2018(10).

[127]李增元,王岩.农村社区协商治理:实践动因及有效运转思路[J].行政论坛,2018(5).

[128]朱凤霞,陈昌文.中层设计:基层协商民主的制度化探索——对成都彭州市社会协商对话的考察[J].行政论坛,2018(5).

[129]俞可平.马克思论民主的一般概念、普遍价值和共同形式[J].马克思主义与现实,2007(3).

[130]张国献.90年来党的统一战线基本理论发展的历史与逻辑[J].广西社会科学,2011(6).

[131]李君如.协商民主在中国——中国特色协商民主的理论思考[J].中共天津市委党校学报,2014(4).

[132]黄友敬.十八届三中全会关于协商民主的理论贡献与制度架构刍议[J].达州新论,2014(2).

[133]任中平.村民自治究竟应当向何处去?[J].理论与改革,2011(3).

[134]周春霞.农村空心化背景下乡村治理的困境与路径选择——以默顿的结构功能论为研究视角[J].南方农村,2012(3).

[135]宁有才.协商民主与公共政策隐蔽议程治理[J].山东大学学报(哲学社会科学版),2013(4).

[136]高洪贵、朱宇.农村劳动力转移对我国农村基层民主的影响[J].行政论坛,2008(6).

[137]许开轶,朱晨晨.基层协商民主的制度认同论析[J].政治学研究,2018(4).

[138]刘旭雯,范明英.主要矛盾变化视阈下基层协商民主问题研究[J].广西社会科学,2018(7).

[139]韩志明.基层协商民主的过程性叙事及其反思[J].河南社会科学,2018(6).

[140]汤玉权,徐勇.建立健全统一战线在基层协商民主中发挥作用的协商机制[J].广西大学学报(哲学社会科学版),2018(4).

[141]崔凤军,姜亦炜.农村社区开放式协商机制研究——基于德清县乡贤参事会的调查[J].浙江社会科学,2018(6).

[142]张师伟.中国乡村社会多元治理的民主协商逻辑及其法律建构[J].法学杂志,2018(6).

[143]吕庆春、伍爱华.协商民主:创新中的运行困境[J].理论探讨,2009(4).

[144]吴春梅、翟军亮.协商民主与农村公共服务供给决策民主化[J].理论与改革,2011(4).

[145]林萍.当代西方协商民主发展困境透视[J].潍坊教育学院学报,2008(3).

[146]吕庆春,伍爱华.协商民主:创新中的运行困境[J].理论探讨,2009(4).

[147]吴晓林,左高山.西方"协商民主"理论的三重困境——基于政治伦理的分析[J].人文杂志,2010(6).

[148]陆学艺,张厚义.农民的分化、问题及其对策[J].农业经济问题,1990(1).

[149]邓彩霞.经济学视阈下我国基层协商民主困境再审视与破解[J].南京政治学院学报,2018(3).

[150]马华.村治实验:中国农村基层民主的发展样态及逻辑[J].中国社会科

学,2018(5).

[151]曹帅,许开轶.新时代基层政协协商民主的发展逻辑与实践旨趣[J].广西社会科学,2018(5).

[152]章荣君.村民自治吸纳协商民主何以可行?[J].南京农业大学学报(社会科学版),2018(3).

[153]吴晓霞.基层治理现代化中的协商民主[J].科学社会主义,2018(2).

[154]任中平.新时代农村基层治理亟须加强基层民主建设[J].科学社会主义,2018(2).

[155]陈亮.和合文化视野下我国基层协商民主的包容性建构及其限度[J].行政论坛,2018(2).

[156]孟令梅.基层协商民主的六个原则[J].理论视野,2018(3).

[157]刘海军,王平.社会分化视域下农村基层协商机制的建构[J].求实,2018(2).

[158]黄东益.审慎四辩民调——研究方法的探讨与可行性评估[J].民主调查季刊,2000(1).

[159]林艺东.谁更为民主:协商民主抑或选举民主[J].人大研究,2008(9).

[160]项继权.当前农村发展的阶段性特征及政策选择[J].江西社会科学,2009(1).

[161]巩建华,曹树明.差序格局的文化影响与关系社会的破坏作用——兼论西方公共治理理论在中国实施的困境[J].江淮论坛,2007(4).

[162]王学军.建设社会主义新农村与健全农民利益表达机制[J].四川行政学院学报,2006(5).

[163]刘松枝.构建农民利益表达机制 促进社会稳定有序发展[J].哈尔滨市委党校学报,2010(2).

[164]石晶.以选举与协商互促 优化乡村基层治理[J].领导科学,2018(3).

[165]王婷,李景平,方建斌.协商民主:村民自治过程中廉政治理的生长点[J].西北农林科技大学学报(社会科学版),2018(1).

[166]谈火生,于晓虹.中国协商民主的制度化:议题与挑战[J].华中师范大学学报(人文社会科学版),2017(6).

[167]李欣.良序公共生活何以可能:公共生活的重建与协商民主的发展[J].中共浙江省委党校学报,2017(6).

[168]赵晶,张平.社区协商民主:功能定位与平台构建[J].东北大学学报(社会科学版),2017(6).

[169]曲延春,陈浩彬.农村基层协商民主制度化:实践困境与推进路径[J].农村经济,2017(10).

[170]郭红军.中国共产党协商民主的基本经验探论[J].中州学刊,2017(10).

[171]李玉华,张国献."四议两公开"工作法的研究谱系:现实境遇、理论旨趣与实践创新[J].学习论坛,2014(10).

[172]赵士红,杨伟民."四议两公开"工作法架起党群干群连心桥[J].学习论坛,2010(1).

[173]张新光.中国农村基层民主治理的拓展性创新[J].安徽商贸职业技术学院学报,2010(2).

[174]刘朝瑞.积极探索党组织领导下的村民自治新机制[J].中州学刊,2009(6).

[175]汪旻艳.网络政治参与视角下民主执政的新探索[J].领导科学.2012(11).

[176]李建.基层协商民主推进国家治理现代化发展路径探析[J].理论月刊,2017(9).

[177]王卫.中国基层协商民主共识形成机制研究——基于"温岭模式"实践的分析[J].社会主义研究,2017(4).

[178]陈家刚.基层协商民主的实践路径与前景[J].河南社会科学,2017(8).

[179]韩志明.中国协商民主理论与技术创新专题研究[J].河南社会科学,2017(8).

[180]王守光.加强网络环境下民主执政对策研究[J].理论学刊,2009(12).

[181]宁有才.协商民主与公共政策隐蔽议程治理[J].山东大学学报(哲学社会科学版),2013(4).

[182]叶小文,张峰.从现代国家治理的高度认识协商民主[J].中央社会主义学院学报 2014(1).

[183]王洪树.协商民主的缺陷和面临的践行困境[J].湖北社会科学,2007(1).

[184]王学俭,杨昌华.中国特色社会主义协商民主法治化研究[J].社会主义研究.2015(2).

[185]王新生.论协商民主的法治化[J].湖南大学学报(社会科学版).2010(1).

[186]唐鸣,黄敏璇.新型城镇化背景下农村社区协商实践创新的规范化与制度化研究——基于全国16个农村社区协商典型案例的分析[J].中共中央党校学报,2017(3).

[187]曾维和,张云婷.参与式预算改革下乡镇政府协商型组织结构创新——基于地方创新的多案例分析[J].新视野,2017(3).

[188]张铤.社会主义协商民主的多维价值、比较优势与提升路径[J].中州学刊,2017(4).

[189]何包钢,周艳辉.中国农村从村民选举到乡村协商:协商民主试验的一个案例研究[J].国外理论动态,2017(4).

[190]林雪霏,邵梓捷.地方政府与基层实践——一个协商民主的理论分析框架[J].经济社会体制比较,2017(2).

[191]卢兴.梁漱溟"中国式民主"思想探析——兼论儒家思想与协商民主的关系[J].齐鲁学刊,2017(2).

[192]朱哲,史博.中国协商民主政治建设与国家治理现代化高度契合[J].人民论坛,2017(6).

[193]吕其镁,陈光辉,刘世华.历史与现实双重视角下人民政协协商民主发展路径研究[J].广西社会科学,2017(1).

[194]林雪霏.当地方治理体制遇到协商民主——基于温岭"民主恳谈"制度的长时段演化研究[J].公共管理学报,2017(1).

[195]张国献.社会主义乡村协商治理:现实逻辑、制度导向与实践旨趣[J].理论探讨,2017(1).

[196]袁方成,毛斌菁.协商民主如何助推治理现代化?——城乡基层的考察与分析[J].新视野,2017(1).

[197]宋雄伟.政策执行"梗阻"问题与作为治理的协商民主——一个诊断框架[J].中国软科学,2016(12).

[198]林火旺.审议民主与公民养成[J].台大哲学评论,2005(29).

[199]刘俊杰.中西协商民主之比较[J].云南行政学院学报,2013(3).

[200]曲延春.中国乡村治理中的协商民主:发展逻辑与推进对策[J].农村经济,2011(11).

[201]张扬金.协商民主与村民自治制度的价值重拾[J].理论探讨,2013(1).

[202]陈奕敏.协商民主在基层的制度创新[J].中国党政干部论坛,2013(7).

[203]刘华景,刘海涛.协商民主视角下安徽农村基层民主建设的机制研究[J].南京航空航天大学学报(社会科学版),2013(1).

[204]童伟.引入公民参与构建地方财政监督机制[J].财政监督,2012(33).

[205]胡杰.完善农村民主政治建设的有效路径[J].攀登,2003(S1).

[206]戴均.协商民主:村民自治可持续发展的政治诉求[J].人文杂志,2009(2).

[207]郎友兴.让农民的协商民主有效地运行起来:浙江省临海基层协商民主研究[J].中共浙江省委党校学报,2016(5).

[208]郎友兴.村落共同体、农民道义与中国乡村协商民主[J].浙江社会科学,2016(9).

[209]任路.协商民主:村民自治有效实现的路径转换与机制重塑[J].中共浙江省委党校学报,2016(5).

[210]胡永保,刘世华.人民团体协商民主发展存在的问题及对策[J].天津行政学院学报,2016(5).

[211]闫立志.基层协商民主:农村社区治理创新路径[J].人民论坛,2016(26).

[212]伍俊斌.论协商民主与政治参与的契合[J].黑龙江社会科学,2016(5).

[213]邓谨,王海成.论我国农村协商民主中的主体培育[J].西北农林科技大学学报(社会科学版),2016(5).

[214]魏治勋.社会控制视野中的社区治理及其协商民主指向——以对济南市若干社区的现场调研为实证基础[J].山东大学学报(哲学社会科学版),2016

(5).

[215]陈丽.邓小平的基层协商民主思想及其现实启示[J].武汉理工大学学报(社会科学版),2016(4).

[216]徐行,陈永国.党外知识分子参与协商民主的现实挑战及克服路径[J].江西社会科学,2016(8).

[217]杨中艳.党领群治:十八大以来农村社区协商的经验成效与路径优化[J].社会主义研究,2016(4).

[218]严宏.村民理事会与村级协商民主建设的探索——以安徽省H村为例[J].中共福建省委党校学报,2016(7).

[219]胡宗山.社区协商民主路线图:义理探诘与行动挑战[J].社会科学家,2016(8).

[220]邓凡,张莹."四议两公开"制度的宪法学解读[J].法制与经济,2010(2).

[221]顾燕峰.河南邓州基层党组织"4+2"工作法及其启示[J].上海党史与党建,2010(7).

[222]李安增,武艳."四议两公开"工作法:我国农村基层民主机制的重要创新[J].理论学刊,2011(10).

[223]梁周敏,侯远长."四议两公开"是基层民主制度建设的伟大创举[J].学习论坛,2010(1).

[224]赵成斐,牟言波.基层党内选举民主与协商民主协同机制研究[J].新视野,2016(4).

[225]山东大学当代社会主义研究所课题组,李俊,蒋锐等.关于把社会主义协商民主制度列入我国基本政治制度的思考[J].当代世界社会主义问题,2016(2).

[226]杨宏山.澄清城乡治理的认知误区——基于公共服务的视角[J].探索与争鸣,2016(6).

[227]青觉,闫力.共建共治共享:民族自治地方社会治理的新模式——社会主义协商民主的视角[J].黑龙江民族丛刊,2016(3).

[228]王杨.以协商民主提升乡村治理水平[J].领导科学,2016(12).

[229]戴玉琴.农村协商民主:乡村场域中群众路线实现的政治路径[J].江苏

社会科学,2016(2).

[230]陈海燕.协商民主在基层治理中的社会化过程与社会整合功能探析——基于社会化的视角[J].广西社会科学,2016(3).

[231]杨中艳.基层协商民主法治化的建设路径探析[J].云南社会科学,2016(2).

[232]张等文,杨才溢.中国基层协商民主实践及其可持续性研究[J].东北师大学报(哲学社会科学版),2016(2).

[233]吴晓林,邓聪慧,张翔.重合利益中的工具性:城市基层协商民主的导向研究[J].学海,2016(2).

[234]张敏.政府供给与基层协商民主生长:基于三地实践的考察[J].学海,2016(2).

[235]王岩,潘友星.协商民主视域下基层政府治理研究[J].思想战线,2016(2).

[236]尹书博."四议两公开"工作法是发展农村基层民主的有效途径[J].学习论坛,2010(1).

[237]刘朝瑞.积极探索党组织领导下的村民自治新机制[J].中州学刊,2009(6).

[238]刘明定,康长春."四议两公开"工作法研究[J].华北水利水电学院学报(哲学社会科学版),2010(1).

[239]王丽,张志泽.治理视野下的政府思想政治工作价值取向[J].中共四川省委省级机关党校学报,2004(2).

[240]李建.十八大以来国内关于协商民主推进国家治理现代化问题研究述评[J].社会主义研究,2016(1).

[241]白启鹏,闫立光.农村基层协商民主建设的问题扫描与路径建构——基于农村"空心化"现象的理性透视[J].学术交流,2016(2).

[242]赵秀玲.协商民主与中国农村治理现代化[J].清华大学学报(哲学社会科学版),2016(1).

[243]杨根乔.关于基层协商民主建设的调查与思考[J].中州学刊,2016(1).

[244]宋连胜,白启鹏.农村基层协商民主的时代价值[J].理论探讨,2016(1).

[245]齐卫平,刘益飞,郝宇青等.乡村治理:问题与对策(笔谈)[J].华东师范大学学报(哲学社会科学版),2016(1).

[246]童庆平.也谈协商民主的基本要素[J].江苏省社会主义学院学报,2007(6).

[247]张等文,刘彤.西方学者视域中的协商民主:理念、价值与限度[J].东北师大学报(哲学社会科学版),2012(1).

[248]杨瑞森.深化中国特色社会主义协商民主研究的几个理论问题和认识问题[J].思想理论教育导刊,2014(6).

[249]陆海燕.嵌入式协商——美国地方协商民主的经验与启示[J].中共天津市委党校学报,2011(5)

[250]仲兵,曾令发.英国布莱尔政府时期的地方民主探析[J].国家行政学院学报,2009(6).

[251]吴翠勉.协商民主在丹麦:公民会议[J].快乐阅读,2012(2).

[252]张国献.利益协调视域下城乡生产要素双向自由流动机制研究[J].当代经济科学.2012(5).

[253]朱晨晨,许开轶.协商民主的基层实践——对"决咨委"模式的探究[J].理论与改革,2015(5).

[254]刘俊峰,刘世华.当前我国协商民主格局及其发展趋向论析[J].天津大学学报(社会科学版),2015(5).

[255]卜万红.论我国基层协商式治理探索的成就与经验——基于民主恳谈会与"四议两公开"工作法的分析[J].河南大学学报(社会科学版),2015(5).

[256]袁方成,张翔.使协商民主运转起来:技术如何可能——对"开放空间会议技术"及其实践的理解[J].甘肃行政学院学报,2015(4).

[257]顾朝曦.加强城乡社区协商 深化基层群众自治——学习习近平总书记关于社会主义协商民主建设的重要论述[J].求是,2015(16).

[258]凌新、喻红军.论哈贝马斯协商民主理论及其对和谐社会建设的启示[J].江汉论坛,2010(4).

[259]周义程.论协商民主的协商困境[J].求实,2008(4).

[260]王雅楠,宋博,杜仕菊.我国基层协商民主的困境与出路[J].上海市社会

主义学院学报,2011(1).

[261]刘朝瑞.积极探索党组织领导下的村民自治新机制[J].中州学刊,2009(6).

[262]张国献.乡村协商民主的地方实践——广东乌坎"村委卖地"议题的政策倡议[J].中国农村观察,2014(1).

[263]邓凡,张莹."四议两公开"制度的宪法学解读[J].法制与经济,2010(2).

[264]吴兴智.协商民主与中国乡村治理[J].湖北社会科学,2010(10).

[265]曾繁旭.社会的喉舌:中国城市报纸如何再现公共议题[J].新闻与传播研究,2009(13).

[266]乔纳森·安戈,陈佩华,钟谦等.中国的基层协商民主:案例研究[J].国外理论动态,2015(5).

[267]章荣君.从精英主政到协商治理:村民自治转型的路径选择[J].中国行政管理,2015(5).

[268]武宏阳,石文娟.农村协商民主大众化策略分析——基于北方3个典型村庄的实地考察[J].农林经济管理学报,2015(2).

[269]沈定军,谢向波.村民自治中民主选举问题的对策研究[J].中共郑州市委党校学报,2007(1).

[270]王婷婷.协商民主:乡村治理的有效路径选择[J].淮北职业技术学院学报,2011(1).

[271]徐敏宁,陈安国.民生政策制定中更应突出协商民主制度建设[J].行政论坛,2013(5).

[272]张国献.试论社会主义乡村协商民主[J].中州学刊,2015(3).

[273]张红梅.农村民主治理方式探索——兼论选举民主与协商民主的结合[J].人民论坛,2015(5).

[274]应小丽.乡村工商实践与农村基层协商治理的成长[J].浙江社会科学,2014(12).

[275]崔朝阳,董琼华.村民自治背景下国家与农民民主意识分析[J].聊城大学学报(社会科学版),2005(3).

[276]徐理响.协商与合作:农村公共事物治理之道[J].农村经济,2011(4).

[277]张锋,辛晨.新农村社区整合机制研究——以利益分析为视角[J].长白学刊,2007(6).

[278]李玉华,张国献,王琦.乡村协商民主研究谱系:概念厘定、实践创制与前瞻导向[J].理论学刊,2014(9).

[279]潘坤.发展协商民主 防止资本权力化[J].理论探索,2014(5).

[280]张国献,李玉华.乡村协商民主研究谱系:现实境遇、理论旨趣与实践路径[J].行政论坛,2014(4).

[281]马仲荣.传承与创新:民族地区基层协商民主的实践路径[J].西南民族大学学报(人文社会科学版),2014(6).

[282]章荣君.从遗产到实践:中国特色协商民主的形成机理分析[J].湖北社会科学,2014(5).

[283]朱亚鹏.协商民主的制度化与地方治理体系创新:顺德决策咨询委员会制度的经验及其启示[J].公共行政评论,2014(2).

[284]莫岳云.当代中国政治制度构架中的协商民主[J].学术研究,2014(3).

[285]党秀云.公民精神与公共行政[J].中国行政管理,2005(8).

[286]金毅,许鸿艳.当代中国公民网络政治参与的特征、困境与出路[J].中州学刊,2013(3).

[287]何正玲.中国公民网络政治参与的困境及发展路径[J].云南行政学院学报,2012(4).

[288]李燕,程恩富,张国献.乡村全过程人民民主的主体制约与化解路径[J].东南学术,2023(6).

[289]苏爱萍.浅论协商民主在我国农村基层民主政治中的实践[J].东岳论丛,2013(12).

[290]宁有才,王彩云.推进基层协商民主的动力分析[J].山东社会科学,2013(10).

[291]林兴初.基层协商民主与乡镇善治研究——基于浙江温岭"新河实验"分析[J].学术论坛,2013(9).

[292]徐大兵.村治背景下乡镇政府与村民委员会结合问题探讨[J].湖北社会科学,2013(9).

[293]罗维,孙翠.乡村治理中的协商民主:发展瓶颈及深化分析[J].农村经济,2013(8).

[294]徐敏宁,陈安国,冯治.走出利益博弈误区的基层协商民主[J].中共中央党校学报,2013(4).

[295]胡永保,杨弘.试论我国乡村协商治理的发展与推进[J].西北农林科技大学学报(社会科学版),2013(4).

[296]深入推进社会主义协商民主[J].中国党政干部论坛,2013(7).

[297]陈奕敏.协商民主在基层的制度创新[J].中国党政干部论坛,2013(7).

[298]寇鸿顺.协商民主:中国特色民主的自主性制度创新[J].河南大学学报(社会科学版),2013(4).

[299]刘祖云,孔德斌.乡村软治理:一个新的学术命题[J].华中师范大学学报(人文社会科学版),2013(3).

[300]李德虎,曾艳.协商民主视域下的农村社会管理体制创新探析[J].四川大学学报(哲学社会科学版),2013(3).

[301]胡建华.协商民主理论视野下我国农村民主管理制度的完善[J].河南师范大学学报(哲学社会科学版),2013(3).

[302]曲延春.中国乡村治理中的协商民主:发展逻辑与推进对策[J].农村经济,2011(11).

[303]束锦.社会管理创新与协商民主的理论契合及实践探索——南京市鼓楼区议事机制调研[J].社会主义研究,2011(5).

[304]贺善侃,邓志锋.推进基层政府公共决策中的协商民主[J].理论探索,2011(2).

[305]任中平.四川的选举民主与浙江的协商民主——我国基层民主发展模式的一项比较研究[J].探索,2011(1).

[306]张太保.我国农村发展协商民主的基础探析[J].求实,2011(1).

[307]吴兴智.协商民主与中国乡村治理[J].湖北社会科学,2010(10).

[308]刘明君,刘天旭.建国以来乡村基层民主发展的路向与趋势[J].湖北大学学报(哲学社会科学版),2010(5).

[309]罗学莉.协商民主:农村民主和社会建设的新路径——以襄樊市柿铺街

道办事处 F 村为例[J]. 长白学刊,2010(4).

[310]陈潭,肖建华. 地方治理研究:西方经验与本土路径[J]. 中南大学学报(社会科学版),2010(1).

[311]应小丽. 协商民主取向的村民公共参与制度创新——浙江省常山县"民情沟通日"制度调查与分析[J]. 浙江社会科学,2010(2).

[312]陈朋. 民主恳谈:生长在中国改革土壤中的协商民主实践——基于浙江温岭民主实践的案例分析[J]. 中国软科学,2009(10).

[313]潘荣江,陈朋. 选举民主与协商民主共生发展:乡村的实践与价值——浙江泽国镇的案例启示[J]. 中国特色社会主义研究,2009(4).

[314]唐绍洪,刘屹. 在基层治理中实现社会秩序"动态稳定"的协商民主路径[J]. 社会主义研究,2009(1).

[315]董前程. 协商民主与农村基层民主自治制度创新——一种完善农村民主政治建设的有效路径[J]. 南京师大学报(社会科学版),2008(6).

[316]齐卫平,陈朋. 协商民主:城市基层治理的有效模式——基于上海 H 社区的个案分析[J]. 理论与改革,2008(5).

[317]吴兴智. 从选举民主到协商民主:近年来乡村民主建设的新发展——以浙江为个案的思考[J]. 社会科学战线,2008(4).

[318]何包钢,王春光. 中国乡村协商民主:个案研究[J]. 社会学研究,2007(3).

[319]姜裕富. 村民决策中的协商程序——以浙江省衢州市"民主决策五步法"为分析背景[J]. 调研世界,2006(10).

[320]何包钢,陈承新. 中国协商民主制度[J]. 浙江大学学报(人文社会科学版),2005(3).

[321]仲兵,曾令发. 英国布莱尔政府时期的地方民主探析[J]. 国家行政学院学报,2009(6).

[322]黄岩,杨方. 审议民主的地方性实践——广州垃圾焚烧议题的政策倡议[J]. 公共管理学报,2013(1).

[323]上海市委 2014 头号课题:创新社会治理 加强基层建设[J]. 领导决策信息,2014(9).

[324]陈鹏.上海浦东新区探索社区委员会模式提升社会治理绩效[J].中国行政管理,2014(10).

[325]本刊编辑部.推进中国上海自贸试验区建设 加强和创新特大城市社会治理[J].上海人大月刊,2014(4).

[326]杨雪冬.协商民主不会取代投票民主[J].领导科学,2013(24).

[327]胡庆亮.新生代农民工网络政治参与的困境与出路——以深圳龙岗为例[J].广州社会主义学院学报,2011(3).

[328]张国献.协商民主视域下人民政协科学化建设研究[J].华北水利水电大学学报(社会科学版),2014(1).

[329]李祥营.人民政协工作的科学化[J].政协天地,2010(10).

[330]高奇琦.西方协商民主理论中政党因素的缺位及其修正[J].华东政法大学学报,2010(2).

[331]陈家刚.多元主义、公民社会与理性:协商民主要素分析[J].天津行政学院学报,2008(4).

[332]李思然.当代西方政治理论中的协商民主[J].行政论坛,2007(1).

[333]王学军.建设社会主义新农村与健全农民利益表达机制[J].四川行政学院学报,2006(5).

[334]张光辉.社会主义协商民主成长的深层逻辑[J].学习论坛,2014(1).

[335]吴光芸.论公共领域的建构与协商民主的实行[J].理论探讨,2008(2).

[336]王正中,邓刚宏.论协商民主与农民现代化的政治条件[J].湖北社会科学,2007(12).

[337]韩永红,戴激涛.协商民主在财政预算中的应用研究[J].中共浙江省委党校学报,2010(4).

[338]王洪树.协商民主的缺陷和面临的践行困境[J].湖北社会科学,2007(1)

[339]刘华安.协商民主与农村治理:意义、限度及协调[J].宁波经济(三江论坛),2011(3).

[340]戴激涛.对我国乡村协商民主实践的宪法学解读——基于浙江温岭"民主恳谈"的一种考察[J].江汉大学学报(社会科学版)2008(2).

[341]杜庆华,张祝平.高水平推进城域治理现代化的探索与实践——以杭州

市西湖区为例[J].江南论坛.2019(12)

[342]余育国.程序法建设对履行政协职能程序化的启示[J].中央社会主义学院学报,2007(2).

[343]徐益民.努力推进政协履行职能的制度化规范化程序化建设徐益民[J].江苏政协,2005(8).

四、报纸文献

[1]鲍洪俊.习近平:基层民主越健全 社会越和谐[N].人民日报,2006－9－25.

[2]孙存良.协商民主:人类政治文明的中国智慧[N].人民日报.2019－09－20.

[3]贯彻落实习近平总书记重要讲话精神[N].人民日报,2015－03－06.

[4]朱圣明.基层协商民主代表如何产生[N].学习时报,2014－4－28.

[5]本报评论员.以市域为抓手 推进社会治理现代化[N].法治日报,2019－12－4.

[6]杨安.党的领导:推进新时代市域社会治理现代化的灵魂[N].民主与法制时报,2019－8－1.

[7]余钊飞.新时代"枫桥经验"与市域社会治理现代化[N].人民法院报,2019－11－22.

[8]张铁."乌坎转机"提示我们什么[N].人民日报,2011－12－22.

[9]罗盘,董宏君.胡锦涛总书记作出重要指示 强调进一步完善符合中国国情的农村基层治理机制[N].人民日报,2009－11－11.

[10]上海浦东新区区委党校课题组.基层党组织政治引领作用研究(上)[N].组织人事报,2016－9－27.

[11]杨雪冬.选举民主与协商民主可以相互替代吗[N].解放日报,2009－03－23.

[12]河南省委.河南省邓州市农村党支部、村委会"4＋2"工作法探析[N].中国乡村建设,2010－3－15.

五、学位论文

[1]高勇泽.中国协商民主理论研究[D].辽宁师范大学,2012.

[2]鲍国政.税费改革与我国乡镇政权角色分化[D].复旦大学,2011.

[3]赵祥彬.协商民主化解新形势下人民内部矛盾研究[D].中共中央党校,2016.

[4]汪玮.转型期中国乡镇民主治理研究[D].中共中央党校,2011.

[5]梁垸溶.农地制度变革中的乡村治理变迁[D].华中师范大学,2020.

[6]王海胜.当代中国村民自治问题研究[D].吉林大学,2011.

[7]陈朋.国家推动与社会发育:生长在中国乡村的协商民主实践[D].华东师范大学,2010.

[8]张青红.新中国成立初期协商民主探索与实践(1949－1956)[D].华南理工大学,2012.

[9]何正玲.当代中国公民网络政治参与问题研究[D].东北师范大学 2012.

六、网络文献

[1]中华人民共和国2021年国民经济和社会发展统计公报[EB/OL].国家统计局网站,2022－02－27. http://www.stats.gov.cn/tjsj/zxfb/202202/t20220227_1827960.html.

[2]中国互联网发展报告2021[EB/OL]. https://baijiahao.baidu.com/s?id=1705189169359113266&wfr=spider&for=pc.

后 记

习近平总书记在二十大报告中明确指出：全面建设社会主义现代化国家，最艰巨最繁重的任务仍然在农村。马克思指出，民主就是"人民的自我规定"。人民当家作主是社会主义民主的本质体现。研究乡村协商治理现代化不能以某种刻板的、定型化的模式去剪裁乡村现实。乡村协商治理现代化不是设计出来的，而是应对问题实践出来的。乡村特定的、高度情景化且处于不断变化中的各种时空要素，对于中国特色乡村协商治理现代化模式的选择起着至关重要的作用。在既有乡村政治框架下，不断满足乡村各方面的民主诉求，有效化解乡村现实问题，逐渐生长出一套富有生命力的模式，是乡村协商治理现代化最真实的逻辑。

乡村协商治理现代化是习近平总书记关于协商民主重要论述在乡村治理领域中的实践运用，是体现人民民主的社会治理实践。它是中国共产党作为执政党为落实乡村振兴战略，实现乡村治理现代化、民主决策科学化而实施的领导方法和工作方法，也是基层民主建设的制度创举。协商治理既是一种理论形态，也是一种乡村实践；既包括国家层面的政治协商，也内含着基层层面的乡村协商；既借鉴国外理论，也源于中国传统；它不仅仅是一种解决分歧的方法，也是一种乡村治理模式。认知路径不仅要探求其本质内涵、时代价值和制度属性，而且要突出它的乡村特色；治理功能既要彰显马克思主义立场、社会主义本质，更要突出中国共产党的领导核心地位；实践指向不仅要机制化、制度化，更要法治化、网格化和现代化。通过研究，揭示中国特色社会主义乡村协商治理的中国特色、马克思主义内涵、社会主义本质、治理功能、乡村色彩和现代化指向，为基层民主、乡村振兴、农村稳定、"四个自信"提供理论支持。

"中国梦"的实现需要包括亿万农民在内的全体中国人民为之奋斗。乡村协商治理现代化是马克思主义民主治理理论的新实践,它拓展了基层群众参与社会治理的空间,启迪了社会治理现代化的新路径,调动了亿万农民实现"中国梦"的积极性。新时代应积极推进乡村协商治理现代化,健全制度化协商平台,发挥人民群众参与乡村协商治理的积极性、主动性、创造性,巩固和发展生动活泼、安定团结的乡村社会局面。乡村协商治理现代化永远需要敏锐的创想、精心的编排、冷静的慎思和忘情的投入。

作为乡村协商治理的阶段性研究成果,虽经反复修改和完善,难免还有很多缺点和不足,现在呈现出来,不免贻笑大方,敬请方家不吝批评指正!本书在写作和修改过程中,历经十余年,既包含了不同时期的阶段性成果,也包含了近几年的深刻思考,更参考了学界研究的大量文献,除了书中列出的以外,还有很多没有一一列出的,在此一并表示深深的敬意和真挚的感谢!

感谢上海财经大学出版社刘光本编辑对本书的修改给予的指导与支持,感谢上海外国语大学科研处的王钰老师、潘鸣威副处长,是他们的鼎力支持使本书得以顺利出版。感谢在本书写作和修改过程中直接和间接给出宝贵意见和大力支持的所有领导与同仁、专家与学者。